U0511317

主　　编／舒国滢

执行主编／卜元石　雷　磊

法律科学经典译丛

一般法学说的要素

〔德〕阿道夫·默克尔　　著

雷磊　编译

商务印书馆

创于1897　The Commercial Press

法律科学经典译丛

总　序

　　"科学"的概念古已有之,"法律科学"的提法也至少在中世纪之时就已经存在了。但是,科学的基本范式,尤其是它与哲学的关系,却在近代发生了根本性的转变。在古希腊,科学被视为哲学的下位概念,也即一种自然哲学。直到18世纪末,"科学"一词才开始具有近代意义上"客观的"内涵。在客观化的过程中,科学的两类要素要区分开来:一类是外部要素,即教学(学说和学科)与体系的观念;另一类是内部要素,即绝对的真理或取向于真理的知识。由此,科学就成为一个"整体",也即知识、真理或命题的体系。科学不再被视为哲学的下位概念,反而哲学被视为自主形成的近代科学的一个具有历史局限性的初始阶段。

　　近代意义上的科学具有两个特征。一是基于经验基础上的一般性。科学知识应当是一般的,而非个别的命题,但它的基础却来自具体的经验。科学不再是从一般性概念出发进行逻辑演绎的活动,而是从根据经验获得的一般性假说来说明特殊事物的活动。这导致了科学内部基于研究兴趣之多样性的自我分化：不仅法律科学与其他科学被区分开来，而且法律科学内部也因研究主题的不同被区分开来。由于科学的问题取向于可验证的经验证明，故而其核心就在于通过分析和描述来获得的一般化命题。二是作为知识整体的体系性。体系思维越来越成为科学的核心标准，体系被认为是命题（真理）的整体。在17和18世纪，起源于数学的两种思维方式对于普遍的体系构造具有支配性意义：一种是被称为分析法（"解析-合成法"）的自然科学方法，另一种是欧几里得几何学的"公理演绎"法（明证方法）。在康德那里，科学明确被理解为客观知识的体系，而体系指的是知识的内在结构，也即"各种知识在某种理念之下的统一体"。

　　与近代科学观念兴盛相应的是传统法哲学开始式微。根据直至18世纪为止依然居于支配地位的亚里士多德的科学概念，法律科学的真正对象只可能是从"正当理性"中流出的、永恒有效的法律原则。它们属于自然法或理性法的范畴，相应的研究也被称为理性法学说或法哲学。虽然当时的法学家以数学和自然科学方法为基础，发展出了一种几何学风格的法以及与新的科学理解相吻合的法律科学，但它并非关于实在法的学说，而是一种形而上学的法学说。但到了18世纪末，"法律科学"一词已被用来指称与实在法打交道的学科。实在法学不再仅是一种实践能力，而成了"法律知识的体系"。体系学最终成为法律科学的重要标准：法拥有自身的"内在统一性"，法学的科学性依赖于对这种统一性的说明。与此同时，从自然或理性中推导出得到科学确保之规范性知识的可能性越来越遭到怀疑。因为基于经验基础上的新科学观要求去形而上学和去实质价值化,这就导致了对理性法(传统法哲学)信念的动摇,进而也就不可能再将实在法建立在超实证的、先验的原则的基础上。法学面临着一个新的难题,那就是,如何去阐明指向实在法之理论的科学性。这就导致了法哲学的一个新的研究方向,也即法理论(Rechtstheorie)的诞生。如果说传统法哲学是想从先验的伦理准则中汲取科学性,因而更多呈现为一种实质(价值)法哲学或法伦理学的话,那么法理论则更多是要从认识论中获得科学性,属于形式法哲学或法认识论。

远离先验原则而返归实在法的努力最明显体现在法教义学(Rechtsdogmatik)之中。法教义学正式诞生于19世纪的历史法学时期。正是从这一时期起,"法学"的称呼正式由 jurisprudentia[法的实践智慧]转变为 Rechtswissenschaft[法律科学],开始走向理论化和科学化。从那时起,法教义学也一直被称为"狭义上的法律科学"。但是,尽管法教义学是一种不断趋向理性化的事业,但仅凭借自身却无法彻底完成科学化的使命。因为作为一种对现行实在法进行解释、建构与体系化的作业方式,法教义学牢牢受制于特定领域的实在法,它至多只能提炼并阐释某个部门法的基本概念,并建构出该部门法内的体系关系。但这样构造出的概念只具有有限的一般性,这样形成的体系也只是"部分体系"。要满足科学之彻底的一般性和体系性的要求,就要超越特定的部门法知识,建构出适用于整个法律体系的基本概念,更要进一步建构出超越特定(一国)法律体系的基本概念。这样一种关于实在法但又超越实在法的任务,恰恰就是由法理论来承担的。此外,法理论不仅要为基于特定实在法的法教义学提供"总论",而且要为其提供科学的方法论，借此对法教义学这门学科的基本属性进行自我反思，以使其真正成长为符合近代意义上科学要求的法律科学。

　　法理论更古老的称呼是"一般法学说"（Allgemeine Rechtslehre）。通说认为，一般法学说作为法学研究的独立分支诞生于19世纪中后叶的德国，以阿道夫·默克尔为其创立者。从19世纪70年代至20世纪20年代，涌现出了托恩的《法律规范与权利：一般法学说研究》（1878）、科尔库诺夫的《法的一般理论讲义》（1886/1887，该书后以《法的一般理论》为名于1904年在美国出版）、贝格鲍姆的《法学与法哲学》（1892）、肖姆洛的《法律基础学说》（1917）、比尔林的《法学基本概念批判》（1877/1883）和《法律原则学说》（1894—1917）等一大批经典著作。及至20世纪30年代，法理论在凯尔森的"纯粹法学说"中到达巅峰，其后又有纳维亚斯基的《一般法学说》（1948）等作品赓续其志向。"二战"之后，除了因自然法的短暂复兴而导致实质法哲学研究一度重新占据主流之外，从60年代开始，法理论迎来了全面的复兴。及至今日，它已形成了分析法理论与社会法理论两大脉络，亦包括政治法理论和唯物主义法理论等诸多分支，远远超出了当初一般法学说的范围。作为法律科学理论的表征，今日广义上的法理论不仅聚焦于法的结构和形式要素，因而包括法律逻辑和法律信息学、法律语言理论和规范理论，它同时也囊括了法教义学之科学方法论的全部范围。

　　遗憾的是，一直以来，对于上述近代法律科学理论在欧陆发展之"原貌"和"全貌"，吾人知之不详。尽管从渊源看，曾一度在中华人民共和国法学教育史上占主导地位的"国家与法的（一般理论）"始自 20 世纪 50 年代对苏联的继受，而苏联的法的一般理论又肇始于对 19 世纪欧陆一般法学说的改造。职是之故，"法律科学经典译丛"意在从 19 世纪末至今为止的法理论（一般法学说）作品和法教义学基本原理/法律科学理论作品中，萃取经典名著移译为中文出版，以期接续文脉、贯通学统。如赖同道共济、众力咸推，或能集腋成裘、渐成气象也未可知。

编者谨识

2022 年 1 月 31 日

目　　录

一般法学说的任务与内容
（代译序）

一

20世纪80年代以前，中国的"法理学"学科和教材大多被冠以"国家与法的（一般）理论"之名。这一名称显然受到当时苏联法学的影响，而苏联的"国家与法的（一般）理论"事实上是对19世纪中后叶肇始于德国的"法理论"传统的继受和改造。当然，在诞生之初，这一传统的通称并不是今日流行的"法理论"（Rechtstheorie），而是"一般法学说"（Allgemeine Rechtslehre）。

通常认为，作为法学独立分支学科之一般法学说的创立者是德国刑法与法哲学家阿道夫·默克尔（Adolf Merkel，1836—1896）。从1854年至1857年，默克尔先后在吉森大学、哥廷根大学和柏林大学学习法律。在吉森大学刑法学者约翰·米歇尔·弗朗茨·比恩鲍姆（Johann Michael Franz Birnbaum）的建议下，他于1858年在没有提交博士论文的情况下被授予博士学位。1862年，他在鲁道夫·冯·耶林（Rudolf von Jhering）的安排下获得了教授资格。1868年，他在布拉格大学获得教职。4年后，他接替了尤利乌斯·格拉泽（Julius Glaser）在维也纳大学的教席。1874年，赴新建的斯特拉斯堡大学任教，并于1889年就任该校校长，在就职仪式上发表了题为《刑法发展与公共状态和民族精神生活的总体发展之间的关联》的演讲。他在该职位上一直待到 60 岁去世。默克尔主要论著包括《犯罪学论文集》（1867）、《论法哲学与"实证"法律科学及其总论之间的关系》（1874）、《法学百科全书》（1885 年第 1 版，1913 年第 5 版）、《一般法学说的要素》（载于《法律科学百科全书》，1889 年第 5 版）、《遗著残篇与论文全集》（1898—1899）等。

　　默克尔在法哲学方面的主要成就是树立了一种不同于传统法哲学的新路向，也即以实在法为主要研究对象，以形成法教义学的总论为任务，以构造法学基本概念体系为内容。这种"新样式"的法哲学被称为"一般法学说"。当然，说"树立"恐怕亦非完善准确。事实上，在默克尔之前，已有许多学者为作为学科的一般法学说的形成做出了贡献。这个长长的名单包括了法尔克（Falke）、萨维尼（Savigny）、普赫塔（Puchta）、耶林等著名学者，也包括了流行于 19 世纪中叶之前的法学百科全书运动的拥护者。同时，默克尔也没有在学科上将法哲学与一般法学说完全区分开来。但其关键性的影响在于创建了"一般法学说"这一名称，提出了在一般法学说之意义上来重构法哲学的计划，并为这种新的分支学科的内容构成提供了样本。当然，由于当时德国历史法学的强大影响，默克尔也试图将一般法学说与一种法律发展之历史-社会科学文化论相联系。

二

　　默克尔明确将法律科学分为一般法学说和特殊法律科学两

部分，认为前者的理论基础在于将教义学引向一般问题和一般概念，研究的是具有普遍法律意义的更高概念，它们超越于各个特殊领域且与法律科学整体相关，因此需要法学各学科的学者们一起合作。而实践，也即"法律适用和法律续造的技艺"，随着法律生活不断向前发展，也越来越显现出要受到理论前提的拘束。这就需要一种以这些理论洞见为中介的学说，后者本身必然越来越"哲学化"。从而，默克尔正确地呈现了当时法哲学与法理论逐步分离且法理论已显露出成为独立学科的趋势，以及19世纪以后法教义学越来越"理论化"的倾向。

如上所说，默尔克并没有在术语上明确区分"法哲学"与"一般法学说"。甚至他的那篇被认为标志着作为独立分支学科之一般法学说诞生的长文《论法哲学与"实证"法律科学及其总论之间的关系》（1874），也没有提到"一般法学说"的称呼，而依然沿用了旧有的"法哲学"一词。但是，他拒绝了那种"旧样式"的法哲学，也即运用思辨方法并以超实证的法（自然法）为研究对象的法哲学。"哲学"被他用来指阐明这样的因果关系的科学活动，"它们存在于我们知识范围内的细节之中，而对于我们的知识来说，这些细节由此就被联结为一个鲜活的、根据特定法则自我发展和自我主张的整体"。这种方式首先导向了（通过诸特殊科学之间的）分离，然后从特殊性上升为一般性（这属于哲学的任务）。所以，哲学作业就是所有科学活动的一般要素。在此，他的理解完全吻合19世纪的通行理解，即将"哲学"等同于"体系"，而后者又包含着某种有机体思想。

一般法学说的任务，就在于去寻找法的基本组成要素和法律规整领域的结构要素，因为任何法律评价都与这些要素相关。而默克尔也在非常传统的意义上强调，法律科学与哲学并非两门彼此分离的学科，只要法律科学是哲学性的，它就终归能提出科学的主张。法哲学就是法律科学的诸学科之一。由此，法哲学就不可避免地与"实证法律科学"在性质上相一致。但在此有决定意义的不仅是方法论视角，也体现在其对象上。法哲学的任务，在于"阐明诸法律规定间的根本性关系，并以此方式使得它们联合为一个统一而又分部分的、根据特定法则自我发展和自我主张的整体"。所以，法哲学的功能在于对"实证"法律材料进行分析和体系化。为了认识实在法，也需要法律史，因为对法的历史观察能确保澄清实在法的规律性（此处明显可以看到历史法学派，尤其是耶林的影响）。从而，默克尔将法律史和一般法学说一并放入了哲学的任务领域。这种"综合"不由让人想起萨维尼和耶林关于法律科学的理解，也即将后者视为法教义学、法律史学和法哲学的统一。

在法学的诸部门学科内，哲学作业之成果的最重要的储藏室存在于它们的"总论"之中。虽然每个分支学科已经有其自身的一般性"哲学部分"，但这个"总论"依然是必要的。一方面，它将这些特殊许可的一般性认知联系起来并进行补充。但另一方面，它最重要的任务是"将关于法的发展史的分散阐述整合在一起，并（只要可以这么做）加工为这样一种阐述"。可见，默克尔试图让对于特殊学科的一般性认知形成体系（例如，如何将权利、表意行为、违法行为等概念整合为一个体系），并使之能被普遍接受和理解。所以，可以这么说，法哲学与一般法学说在默克尔这里是一体两面的事物：当使用"法哲学"的称呼时，侧重于表明它的哲学化（即体系化）功能；而当使用"一般法学说"的说法时，更多指它在整个"实证"法律科学中的总论（即一般性）的地位。

要注意的是，在默克尔那里，一般法学说并非像后来这门学科（尤其是从贝格鲍姆［Bergbohm］和比尔林［Bierling］之后）那样是一种纯粹的形式法学说，而同样包含实质要素。他反对将法拆分为理念和实在现象、内容和形式，它们以前分别被分派给哲学的理念和法学的形式。他并不希望让"形式的"和"实质的"法哲学彼此分离。（一般法学说意义上的）法哲学是从对既有法的历史和教义学加工出发的。一方面，它就好比是通过哲学作业获得的特殊学科知识的收集池；另一方面，它虽然由实证法律科学预先规定，但也有自己的研究领域，有着自己特殊的研究兴趣。在这里，一般法学说取代了传统法哲学的位置，它与后者的区别就在于其鲜明的教义学关联性，但这并不会导向一种纯粹的形式法学说，而是包含着实质要素。

三

在对一般法学说有了比较清晰的定位和任务指向后，默克尔通过《一般法学说的要素》（1890）和《法学百科全书》（1913年第5版）初步构筑起一般法学说的内容体系。《一般法学说的要素》其实来自冯·霍尔岑多夫（v. Holtzendorff）主编的《法律科学百科全书》的第一部分（体系部分）。《法学百科全书》则是默克尔的专著。除"导论"外，该书分为总论（一般法学说）、分论（法学特殊学科）两部分，分论又分为国家共同体的法、教会法、国际法三部分，国家共同体的法进一步被区分为国家法、私法、刑法和诉讼法。在译者目力所及的范围内，这似乎也是学说史上第一次将法学百科全书的总论部分直接称为"一般法学说"。如果去比较《一般法学说的要素》与"法学百科全书总论"（一般法学说）的体例结构的话，可以发现两者大同小异：前者包括"客观法"和"法律关系与主观法"（两章）。后者除了"法"和"法律关系"外，又加上了第三章"法的适用与法律科学"。这种区分的依据（尽管默克尔并没有对此进行详细说明）显然在于德国法哲学传统中长久以来存在的关于"客观法"与"主观法"的两分法。客观法其实就是实在法或被人类所设定的（posited）法，近代以来主要表现为国家的法。举凡涉及法的概念特征、类型划分和历史形成的阐述都属于这一范畴。① 主观法与客观法相对，狭义上的主观法其实指的就是权利（我国学界的通译"主观权利"其实就是受此限定语的影响，虽不甚准确，但也体现出权利是法律主体或主观方面的法之义）。而广义上的主观法除了权利外，也可包含义务，由于权利与义务其实就是法律关系的内容，遂在这一范畴之下发展出了关于法律关系的理论。举凡法律关系的特征、分类、形成等皆属于此范畴。至于"法学百科全书总论"（一般法学说）中增添的"法的适用与法律科学"部分，则使得一般法学说的体系更为完整：其中"法的适用"属于法学方法

---

① 后来的学者受近代自然科学思维的影响，亦有从法律规范或/和法律体系的视角去处理客观法的。

论的内容，而"法律科学"则属于学科方法论。可见，后来法理论这一学科的基本框架在此已初具雏形。①

（一）客观法/法

在默克尔看来，法与法律关系的概念构成了一般法学说的核心概念。（客观意义上的）法是某个共同体用来调整其成员针对他人或自身的行为或其自身之效用的准则。它既是一种学说，又是一种权力。法是一种学说，是就法的内容而言的，法在内容上取决于它所服务的目的（合目的性）和关于公正的主流观念（正义）。② 一方面，法是实现目的的手段，它被用以建立和平秩序并服务于在这一秩序内有自由实现之可能的利益；但另一方面，只有当法的内容同时是公正的时，它才大体上是合乎目的的。这可以从法的逻辑独立性和因果关联性两方面来考察。前者要求法既要追求事实真，更要追求道德真，③ 在社会和个人间的对立和竞争中保持距离和中立性。后者是指正义构成了合目的性之"因"：通常只有当法的规定符合被规整之关系的本质，且在处于这些关系中的人看来是公正的，它才能达成其目的。法是一种权力，是就法的性质而言的，法律规定是意志表达，因为它们被用作我们行为的准则。这种权力具有双重面向，也即保护面向和命令面向：前者授予权限（权利），后者施加义务。这恰好与法律关系的内容相对应。义务面向最清晰地表达了法的权力属性，它会产生强迫，而法的强迫又包括了应然（法的伦

---

　　① 后来的法理论一般包括"法的理论"与"法律科学理论"两部分，前者包括基本法律概念理论与法学方法论（这一点有争议）。
　　② 默克尔没有区分"公正"和"正义"这两个概念。
　　③ 默克尔显然没有区分"真"与"正义"这两个概念。

理权力)与必然(法的物质权力)两种类型。① 物质权力使得对违反法律规定的行为可以施加对行为人不利的法律后果。从而法律规定可以分为，关于特定关系中如何行为才能与法相一致的规定(第一性/主要规定)与关于违反行为会发生何种后果的规定(第二性/附属规定)。② 总结来说，法既是关于合目的性和正义是什么的整体判断，具有理论的属性；又是意志表达和权力表达的体系，属于实践的领域。

法是在特定共同体——国家——中形成的。国家是某个民族共同体的组织或这些制度的整体，它通过三种法律形式来活动：通过制定法或法规来创设、修正和废除法条(立法)，通过司法活动将既有法条运用于既定关系(司法)，以行政或立法的形式来完成具体事务(执法)。国家组织通常以某个机关为顶点，来发挥最高的国家功能，并拥有最大的权力，即主权。国家也是一种法人，即权利和法律义务的承担者。

法与道德、宗教和习俗具有亲缘关系，它们可以与法一起被概括为"伦理权力"。法与它们的区别在于两个方面。一方面是内容。如前所述，法具有权利(防卫)和义务(门槛、限制)的两面性，而宗教与道德只有单面性，它们提出命令、进行限制，即只是施加义务。法律义务是第二性的，是为了保障权利和自由，③ 是为了照顾第三方的利益，义务人的内在行为对于法的立场而言是无关的；而宗教与道德义务将义务人的特定内在行为

① 由此可知，默克尔关于法的理解融合了规范-价值的面向与事实的面向。
② 用我们熟悉的术语来说，前者是行为规范，后者是裁判规范。
③ 要注意的是，默克尔在很多地方不区分"权利"和"权力"。

包含在内，是为了它所包含的价值本身，而非第三方利益。另一方面是形成和实现的形式。在法律的情形中，共同体的机关对于法律内容之确认和实现有着明确的分工，从而使法具有依赖于这些机关之意志的实证性；而其他伦理权力较少依赖于人类意志的有意表达。可见，法具有伦理权力和物质权力的两面性，但道德、宗教和习俗等只具有伦理权力的单面性。

法可以从不同角度进行分类。从主体的角度，可分为国家法、教会法、国际法；帝国法与成员国法；共同法与特殊法。从内容的角度，可分为公法与私法，前者涉及个人利益和权力间的关系，后者至少有一方涉及公共利益（默克尔同时承认，法的某些部分具有混合性，私法与公法之间界限也是可变的）；补充性的法与强迫性的法，私法主要由前者组成，公法主要由后者组成；命令性的法与允许性的法，前者凸显出法的命令面向，后者凸显出法的保障面向。从形成方式的角度，可分为制定法与习惯法等。

法的形成形式（法源）包括立法、习惯、司法惯例、契约。立法表达了在共同体中占支配地位的意志，通过它形成的是制定法。习惯是一种稳定和一致的对某个规则的遵循，通过它形成的是习惯法。制定法与习惯法对于司法裁判都具有拘束力，但习惯法从19世纪后叶开始越来越丧失了对于法的续造的意义，这与现代国家组织之权力的增强与完善相关。司法惯例通常没有独立的法源地位，它可以获得习惯法的意义，或者通过制定法附加获得意义。契约尤其是国际条约也可以产生法。法的形成过程充斥着人类的权力斗争，最初的权力是习俗，后来从习俗中析分出了宗教、道德和法。在形成过程中，法既受到了意志①的影响（权威要素），也受到了受其支配之因素的影响（自治要素）。文化民族与自然民族，以及同一发展阶段之民族都可能拥有不同的法，法的进步可以区分出外在和内在的发展。随着法的双重进步，法与其他文化因素间的界分更加清晰，法的各部分之间的分殊更加清晰。

（二）主观法/法律关系

与作为权力的法的双重面向和双重功能相应，法律关系也体现为积极的面向（权限或权利）与消极的面向（义务或拘束力）。被个别化了的法律权力就被称为"权利/主观法"。与客观法对人类利益进行一般性的保护不同，权利是为了特定的利益被赋予的，通常只有在被保护之利益被侵害后才会显现其特征。② 这种利益的满足往往依赖第三方的行为。权利之正当性基础在于，客观法对他人施加了实施那种行为的义务，并确保对这种义务的履行，以及在它被违反时通过其固有的权力主张来确保一种补偿。据此，权利包括请求权和诉权。在严格的界限之内，权利人能够行使私力救济，它又包括防御型私力救济和攻击型私力救济。通常，利益受法保护者也就是行使权利的主体，但无行为能力人（儿童或精神病人）要由代理人来代为行使权利，后者要受到拘束。行使他人的权利本身可以成为行使者的权利。法律关系的主体必须具备权利能力，也即成为"人"（Person），包括自然人和社团（法人）。

---

① 默克尔显然也没有区分"权力"与"权威"。

② 受其师耶林的影响，默克尔的权利学说呈现出比较明显的"利益论"色彩。

法律关系可以从不同角度进行分类。根据法条的分类，可以相应地将法律关系分为私法关系与公法关系，相应的权利可分为私权利与公权利。在私法关系中，私人间利益的保障被留给了他们通过自由支配和约定来进行；在公法关系中，对公权利的行使通常由特殊法律规范来规定，且被提升为对于被托付者的一项义务。根据请求权的方向（义务人是否确定），可以将法律关系分为绝对权（尤其是对物权）与相对权（对人权）。根据权利是否可转让，可以将法律关系分为可转让的权利与不可转让的权利。

法律关系形成的前提是存在法律事实。它的基本分类和构成如下图：①

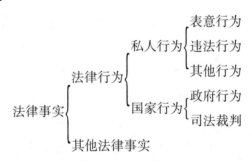

默克尔重点处理了表意行为和违法行为。表意行为就是民法中常说的意思表示行为，它们是法律关系的参与者实施的，取向于且适合于来形成（或者废止、改变）与客观法相符之特定法律关系的行为。违法行为则是那些违反了法的命令（以及它所保护的利益），且因为这一属性而引起法律关系发生的行为。表

---

① 下图中的"其他行为"就是我们今日所说之"事实行为"，"其他法律事实"就是今日所说之"法律事件"。

意行为与违法行为的共同之处有两方面。一方面，在构成要件方面，两者都是行为（与事件相对），都涉及法所保护的第三方的或全体的利益。人在从事这些行为时，必须具备法律上的区分能力和自决能力（意志自由），因而可以对行为人进行归责。换言之，行为人必须具备行为能力（表意能力）和归责能力（不法能力）。另一方面，在法律后果方面，两者的法律后果都指向行为人自身并针对其意志来主张，这些后果的划分都在相同意义上取决于法所体现的共同利益。同时，无论是表意行为还是违法行为，默克尔认为行为人的利益都要与他人的福祉相容。

表意行为可分为单向表意行为与双向表意行为（契约），后者又可以进行不同的亚分类。表意行为的法律后果在于，确保法律主体的意志能够依其目的对法律关系的存续和内容发生影响。当行为人所意图的效果不被法律认可或与其行为相联系之效果独立于行为人的目的时，都不会发生相应的法律后果。违法行为必然违反法律的要求（违反法律义务），它既可能基于行为人的故意，也可能基于行为人的过失。假如这两种情形都不存在，那么就出现了法律意义上的意外。违法行为所侵害的利益既包括特殊利益（公共利益和私人利益），也涉及一般利益（法的权威及守法的利益）。违法行为既可能引发对这些利益的（真实的）危险，也可能让人识别出威胁那些利益的（征兆性的）危险。相应地，违法行为引发的法律后果要么是对违法行为所引发的危险起到反作用，要么是与通过违法行为已被识别出的危险进行抗争。对违法行为的法律后果可以进行不同分类。根据其修正或证立的法律关系的性质不同，可分为私法上的法律后果与公法上的法律后果，一则涉及私人利益的衡量，一则涉及公共利益的衡量。根据法律后果的性质与表现，可分为刑法上的法律后果与其他法律后果。前者即刑罚，又可分为属于私法类型的私人刑罚（如赔偿）和属于公法性质的公共刑罚。赔偿和公共刑罚的罪责效果和本身的特征不同：赔偿进行的是特殊矫正，公共刑罚则涉及公共利益和法的统治这种最为一般的利益；赔偿义务无需被关涉者感受为恶，公共刑罚则被感受为一种恶；赔偿的形式具有特定性，公共刑罚的形式则具有极大的不稳定性。

（三）法的适用与法律科学

每个法条都只具有有限的适用领域。所以法的适用的首要问题是确定法条的适用领域，以便确认已发生的案件是否落入该法条的适用领域。在此，默克尔关注的核心在于一个特殊问题，那就是法律冲突或者说法条竞合的问题。有时，存在两个以上的法条可以同时适用于某个在审案件，此时就需要决定，在冲突的法条中该选择适用哪一个。法条竞合可分为两种情形。一种是时间上前后相续的诸法条间的冲突（时间冲突），此时解决冲突的一般准则是"后法优于前法"。但当行为实施时旧法依然有效，而只是被起诉后新法才生效时，就不适用这一准则，反而通常要适用"法不溯及既往"原则。当然，如果新法相比于旧法更温和，新法还是有溯及力的。另一种是同时存在之法条间的冲突（空间冲突），它又包括不同国家之法条间的冲突和同一国家之法条间的冲突。就前一类型而言，因为行为的属地方面、属人方面或内容方面涉及多个国家而发生冲突。就表意行为而言，属地方面更为重要（行为依行为地法）。就其他法律构成要件而言，没有任何支配性的规则。但在许多情形中，属人方面有着最重要的意义。后一类型类似于前一类型，具有决定性的同样是属地和属人的要素。

法院要通过诉讼程度来进行法的适用。在诉讼活动中，法院要进行三方面的司法确认，即对事实的确认、对事实涵摄于相关法条的确认（换个角度就是，法律概念的恰当运用）以及对法律后果的确认。司法由此是对立法工作的有益补充，是对法的赓续。司法活动避免不了对法的解释，它具有三重意义：一是寻找对既定（社会）关系有效的法条；二是探究既定原则是否有效的法条；三是对诸有效法条的构成要件和相关法律后果进行界分。狭义的法律解释是语法解释或逻辑解释，它们只限于对语词意义的探查。但语词通常只是对立法思想的不完整的体现，所以解释者要考量立法的整体思想，但也要考虑制定法的后果及对其可能的修正。

法律解释活动离不开法律科学的襄助。法律科学具有三重任务：服务于法的适用，对法的内容进行体系化，以及在时空差异条件下理解法的存在与功效。第二重任务要以尽可能简单的方式呈现出法律概念和规则的逻辑关联统一性。而第三重任务要求去查清这些法律概念和规则之逻辑全体背后的真实权力的性质，这首先要依靠法律史和比较法的工作，也要诉诸其他学科。通过分析可以发现，在这三重任务中，第一个是解释，第二个是体系化，第三个是法律史学（和比较法学）作业。从一个角度看，解释和体系化属于法教义学的典型作业方式。从另一个角度看，体系化（即本文第二部分说的"哲学化"）又是一般法学说的中心工作。所以，这既说明了法教义学与一般法学说的紧密关联，又呼应了默克尔关于法律科学之组成——法教义学、一般法学说、法律史学——的理解。最后，默克尔指出，承担这三重任务的法律科学不像传统法哲学那样以自然法为研究对象，而是一种实证主义法哲学。

坦率地讲，默克尔关于"法的适用与法律科学"的阐述远没有前两部分来得完整。尤其是法的适用部分，将关注点限于法条竞合的问题失之偏狭，而对法律解释的阐述也过于简略，不够系统（想一想早在萨维尼那里就已经发展出法律解释的四因素说了）。当然，可能在他看来，这只是一个为了一般法学说内容体系的完整性而附带论述的部分（尤其可能是，关于法律科学的定位已经在 1874 年的那篇长文中完成了），远不如前两部分来得重要吧。

四

最后要澄清两个可能会发生的误解。一方面，虽然默克尔的研究范式深受历史法学派的影响，但不得不说，他对法进行发展史观察是为了从中提取出一般法律原理和原则，法哲学要在一般法学说的意义上进行改革，其核心任务就在于发现这些一般原理和原则。另一方面，一般法学说虽然以实在法为研究基础，但并不意味着它就一定持一种实证主义的法概念论立场（如果我们在当代的"分离命题"的意义上来理解这种立场的话）。默克尔的理论恰好说明了这一点。即便他拒绝了超实证的法（自然法），但他同样认为实在法必须服务于和平和正义，在民族（民众）中占支配地位的正义观念构成了对实在法的修正。

总的来说，默克尔的著作，尤其是"法学百科全书总论"（一般法学说），阐明了三条发展线索，或者说汇合了法理论中的三个对象领域：（1）哲学传统，尤其取向于对法的体系化和法源问题的讨论；（2）教义学传统，主要可以回溯到胡果（Hugo）和萨维尼的罗马法研究传统，对实在法的结构，尤其是对法律关系和法律制度的讨论；（3）分析传统，取向于概念定义，它在德国法律科学中以耶林为开端，在19世纪末得到强化，并获得越来越大的影响。这三种传统的统合为后来德国的整个一般法学说研究奠定了基本风格。

因此，也许我们只能在有限的意义上将默克尔称为一般法学说的创立者，但无法否认的是，他的确从根本上为这门学科的制度化做出了贡献。在此意义上，对于近代法律科学及其重要组成部分——法理论——的学说史研究而言，默克尔无论如何是绕不过去的人物。

雷 磊

2022 年 2 月 22 日于京郊寓所

论法哲学与"实证"法律科学及其总论之间的关系*

（1874）

---

* 本文载于格林胡特（Grünhut）编：《当代私法与公法杂志》（第 1 卷），1874 年。

I

　　在我们这门科学的领域中，法哲学居于何种位置？如何确定其概念、任务，以及与"实证"法学之间的关系？这些问题值得被抛出来，即便对它们的回答可能存在根本上的一致性。因为并不存在对这些问题的令人信服的回答，所以当我们致力于为它们提出最简洁和最正确的表述时，它确实会促进我们的思考。但是那种一致性并不存在。相反，人们偶然会产生这样的印象，就好像有一种默示合意，不去触碰这些问题。自从法哲学尽管仿佛被官方进行了死亡宣告，但却以一种很容易被识破的匿名方式被生者所主张，而其影响力被秘密地维系，甚至在某些方向上被拓展，对于很多人来说，它就成为一种困窘的对象。人们曾在其时代幸运地对它表示满意，并对必须再次直面它而感到烦恼。

　　人们之所以曾对它表示满意，是因为基于历史学派的立场，许多人假定（这一点足以令人惊诧），这种立场等同于上述的死亡宣告。现在，通过古老或晚近的工作来使这个学派之计划的重要哲学内核更加完整，已被提上日程。其次，长久以来这一计划的片面性和补充的必要性也得到了证实，最近也被耶林从各个方面给予了证明。但无论人们是否想要进行具体的相关研究，历史学派的立场都已通过它们如此明显地涉入了有争议的领域和哲学问题的中心，以至于简单地诉诸这种立场通常来说已经不再能行得通，至少对于那些人来说是如此——他们认为由此就能够放弃对这里抛出之问题的回答。

但上述状况应被终结，因为它与科学并不相称。而且从其他考量出发，将法哲学问题以它在这里所发生的方式提上议程，看起来也是合乎时宜的。

II

在各种不同的科学中，大量的具体察知最近已招致了相同的现象。由于人们长久以来都以一种排他性的方式来体验个人的文化事宜，并拥有这样的合理确信：它主要涉及如何获得可靠察知的一种更确定的基础，而个人对其真理、其固有的发展以及对他所承载之普遍性的洞见具有一种不可估量的价值（兰克［Ranke］），所以一种更广泛地将具体察知联系起来的认知就不再能被抑制。对这条隐含之路本身的幸运追循，使得这一需求伴着更加清晰可辨的步伐显露出来。它使得研究在一切领域中都出其不意地面对更为一般性的问题（这些问题不可避免，对它们的解决看起来取决于个人的探测向着何种方向迈进）。

特别令人瞩目同时极具意义的是自然科学领域的这一进程。在这里，研究很多时候要面对那些被轻视的哲学长久以来对其费尽心力的问题，它们认为自己有必要以有违意愿的方式在这种哲学中享有一席之地。因为我们会想起，现代自然科学工作的现实的或推测的结论，与康德①、达尔文主义②、机械热变形理论、天演论、气象学等，以及叔本华③（心理学镜像等）的想法之间存在大量关系。④

我们在我们的科学中会遇到相似的现象。教义学作业会在大量的点上（不是通过相关学者的主观倾向，而是通过客观上被证立的研究过程）被引向更一般性的问题，以及对更一般之概念（我们已习惯对它们的操作，就好像是在操作既有的事物那般）的一再更新的更有穿透力的检验。

可以将一再被提上日程的刑事诈骗的划界问题作为例子。⑤它主要包括刑事诈骗与纯粹的民事欺诈的关系问题。但这就导

---

① 有关康德的想法主要参见"Immanuel Kant und seine Verdienste um die Naturwissenschaft", in Zöllners：Über die Natur der Kometen, 1872. 在那里同样有被总结出的大量其他证据来支持这一点，即"在当下，在所有自然科学的领域，伟大人物们几乎已同时（就像通过某种秘密纽带被联系起来那样）有力地把握住了对孜孜不倦地搜集起来的（通过观察而来的）财富进行理论深化的需求"。

② 施特劳斯（Strauss）在达尔文理论中看出，他的认知起点首先可以在康德那里被找到，"即便它一开始只是自然研究与哲学之间的第一种类型的秘密结缘"。事实上，它无需是唯一的，也无需是第一种类型的。在例如费希纳（Fechner）、黑尔姆霍尔茨（Helmholtz）、罗基坦斯基（Rokitansky）、E. 杜·博伊斯-雷蒙德（E. du Bois-Raymond）这些人的想法那里，那种结缘很久以前就开始了，并被证明是有益的。

③ 叔本华的认识论及其他研究与黑尔姆霍尔茨的工作之间存在紧密关系是众所周知的。关于叔本华的色彩学，参见 J. Ezermak, Über Schopenhauers Theorie der Farbe, 关于叔本华哲学的一般介绍参见罗基坦斯基的报告。Rokitansky, Über die Solidarität des Tierlebens, 在这里自然没有以引人注目的方式提到那种关系。关于康德-叔本华的理念论尤其参见罗基坦斯基的报告。Rokitansky, Über den selbständigen Wert des Wissens.

④ E. 杜·博伊斯-雷蒙德在一个演讲中对莱布尼茨的评论。这位著名的自然研究者说："在许多我们（不总是挂念我们财富的起源）称为'我们的'的事物中，莱布尼茨（他在200年后再次归来）可以用更确定的精神创造感说，这是我的精神的精神，我的思想的思想。"就上述所说的或一般而言狭义上的哲学来说，在其他条件不变的前提下也可以成立。

⑤ 作者的《犯罪学论文集》在此意义上对这一例子进行了详述。对于本文所主张的观点（它的理论表述及其证立已被先行论述了）而言，这个例子也应起到一样的作用。参见 v. Bar, Die Grundlagen des Strafrechts（原始版本）。

向了更一般性的问题，即民事责任与刑事责任相互间的关系究竟为何，以及（与此相关的）违法的特征与广义上的犯罪的特征之间的关系为何。通过更严肃的检验可知，无论是犯罪的概念还是违法的概念都没有站在完全稳固的地基之上，而当我们推进到它们所从属的更高位阶的概念时，结果也是一样的。故而这里被抛出的问题使我们超出了特定领域（这些问题在原初的意义上属于这一领域）的界限，并进入这样一个问题领域，这些问题与法律科学的整体相关，故而就此而言需要法学分支学科的代表者之间进行合作。

只要我们的教义学研究还建立在几乎未怎么耕作的土壤之上，只要我们还面对着不怎么发达的立法和实践，从它们出发的冲劲就不足以让我们始终不渝地去追循上面提到的这条从特殊到普遍的道路，直到获得站得住脚的立场。在某个不远的点上会出现这种疲劳和倾向，即对于被抛出的问题满足于给出任意一种暂时的回答。相反，与给定方向上之进步相应的是这种冲击之幅度的增长，为此可以给出上面提及的问题在其过往或晚近之命运的证明。①

从法律史学的方面来看，也出现了相同的现象。在此，被汇总的大量材料同样唤起了这样的需求，即获得对已被获得之材料的内在关联的更广泛的视角和更深层的洞见。它在耶林的《罗马法的精神》一书中可以找到一种早期的和极其重要的表述。

此外，上述关联并非为此唯一的理由：在晚近，（我们的）

---

① 关于相关文献参见已被引用的论文以及 Hälschner, System des preußischen Strafrechts。关于与那一争议相关的晚近的更一般的研究，参见 Binding, Die Normen und ihre Übertretung, 1872。

注意力再次更坚定地转向了在我们的领域所出现的更为一般的科学问题。对此的进一步理由在于这种深层对立，它刻画着当下的社会生活，并对社会生活当时的法律基础提出了质疑。另一个理由在于国民经济以及涉及国民经济与法律科学的关系之问题的不断增长的意义。最后，一个重要的理由在于最近的政治事件及其对整个法律生活的深层影响。来自法律发展之连续性的每一次突现——这种突现很多时候是由那些事件引起的——都产生了这样一种需求，即获得超越流传下来之法的边缘地带的更为一般性的立场，它使得我们可以合乎新的状况，而不必否认旧的真理，并通过一种关于法的发展法则之更深层洞见的要素消除两者之间不断扩大的隔阂。

导致德意志帝国新建的事件显然曾发挥这种影响，尽管迄今为止还没有一部证明存在这种影响的代表作。但主要是晚近的法哲学研究处理了国家与教会的关系。

如今，正如在讨论更一般性的问题时所多次出现的，在进行这些法哲学研究时，以不利的方式存在着在第Ⅰ部分中所刻画的那种奇特的漫不经心的状况。它使得个人没有确实的依靠，并指示他们过分依赖自己。这会错误地导向这样的一时之念，它只有一种半吊子的性质，且通常会让人踏上古老的歧途。故而有可能，人们在讨论被提及的那种国家教会法的关系时，认为这么做是必要且正当的：重新且仿佛完全自由地去构造法、国家和教会的概念，也即解决被提出之任务的基本工具，并以古老的自然法的方式来运用已获得的概念；例如去证明，这些概念与德国现下（在那些众所周知的制定法被颁布之后）存在的国家与教会间的关系完全吻合，故而现在以及永远都必须维系这些关系。以此方式，在这里法律生活的"历史观点"（也许是无意识地）就被放弃了，而一同被放弃的还有本世纪的主要学说——自然和人的创造过程（以及法、国家和教会的影响）有规律地被置于历史之流中，并要被视为在那种正在浮现的、受制于其最终变形的短暂形成过程。

因而笔者认为必须要说明关于其问题的立场。

但或许要主张这样一种观点，即从特殊性到一般性的简单跃升过程（这是本文所主要强调的）还不能从实证法律科学的领域转变为法哲学的领域，故而也与后者的意义问题没有直接关系。现在就让我们转向关于它的性质的讨论。

III

在科学领域中，一般而言也可以察知到双重的精神运动：一种是知识的逐步传播，另一种是知识的不断集中化。与我们的察知和知识范围的扩展相对应的，是对它们之间关联的认知的拓展。

如今，我们将这种科学活动（它以后面那种同心性的运动为基础）称作哲学活动。

这种活动帮助我们获得了那些知识，因为它确定了相关领域之现象所归因于的那些要素，且确认了这些要素的普遍特性及其彼此间的联系。这同样也适用于科学的所有部分，科学是一个整体，在其发展过程中到处受到向着相同方向运动的相同功能的拘束。

我们通过这种哲学作业就阐明了这样的因果关系，它们存在于我们知识范围内的细节之中，而对于我们的知识来说，这些细节由此就被联结为一个鲜活的、根据特定法则自我发展和自我主张的整体。

正如上述论说所表明的，这一通往统一性的道路穿越了分离，而那种从特殊性到一般性的跃升（在前文中已然设想过这一点）构成了被描述之过程的组成部分。

这条道路肯定要被扩展到人类知觉的全部领域。因为只有作为一个整合性成分嵌入整体之物，才能成为我们精神财富的一个受到充分确保和完全有益的组成部分，从而成为那种权力——它将科学赋予了合乎其本质的人类精神——的发酵酶。

因此，哲学作业属于科学活动的一般性要素，这一要素在任何领域中都不能被拒斥或被剔除。因而这一要素在法学领域中是否有效的问题等同于这一问题：法学是否要被认可为科学。对于我们这门学科的全部部分来说也是一样的。哲学倾向和哲学作业与所有这些部分之间原则上都具有相同的关系。一般来说，它对于公法（尤其是刑法）的意义相比其对于私法来说更为明显，这一点与迄今为止的法源状况有关。但事实上，当下私法领域所进行的哲学作业并不比公法领域尤其是刑法领域来得少，其活动的意义也没什么两样。这也并非是不可能的：在不久的将来，私法领域的哲学倾向越来越明显，相反，在刑法领域中，由于新《帝国刑法典》的创制，哲学倾向伴同注释学与决疑术一起减弱。

IV

在法学的诸部门学科内，那种哲学作业之成果的最重要的储藏室存在于它们的"总论"之中。这里可以找到这样的要素，特殊的法律条文通过它们被组合在一起，并刻画出它们的一般特性本身，以及彼此间的关系。故而在刑法科学的总论中可以找到犯罪和刑法的普遍本质，以及两者之间根据其合乎法则的一般性证立来确定的关联。此外，还有针对特殊刑法规定之内容和适用而一般性地确定的内容（量刑理由、诉讼时效等）。这些特殊的规范通过总论的规定来获得其证立，及其与统一之整体间的联结。我们在其中拥有了主干和分支，这里显露出的就好比是树枝和树叶间的关系。对于私法的总论而言也是一样的。契约、法律行为、法律事实、诉讼等概念处理的是特殊法律规定的要素。同时，它证明了这些要素（如诉讼和法律行为）之间存在的一般性关联。

从历史的角度来看同样如此。与特殊的教义史相对的是总论，也即（至少以片段的方式来处理的）相关法律部门的基本组成部分和基本关系。

据此，这么做绝非荒谬：就像费尔巴哈针对刑法所做的那样，将法学诸学科的总论称作"哲学的"。只是人们不能像费尔巴哈那样将一种"实证的"部分与这一哲学的部分对立起来，因为这种对立终究并不存在；而只有那种阐明细节之主要内容的部分，简单地说，也就是分论，与"哲学的"总论对立。当然，即便是这后一种对立在理解起来也应该有所保留。在更高程度的发展过程中，分论本身当然也可以再次被划分为相对独立的诸部分，它们自身又可以区分出一个总论，它与这些相关分部分的其他内容之间的关系，与前面所谈及的总论与全部分论之间的关系是一样的。例如，在私法领域中，债法就拥有一个已然高度成熟的总论部分。

V

就像法律科学的各个具体的部分和分部分在特定的发展阶段分割出了总论（由此走向了成熟，它将碎片化的特殊部分与整体联结在一起），法律科学整体也必须且会获得其总论，并在其中找到其统一性的表述和充分的实现。这种法学的诸部门学科的总论必须在其中寻找其联系和必要的补充。这种作业（它在诸部门学科中的某个任意确定的点上被中断）在总论中被延续并自然终结，而在那里获得的结果在这里获得证实或被修正。在那里被创造的、涉及同一对象的草图应当被加工为一个整体，在其中法律生活不再仅仅出现于数以千计的细节之中，而是显露出它的统一性。①

当以前的刑法总则规定了犯罪的概念，并且对这一概念的研究（就像一直以来如此的那样）仍认为，这一概念是刑法规范的要素时，就对法律科学的总论提出了这样一个任务，即借助

---

① 阿伦斯（Ahrens）做过一个很好的评论：在整体与部分、基本原则与特殊概念之间存在着一种交互影响法则，且有可能只通过始终导向于基本概念来对不同分支进行正确的定位和提升。

法学的全部材料发展出那一概念*所从属于的更高位阶的概念，它们不再仅仅具有刑法意义，而是具有普遍的法学意义；在它们中一般而言存在所谓的法律规范的要素，就像违法的概念、具有法律责任之行为的概念等等。同样，我们有理由从这些更高的立场出发，从刑罚的概念(这是刑法规范的另一类要素)跃升至对于所有的法律部分都有意义的概念——"不法的法律后果"。如果说我们在刑法中处理的是犯罪与刑罚之间合乎法则的关联，那么我们在这里就必须去研究法律责任得以证立的一般条件，以及关于行为和法律功效间的联系的基本原理之间的内在关联。

进而，如果说私法的总论习惯于在只考虑属于私法领域之事实的前提下提出法源学说的话，那么对于更普遍的立场而言就会产生这样的任务，即让这一学说在全部法律生活的现象学视野下经受批判性加工。同样，如果在那里，法人学说只以私法关系为终点，那么对于这一立场而言就会产生这样的要求，即将它与适用于公法领域关于法律人格的观点相比较，并从我们科学的所有部分中搜集材料来支持一种广泛的法律主体学说。

但最重要的任务在于，将关于法的发展史的分散阐述整合在一起，并(只要可以这么做)将它加工为如下阐述。当刑法学家熟稔于不同民族的刑法发展，以及其中重复出现的阶段性发展顺序，并试图辨识出一种——即便是有限的——演进规律时，当在我们的科学的其他部分的代表者那里也发生了类似的情形

---

* 指的是"犯罪的概念"。

后，就涉及那个更为一般性的观点；从以这一面向或那一面向
被察知到的合乎法则的关联中找到统一进程的时刻。进而，已
然相对独立存在之具体法律部门的历史，会去来自同一主干的
成长史(法被分化为公法和私法、刑法和民法等)，以及法本身
的独立史中寻求对自己的补充。法本身的独立史脱胎于习俗的
土壤，从宗教中被解放出来，并区分于伦理的其他要素，从而
(与此相关地)从民族性格中相对解脱出来……

VI

就我们的科学而言，这个尚有问题的总论将会主张矛盾律，
并为此提供担保，即在一切领域中对相同之事相同对待，对不
同之事不同对待。这里指的并不是由此就提出了平整某个水平
面的任务，或到处形成了被要求的那种一致性，因而为此做出
的有意努力要被视为是无用功。事实并非如此，这主要可以通
过我们学科的最重要的概念——法概念来证明。这里不仅在一
般意义上缺乏关于最重要之点(如关于这一问题：实证性是否属
于法的概念，见下文)的共识，而且即便我们在一个领域中主张
这样的观点，与之对立的观点却会在另一个领域中构成了我们
的前提。故而我们作为民法学者在意志中找到了法的可制定规
范的原则，作为刑法学者却以伦理原则为出发点。或许我们马
上会在前一种性质中用利益来取代意志，但作为刑法学者接下
去却会将利益要素(它位于法的尊严之下)从为法的功能而确定
的动机序列中分割出来。此外，我们作为刑法学者用这些功能

单单来指涉国家整体，而作为民法学者则同时用它们来指涉个人，统一的法概念并没有为这种毫无防备的对立提供任何空间。作为平民，我们一般会认为法只可能存在于国家之中并通过国家产生；而作为教会人士，我们会与这种法打交道，它会将其存在归于教会共同体；作为国际法教授者，我们会以此为出发点，即有可能形成且已经形成了某种位居于诸国之上的、将它们降低为实现法的纯粹机关或权利和义务承载者的法；等等。

总论的任务在于揭下这一面具，它有时在这里，有时在那里，遮蔽了法的真正特征，并使得法在我们科学领域中的同一性无法被有效地主张。

VII

在前文中已然说明，哲学作业在所有的法律科学领域中都可以主张并拥有其家园。今天，这种作业成果最主要的储藏库就在于我们科学之不同部分的"总论"。在它们中可以发现属于具体学说的认知和洞见，以及它们之间的天然联系（前文第 IV 部分）。但将它们的发展作为基础的需求，表明要超越它们而导向全部学科的总论，总论对于全部学科的意义就好比它们对于部分学科的意义。我们科学的分支彼此之间过于孤立，因为它们可以被合起来，而在其孤立性中无法找到繁荣的条件。被提及的那种总论的任务将是，展现出它们之间的自然联系，并消除那些使得这种联系迄今为止无法被塑造为一种有益之联系的障碍（前文第 V、VI 部分）。随着这一问题的解决，法学领域中的哲学作业也就达成了它的目标。因为对于这一作业而言只能设定这种任务：阐明诸法律规定间的根本性关系，并以此方式使得它们联合为一个统一而又分部分的、根据特定法则自我发展和自我主张的整体(前文第 III 部分)。

这说明，"法哲学"的位置不可能位于划定的圈子之外。对于法哲学而言，没有任何理性的内容和关于它的问题的证明是不属于这个圈子的。这进一步说明，法哲学无法因为其"首先是哲学的学科"(达恩[Dahn])这一理由而在一般意义上与法律科学或"实证法律科学"相对立，它迄今为止被视为特殊存在是不对的，它(只要它被要求对其自身有更清晰的意识)不可避免要与"实证法律科学"联合为一体。

另一方面，这种"实证的"法律科学要被删去这一被强调的形容词。它本身表明，这完全是误解和矛盾。只要想通过添加它将哲学从这一学科领域中分割出来，我们就误解了哲学的本质及其与科学概念之间的关系。将哲学分割出去后就不会剩下任何能够作为科学的东西了。在这里与在其他地方一样，致力于细节的研究与致力于一般性和关联性(即哲学)的研究要合起来；在这里与在其他地方一样，它只有与后者相联系才能满足科学的概念。在可能独立的法哲学与那种可能独立的实证法律科学之间也不存在任何天然的界线，划不出任何并非绝对任意且具有理性意义的分割线。被人们视为无法通过任何桥梁连接起来的孤岛，只能被认为是在沿着同一块大陆的不同方位做持久的沿岸航行。

如果将"实证的"一词理解为相关规范的外部效力，那么它在"实证的法律科学"或"实在法"这些词汇中就是同义反复，因为外部效力这一要素已然被包含在法的概念之中了。最后，如果将这个词理解为相关规范在特定社会中的暂时效力，或终究指的是特定政治共同体的特殊法，那么这就会将我们引向某个特殊的客体，但不会引向某门特殊科学的客体。对于学者个人而言，他所在国家的法，尤其是在其开展研究活动时存在的法，构成了后者* 天然的出发点，及其研究通常情况下的焦点（所获得的科学认知之光汇聚于这些点上）。但我们并没有由此就获得一门在此意义上的特殊科学，也即这样一门科学，它的全部内容可能在其领土范围内被确定，也受到此限定，并可以一下子就改变这种内容。

在不间断之演进过程中的具体时刻不可能是一门独立学科的对象，孤立起来看，它终究也不是一种科学观察的对象。普鲁士国家（就像它在 1874 年 1 月 1 日所发生的那样）在特定一天中午时分的云层造型（给定时刻的自然现象）是孤立的，而不能成为一门始终具有名姓的学科的内容。脱离开预先发生之事，特定时刻之状态的图景就无法排除掉自己的特征，而这恰恰是科学观察所要求的。对于当下的法律状态来说也是一样的。这一点在我们的学科中也没有被低估。长久以来，人们恰恰喜爱和习惯于这门学科的历史面向。历史发展过程（今日之法律状态只构成了这一过程中的中转点）中的法律生活取代今日之法律状态成为我们这门科学的对象。进而，由于在此涉及的并不是状态和因素的一种外在的彼此并立，同样也不像对今日有效之事

---

*　"后者"在此指的是"研究活动"。——译者

的展示那样涉及具体法律规定的外在彼此并立，而是涉及对内在关联和那种可对其予以证立之法则的说明，所以在此就不可能对法哲学进行界限划定。①

上述所说已然说明，法律科学本身同样不能被领土所限定。就像在帝国参议院中被代表之各州的法被当作特殊的（实证的）法律科学的研究对象那样，刮过这些州的风同样有理由被视为特殊的（实在的?）气象学的研究对象。既定法律状态的根本要素及其相互联系的法则在这里与在他处都是一样的。但那种状态的特殊性并不包括一门独立科学的可能原则在内。人们可以主要以此方式来说明法律科学的这种国际性，即去考量法律科学与伦理学和国民经济学（随后还将回到这一点上来）以及后者与特定国家制度之间的关系。②

因此我们将用上文（第 III 部分）已经区分出的科学活动的面向去替代这些可能独立的学科。它们在我们这门科学领域中的彼此之间的关系就相当于在其余科学领域中的关系，并在所有领域中都几乎没有什么理由来支持这一意义上之科学作业——

----

①　冯·林德格伦（v. Lindgren, Die Grundbegriffe des Staatsrechts, 1869）所主张的观点与广泛流行的观点——它将实在（在特定时刻有效或一般而言有效的）法视为法律科学的唯一研究对象——相对立。按照他的观点，实在法一般而言不应属于法律科学的研究对象，除非后者呈现为法律史，或它的研究与当时存在的法相联系（作为其出发点），从而在其他方向上逾越了这一目标。然而，法律发展的平均水平（它在特定时刻为我们提供了观察）并不构成法律科学的研究对象，但它的确根本上属于这一对象。我们不能在脱离开法律发展具体时刻的同时不让整体在我们面前消失。这里涉及的也不是法律关系的法律面向与（实在）法（它是对前者的表述）的区分和对立，就像冯·林德格伦所认为的那样。

②　这是自相矛盾的。一方面教导说法是"伦理学的分支"，另一方面提出如下的命题："……每个国家都拥有其自己的法，故而(?)也有其自己的法律科学。没有针对一切国家的普遍法律科学，只有一种共同的科学方法……"在这段引文中从特殊的法到特殊的法律科学的推断在本文中被证明是不对的。

即法哲学与实证法律科学间的那种相互协调——的分离。人们也没有就科学的其他客体去建立或维系那样一种二元论。此外，人们没有将涉及这些客体的概念间的关联分派给这些概念之外的其他学科，没有将它们所服从的法则分派给其运用之外的其他学科。因此那种协调与一种无法被科学证立的独特性相关。但可以这样来说明它，即我们这门学科是以两个看起来彼此远离的点为出发点的。

VIII

实践法律人的技艺，也即将既有的法则适用于各式各样的法律关系，甚或通过制定法的规定来表达和帮助满足居民的特定确信、需求或要求，原本就不怎么包括一种科学活动的要素在内，并且一开始就不以一种关于法的本质及其发展法则的成熟观点为前提。因而致力于认知这种本质和法的起源的研究并不从那里获得其初始的动力。将这些更一般的问题作为其反思对象的哲学家同样发现实践法律人的活动一开始对其没有直接的促进，就像后者发现这些哲学家对其工作也没有什么直接促进一样。这两个群体在这里轻易掩盖了对他们所提出之任务的关联性，而在与此根本上无关的法学之外孕育出关于法和国家的哲学学说，看起来是可以理解并且很自然的。

但那种法律适用和法律续造的技艺，随着法律生活不断向前发展，越来越显现出要受到理论前提，即对拥有更为一般之洞见的拘束。从此以后，实践就需要一种导向于它们且传授如何拥有那些洞见的学说。但为了能够不断去满足那些不断扩大的需求，这种服务于实践，因而从中获得初始动力的学说被迫通过它们自身的法则一再费力登上更高的抽象层次，且越来越成为前文所提出之意义上的哲学。通过这种方式，它不可避免会导致去处理那些更为一般性的问题本身，并由此在相同领域中遇到那门在其他动机的影响下获得发展的哲学学科。它将不得不接替后者。当它在此领域中被建立之时，迄今为止在此占支配地位的独立的法哲学就将满足其使命（这只可能是一种暂时的使命）。

　　这种古老风格的法哲学并不是从一种对成体系之概念毫无前提的加工本身中产生的，其基础来自相关学者所拥护的哲学命题。这些哲学命题始终位于它们所想要处理的世界（在这里就是法学的世界）之外。在这里，宇宙并不是通过其自身组成部分的自然发展和均衡努力，而是通过某个从水面上浮现出之天才的魔咒而形成的。但如此形成的体系将始终是一种人为的——尽管非常天才——而只有作为权宜之计的暂时价值的体系。这种自然的和确定的体系只有通过另一种方式（它以有待处理的概念或其历史基础为出发点）才能获得。从一种广泛的世界观和生活观的支点出发，思想家有可能成功地建立对于具体生活领域之观念和规范化具有意义的一般视角，并以富有成效的方式来澄清它们与其他领域间的关系。但他越是远离其出发点，进入到特殊的生活领域，就越是与在此错综复杂的关系相对，在其出发点上引导他的那种力量就越会明显失灵，他就越是发现自己转而依赖通过归纳法进行研究的成果。或许他知道，在从事罗马法研究时，为了对罗马法律观和国家观进行刻画或出于补充罗马法学之需，要传授新的、能产生刺激的东西，继而发现自己在发展其具体的私法体系时仍然（即便不是被迫）依赖于这种罗马法学，要在一种具体的，或许是陈旧的潘德克顿纲要的阴影中来寻求其出路。进而，与这些工作之出发点相关的是，每个工作都自成一体，每个工作从一开始就只去勾画仅针对自己的作品。在其连续不断的发展过程中，它们并没有给出一幅环环相扣的、从许多人那里获得力量的、基于更坚实之理由向前发展的工作——尽管存在许多错误与歧途，这种工作最终必然会进一步导向其目标——的图景，而是一幅永远在不断被重建和拆毁的图景，这在很大程度上是覆盖了建筑工地的昂贵（建筑）碎块不断堆积起来的结果。

私法总论以及刑法总论等领域提供给我们的则是另一幅图景。在这里，研究相互交错，对问题的处理也具有连续性，因为在这里作为起点的是通过历史和教义学作业获得的成果的整体。它们陈述出了向前推进的方向，并使得相关道路导向一种幸运的相遇＊，而这看起来并不仅仅是偶然。如果我们以与处理更一般之私法问题相同的方式（并以与其紧密关联的方式）来着手处理属于整个学科之总论领域的问题，那么在后一领域中就会出现相同的现象。但基于法律科学的这一总论与我们各个部分学科的那些总论之间的被阐明的关系，这么做是可行的，同时也是应当的。在发展这一总论的过程中，会对那些碎块＊＊进

＊　这里的"相遇"指的是不管是私法还是刑法的研究最终会在某些点上汇合。——译者

＊＊　这里的"碎块"喻指构筑整个法律科学大厦的具体知识材料。——译者

行评价。那些碎块会完成对那块迄今为止由独立法哲学所主张
之领地的占领。故而后者的位置，将被从对既有法律材料进行
历史和教义学加工出发的、迄今为止所称的实证法律科学的一
般学说 *** 所取代，就像古老的自然哲学会被一种由哲学精神所
孕育的、致力于认知现象间关联的自然科学所取代，或即将被
其所取代。

IX

　　如果我们想要为"法哲学"一词保留一种与迄今为止对它的
用法在某些程度上相应的用法（它涉及我们这门科学的某个客观
上确定的部分），那么这一点只能借此来达成，即将这一名称转
用于已被多次提及的法律科学的总论。就此而言，这一点看上
去是有根据的，同时也体现出与迄今为止所说的内容之间的联
系：这种总论要求取得事实上迄今为止被法哲学所占据的地位，
并确定地去合乎迄今为止一直在寻求满足的需求。根据我们的
阐述（如根据我们这门科学的基本概念，根据各部分与总论间的
彼此关系，根据它与最相近之学科之间的关系等）要归为总论的
问题已构成科学努力的重点，它们迄今为止是以法哲学的标记
出现的。因此，如果这个词被给予上述意义的话，我们就会像
现在这样在专业方向上通过它记起相同的任务。就这些任务被
着手进行的方式而言，就它们之间的关联以及法律科学细节作

　　*** 默克尔在本文中对"一般学说"（allgemeine Lehre）与"总论"（allgemeine Teil）不
做区分使用。——译者

业的方面而言则有不同。这种变化（尽管有其中立性）就有待回答的问题而言并不会毫无意义，这一点无需被强调。某人可能会拒斥哲学，但其他人则可能会反过来认可它，因为对后者的工作来说，关键的层次不在于他们所谓的实证法律科学。或许所有人都由此被指引走向相同的领域和某种合作，就像迄今为止只在那种可能是实证的科学的具体部分之内所发生的那样。

黑格尔（Hegel）曾认为自然法和实在法之间的关系，与法学阶梯和潘德克顿之间的关系是一致的。无需详述的是，这种比较在根本上不同于本文所主张的观点。根据前者，法哲学被当作全部法律科学之外的一个特殊领域，就好比法学阶梯之于潘德克顿的关系那般，它被刻画为一种并非为了科学兴趣，而是为教学需要所要求的提要。相反，根据我们的观点，法律科学整体上只有借由法哲学才得以形成。

当然，根据这一观点，我们并不禁止狭义上的哲学家“也通过这些法律材料去测验其一般性的审思原则”，就像所有其他学科的材料与原则那样，对法律材料的这种做法还几乎没有。但由此就不会使得他们疏离于他们的原则，也不会将关于（从他们所提出之学说看来）正确性的关键层次从其领域中移走。狭义上的哲学与所有其他学科都具有相同的关系。因此，就像一再发生的那样，将“法的原则”归属于哲学绝非偶然，就像所有其他科学的原则都要对此进行主张那样。根据我们的观点，与相对于其他学科之整体来确定它们*的做法相应的，是在此将那些原则归属于相对于其组成部分的法律科学的总论，也即是说，

---

　　*　这里的“它们”指的是“原则”。——译者

它必须借助其一般学说来展示它们之间存在的关系，找到并提出它们所共享的原则，并以此方式（只要为这些学科的状况所容许）将它们联结为统一的整体。

X

这里所对抗之二元论观点的理论前提不再被大多数人看作是站得住脚的。比如，人们已在一般意义上放弃将某种"自然法"与实在法相协调的做法。因为如果法概念中的二元论本身不再站得住脚，那么就没有比这更确定的了：法律科学的二元论也要被放弃。尽管如此，在那些终究并非想对哲学保持一无所知的人之中，那种观点依然被视为是主流。至少人们坚守了命名（"基于伦理学的自然法——以哲学人类学为基础"等，"实证法律科学""实在法的哲学"等）和处理的形式（上文第 VIII 部分），它们符合这里的观点。同样不再有一种相对立的观点以更加发达的型式明确地出现了。法哲学既不再等同于我们这门科学领域中的哲学功能（就像在上文中已然被确定的那样，参见第 III 至第 VI 部分），也不再以上文所谈及那种方式等同于后者的总论。但如果这种观点被放弃，那么这么做或那么做*就是不可避免的。与此相反，它在许多经验、习惯和担忧中找到了一种仍不动摇的支持，而这发生在两方面的人为界限（在此对取消这些界限存疑）之中。一方面，法哲学的某种人格减等（capitis deminutio）在其中找到了合理依据（如果法哲学指涉并限于同一

---

　　*　这里的"这么做或那么做"指的是上一句中提到的两种等同。——译者

个作业领域的话），就像从西塞罗之后就被它们大大贬低的实证法学那样。另一方面有这样一种担忧，即取消那些界限的结果是，可能导致哲学上的一时兴起对那个——基于历史和训诂学的理由缓慢，但持续前行之作业的——领域的入侵。对于这些动机本文不再感兴趣。相反，在已然放弃一种特殊的、位于实在法之旁的自然法之后，人们用以尝试证立自然科学，以及终究是独立之法哲学的存在正当性的方式，则值得做更加特殊的考量。

XI

这种观念还总是扮演着某种角色：与法哲学相关的即便不是古老意义上的自然法，也是一种有别于实证法律科学的法。构成其对象的应当是"理性法"（das rationelle Recht），或按照多数人的观点来说，是"理想法"（das ideale Recht）。后者被那些法哲学著作最广为流传的作者们确定为"一种独立于人类法令并在其中只是得到不充分体现的法"，"它在更高的伦理世界和生活秩序中（拥有）其基础，并确定地作为准绳服务于对既存法的判断和续造"（阿伦斯）。但由于它"首先只是一种理性的法律要求"，这种理想法必须"通过伦理或法则才能被实在化"，"以便获得效力"。在此首先可以反驳道，将法的概念与名称转用于其准则、转用于对法的续造提出的要求，是任意的、具有误导性的。或许同样可以成立的是，让土地簿的设立标准本身作为一本土地簿起作用，让就某个物种的培育和精加工设立的规则甚或这一物种的理念本身作为某个物种起作用，让就某项债务的正确履行而提出的要求作为某种类型的履行行为(作为理想的支付)起作用。我们在此涉及的是一种逻辑和语言的暴力，它(由于它涉及独立之法哲学的最根本的前提)本身已然适合来证立对于后者的误解。但如果我们消除掉这种暴力，那么我们就可以获得这种理念——它在(所谓实在的，也即现实的)法中"被实在化"，也即获得"形式和外衣"——来作为这门学科的研究对象。但在这方面，我们拥有的并不是某种与(现实的)法本身不同的东西，而是与它的某个本质性要素，甚至与其固有的实质相关。因此，这种理念不可能位于那门学科——就像所谓的实证法律科学那样，它将现实的法作为其研究对象——的领域之外。法律科学不处理其研究对象的本质性事物是说不通的(lucus a non lucendo)，或毋宁说包含着自我矛盾。

但如果人们还想要维系那种学科的二元论，那么这里的出路就只能是，将法拆分为它的诸要素——"理念与实在的现象、内容与形式"，并像事实上所发生的那样，将理念分配给哲学，将形式分配给法学。由此可能就获得了这种特殊的结果：法本身终究不会构成科学的对象，据此，无论是实证法律科学还是法哲学(当两者都只是与法的要素相关，也即与法本身无关时)都错误地使用了它们的名称。但很容易就看出，由此所采取的立场是站不住脚的。

这样一种法学——它不关心法律制度的"理念与内容"，而只坚守其存在的制定法或习惯法形式——同样无法传授对这些制度的理解，并服务于对它们的续造，它必然被证明是没有益处的，就像一种哲学脱离开"实在现象"，并设法将脱离那种现象的理念孤立起来加以理解那样。

从前广为流传的观点——它将理论科学与经验科学（当它愈加倾向于靠近理念时）相对，那些经验研究不可企及的东西通过合乎法则的不断进步的思想的力量在经验研究的路径之外自行落在理论科学的肩上——如今完全可以被视为得到了克服。一般来说，我们已经放弃将科学与其对象相分离，并提出与后者的经验概念相对的哲学概念的做法。但在细节上，我们仍然会遇到那种观点的余波。主要是上述谈及的那种法的理念与形式之间的分离。

曾有一段时间，这种错误观点被认为有某些正当性：具有哲学化倾向的德国人，为了确定骆驼的本质，不是去例如观察这种活生生的动物，而是掉头离开这种"实在现象"，从深处创造出它的性情。如今人们不再承认它具有这种正当性。但在我们的领域却还一再发生：人们不是从其历史存在，而是渴求从别处，例如"从人类的理念和理想以及人类历史的生活规定中"获得对于法律制度之本质的认识，甚至坚持这样一门特殊的学科，它依赖于那些位于"法的实在现象"之外的渊源，（或者在此等同于说）超越现实法律生活之界限的渊源来创造其内容和对"法的理念"的认识。

XII

法的命令和禁止被证明为道德规定，如果我们看到了它们能赋予义务之力的话。确信这一点没有任何困难，只要人们曾同时将这种技艺——它对于所有人来说都可理解，但却被多少是人为构想出的误解所遮蔽了——运用于不同时代。给予那些禁止一种赋予义务之力，但却主张它们与道德无关，这意味着（由于义务的概念没有任何超出后者领域之外的内容）表达出了一种纯粹的矛盾。① 我们在刑法中遇到了这些规定中最重要的那部分（遵守它们是法秩序最重要的前提，即便没有明确提出这一点），因为它通过刑罚对违反这些规定的行为进行威胁。人们对这些命令和禁止进行编排整理，就会拥有一种新版的、与今日之主流道德观相匹配的十诫。晚近法哲学的大多数代表者也都没有否认或忽视法的这种伦理面向，他们毋宁经常试图通过某种片面的和排他性的方式来使之有效。在此，法哲学构成了伦理学的一部分，或者（由于在后者的诸原则中，正义原则与那些法律规定具有最紧密的关系）构成了一种公正学说（Lehre vom Gerechten）。② 理想法（它应当构成法哲学的研究对象）在此就是公正，法理念被认为等同于正义的理念。③

　　这门被如此刻画的学科拥有一种独立于法律科学的地位，如今自然没有什么争议。但有争议的是，这门学科是否应享有法哲学之名。然而在所有情形中都要对后者提出这样的要求：它要以法本身，而不仅是它的具体要素（就像它在公正中被给定

---

① "……事实上，不证自明的是：如果法只是法，有别于任意和权力（只要它承载着一种对意志施加义务之力），那么每个谈论法和知晓他说的是什么的人就都站在了伦理的立场上。"（乌尔里齐［Ulrici］）这里已说的过多的东西，将在下文中被阐明。

② "法哲学是公正的科学。"（斯塔尔［Stahl］）"法哲学必须提出正义原则，并对其进行严格的推断。"（阿伦斯）

③ "法理念或正义的理念。"（戈尔德施密特［Goldschmidt］）

的那样)为其研究对象。① 我们要求,在对法进行理解时,它不仅引导我们认识它的伦理面向,而且引导我们认识它的物理面向。但公正学说没法做到这一点。它也同样不能向我们说明,伦理上的驱动力在法的领域中如何相对不重要,或它的内容是如何变迁的,等等。从孤立的伦理学立场出发,法的全部发展史仍得不到充分理解。

道德规则并非简单地通过它们的这种伦理资质就要求获得法的效力。在此总是被预设了这样的前提,即在某个国家中起决定作用的意志要求并贯彻这些规则的外部效力,也总是在此显示出位于道德领域之外的动机在发挥作用。如果我们去探究这些动机,我们就尤其会被引向国民经济学的领域,而它会让我们不由得产生这样的确信,即它就像道德那样与法具有近缘关系。那些最开始向我们展现为道德规定的规定,如今看起来像是具有国民经济学意义的规定。人们将法的原则等同于正义原则,相比于将法的原则等同于利益原则,并没有更好的理由。现在我们靠近了对法的物理面向的理解。同样不令人惊讶的是,在理解其表面上的永恒变迁等问题时,在某些新生代学者中出现了这种倾向,也即用国民经济学去取代迄今为止的法哲学(它

---

① 将法的概念与名称转用于仅仅是法的要素、前提或存在的理由,这一错误在法哲学领域习以为常。乌尔里齐在其关于自然法的著作中也犯了这一错误(Ulrici, Gott und Mensch I, 1873)。他相信,通过这一证明——"国家权力及其宣告的法具有基础"——就可以说明自然法的存在:今后只有那样的人才能否认自然法,他不想有一种自然法,因为他想要权力和任意成为法。也即"理解国家权力以及它所批准之法的效力的理由"与"自然法的概念是合一的"……但基于这一理由来转用被证立者(也即"法"——译者)的名称就是理所当然的么?

大多数时候被刻画为伦理学的一部分）。① 但在此无需详述的是，由此只是用一种片面性替换了另一种片面性。对此的证明就体现在关于法的伦理面向的论述之中。

幸运的是，迄今为止人们还没有冒出过这样的念头，也即为了上述关系将这门学科重新命名为"法哲学"。但如果要这么做的话，那么也可以提出同样多的理由来予以支持，就像支持用这一名称来称呼"公正的科学"那样。

如果我们去探究法的根源，我们就会达致不同科学的领域，其中最重要的已然被命名。但法在整体上并不属于它们。它构成了法律科学的固有研究对象，并清晰地给出了后者的界限。如果我们将这些要素（它们在法中联结为一个服从于特殊法则的复杂构造物）中的某一个孤立出来，或者对它独立支配的现象领域进行考察，那么我们就位于这一界限之外了。但在那种有意义的联结被讨论之处，我们即处于这一界限之内，处于法律科学（它的统一性和独立性基于其研究对象的统一性和独特性）领域之中。②

XIII

人们还尝试以别的方式来获得实证法律科学与法哲学的原

---

① 例如，狄策尔（Dietzel）将对作为法条基础的关系完全委诸国民经济学，换言之，他声称："法律关系的唯一基础"存在于社会的和交易的关系之中。

② 狄策尔没有认识到这一点，因为他认为，国民经济学和法学"只有合在一起才构成完整的法的科学"。对法律科学的统一性和独立性予以最坚定的反驳的是冯·基尔希曼（v. Kirchmann）。对此参见后文。

则性界线。主要是通过主张，前者部分在"既有的制定法中，部分在既存社会事实上的需求之中拥有一种无需再做进一步证立的层次"，相反，后者可回溯"到法秩序的普遍理由，回溯到法律原则本身"。①

　　但法秩序的普遍理由同样也是在特定时期某个既存社会中存在的法律状态的理由。因此，提出提供关于这种法律状态的全面理解之任务的科学不能脱离那些普遍理由。普遍是特殊的一个要素，因而如果不对普遍同时（通过其一般意义）做科学把握，对后者提出的科学任务就无法被解决。如果我们在既定状态之中，无法将只具有暂时性或地方性意义的偶然之事区分于具有普遍意义的根本或持久之事，那么我们就没法自夸说，我们已经掌握了它。不认识到那些普遍理由，换言之，即法律原则，我们就没有能力以一种有序的、在科学上令人满意的方式来说明在特定时期、随便何处有效之制定法的内容。例如，如果一本刑法学教科书不从关于刑法原则的特定的和根本上正确的观点出发，就只能要么将刑事立法总论的规定展现为纯粹外部的和不科学的并列关系，要么展现为混乱和具有误导性的关联。无论是上述哪种情形，它都不会真正符合现行法的内容。因为刑事立法的规定具有内在关联，并要通过这种关联来把握，并从此出发来加以讨论。但证立这种关联的原则（虽然它们并没有在制定法中得到表述和明确认可）本身就是现行法的组成部分，并要有助于对特殊规定进行补充。因此，当人们相信，孤立地去掌握既有立法的具体规定，而不考虑原则及通过它们来

---

① Zeller (Staat und Kirche, 1873).

证立的细节之间的关联可以更接近既定时期和社会的"实在"法时，这就可能是一种严重的错觉。但假如真的如此，那么我们通过这里所考虑的方式也不能对实证法律科学和法哲学做任何站得住脚的区分。

对上述所说的一个证明可能是这样的研究本身（上文所引的话就是从中提炼出来的）。除了将自身和他人导向相对于既存社会之事实状态以及于此得到证立之立法任务和功能的需求外，还有什么能作为今日关于国家和教会之关系的种种哲学讨论的基础呢？因此，要解决这些状态和与此相关之问题的科学任务无法与要援引原则来解决的任务相区分的问题，而解决这两种任务的决定性层次也无法被区分开来。

大多数时候，差别只在于要被用来解决科学问题的有效利用方式，或在于科学就这些问题的解决办法所提出的教益。人们在这里可以区分，获得的是关于法律状态的暂时塑造的信息，是关于发展之自我运动方向的信息，还是最终关于有意识和被倡导的改革与既有法或其迄今为止之发展过程间的关系的信息。科学通过这种或那种信息所服务的是不同的利益，而这种差异很容易误入这一歧途，即为科学本身添加上与那些利益相符的不同特征。如果涉及的是哲学利益，那么看起来它就是一种哲学科学；如果涉及的是实践利益，那么看起来它就是一种实践科学。但这种利益的对立位于科学本身的领域之外，因而无法为在科学内部进行任何划界的行为提供证立。①

---

① 与在本文中所抗争之错误相关的，主要还有莫尔提出的哲学上的国家法和国际法与实在的国际法和国际法的区分（Mohl, Encyklopädie der Staatswissenschaften）。

XIV

作为法律科学的研究对象，法将其全部内容，将其理想和实践的面向，将其一般和特殊的特征展现给我们。但人们同样相信有一种独立的法哲学能够与被如此刻画的学科相对立。如果说这一学科主张的是法所拥有的内容的话，那么法应当拥有的内容就构成了这种法哲学的研究对象。① 虽然这种法哲学应当不只是关于前者之判断的纯粹推论并可以独立于前者得到认识，但就此认为存在一种独立的法哲学，其前提就像迄今为止所反对的观点那样，是站不住脚的。

哲学的任务并非被界定为，它相对于现实的世界来说构成了另一个由它所构成的世界。毋宁说，一般而言就像科学的目标一样，它的目标只在于如其所是地去把握这个世界。但如果这一点就哲学而言一般来说是正确的，那么就法哲学而言也就同样是正确的，那么它的目标就只是在于去把握法的语词和概念所指涉之现实生活的面向。

进而，人们一致同意的是，哲学不必关心"向何处去"的问题，以及对所获得之认知的实践评价。对法哲学而言，人们何以能够倒转被假定的关系？人们何以在此将对既有之物的理解视为位于哲学的领域之外，并将一些事项——将某种应当存在者（Seinsollenden）与这一既有之物对立起来，并建立（由此被给

---

① "但它的核心不可能（像人们惯常所假定的那样）是关于法如何形成的这一事实的观点，而只是关于它应当如何形成、它应当拥有何种内容这种伦理的观点"……斯塔尔在此称之为"最深层的历史趋向"。但对他来说这也是最深层的法哲学。

定的)实践行为的目标——视为它特殊的任务？

进而，这一目标位于既有之物可能的发展领域内。至于什么样的发展是可能的，只能通过对既有之物的研究来教给我们；对于这些问题来说也是一样的：要提升什么样的可能发展方向，要与何种方向相抗争，等等。前者适用于某种状态的诸要素(它所引起的满足要被追溯到这些要素)，而后者适用于这样的要素，在此状态中被证立的损害和干扰要被追溯到它们。因而"应当"(soll)只是关于"是"(ist)的判断的一种推论，因而不可能构成一门独立于"是"之科学的学科。

对于许多人来说不可理解的是，既存者如何能在提供关于其自身之评价的标准以及对其进行改造之模板的同时，仍旧涉及一种在所有科学领域中都可以找到类似物的过程。

对于医生来说，从对被找到之病患的观察出发，可以发展出一幅关于人类有机体之通常构成和通常运行方式的图像，它使得他可以去认识疾病形成过程本身，并向他提供针对后者开展之活动的目标和视角。对于植物学家来说，可以发展出一幅关于某种植物种类之通常形式的图景，它可以让他将畸形和不充分的样本与通常构造出的样本相区分，等等。通常来说，对于生活的观察会导致我们去勾画出这样的形式，它们符合了诸力量之复合体在最有利条件下的不受拘束的发展过程。在我们对各个既有的力量(这些力量在特定影响下，在特定的时刻造就了这些形式)做出判断时，这些理想的形式引导着我们。它们同时根据其对于理想的或物质的利益的意义向我们标明了一种值得追求的目标。如果在此起作用的是我们的伦理利益，那么向我们发出的要求就可以证立一种伦理的应当。

对于法律生活而言也没有什么特殊之处。

法律生活的那些形式和组成部分之效力可以回溯到的原则（它们符合我们的物质利益，同时向我们保证了一种伦理上的满足）未曾在所有的方向上——既没有在法学阶梯之中，也没有在当下的意识之中——都找到一种充分且无矛盾的展现。在这里提供这种展现——"仍以未言明的方式存活于时代意识之中的法律思想被表达了出来，并形成了理论上的构造"（巴尔[Bär]）——或在那里预备好这种展现，属于法律科学的任务，通过、也只有通过理解现实的法律生活，它才能完成这一任务。①

因此，使得它*有能力服务于法律适用和法律续造的是同一套知识，它与现行法（de lege lata）立场之间的关系，在原则上和它与未来法（de lege ferenda）立场之间的关系是一样的。

后者也特别适合于我们这门学科的哲学面向，尤其适合于后者的总论（我们希望看到的是用独立的法哲学来取代它）。无

---

① 基尔希曼在他的《法与道德的基本概念》中提出了一种与本文所主张的观点截然对立的主张。在他看来，"对既存法和现行道德的批评"对于道德科学来说是不可能的。根据他的观点，就像自然科学不会对植物和动物进行批评或建立一种模范植物那样，也不可能有"具有伦理世界之构造的科学"。对此他没有给出原理。因此，在他看来，对未来法的研究就不构成"实然者之科学的一部分"。借助于本文所说的观点，这种观点的表面上的支持可以被剥夺。在有利于这种观点的论据中，正确的只是这一评论：科学既无需赞美也无需谴责，它不包含欲求的驱动因素在内。事实上，科学并不以实现伦理并为它的效力而斗争为目标。每一种实践倾向都位于其"纯粹的知识性"之外。但通过对其自身之活动的探究，即拓展和深化知识，它始终对生活的运动发挥着一种深层的影响，并通常以决定性的方式使那些驱动因素（如果这些要素与共同利益相符的话）获得胜利。在民族生活的家务活动中，根据历史，尤其是法律史的证明，这看起来是它通常的运行方式。

* 这里的"它"指的是"法律科学"。——译者

论是对现行规范之解释和无矛盾且均质的实现而言，还是对它们的续造而言，对法律规范之内在关联的理解（法哲学应当提供它）都不是没有意义的。法不是孤立的命令和禁止的总和，它是具有内在关联的规定的整体，并想要在此意义上去实现自己。而能否获得这种关联意识对此而言并非毫无意义。另一方面，看不到这种关联的人就预见不到受这一关联限定的新准则，（当它们出现时）也无法获得关于它们的理解。

因此这一认知扩展了对法律生活的发展过程施加一种有意识的，且不逾越行动者意图之影响的可能。在此意义上，用勒颇尔德·施密德（Leopold Schmid）的话来说，法律科学越是变成一门哲学性的科学，就越是成为一门实践性的科学。

XV

各个法律规定之间存在着关联，既不能在特定时代、特定民族中将它们展现为一种纯粹外在的彼此并立，也不能在历史之中将它们展现为一种无关联的前后相续。在前文中，这一点与其说得到了证明，不如说是被预设的，即便关于法律科学当时之型式和历史的陈述（第 I—VI 部分，第 VIII 部分）可能包含着引导相关证明的足够线索。

迄今为止之阐述的整个大厦都基于这种前提之上。但对于那种关联是否存在，在晚近却发生了最激烈和引人注意的争议。

在基尔希曼看来，[①] 法并没有专门的原则。根据他的观点，

---

① 1. c.

"伦理材料"（在此，法被涵摄于其下）由偶然的、无关联的、"被肢解的、通常来自不同权威的晦涩不明的命令""不同的时间和关系（它们之间不存在统一性，也没有任何规则适用于它们）"构成。它缺乏实质基础、内在关联和排除例外的法则。因此，科学的概念在此依然是"不确定的，而它的规则被大量的例外弄得千疮百孔；它缺乏自然科学中通常通过相同的基本材料和力量所规定的那种关联性和统一性"。

假如真的如此，那么本文关于哲学在我们科学领域中的作用，尤其是关于它的总论的观点，看起来就完全不堪一击。对后者所提出的任务可能就是一种纯粹的空想。无论是就其与特定时代之既有法的关系，还是就其与法的历史（对于法的发展史来说，不可能认为将发展的概念纳入法律生活的领域是不现实的）的关系及其与未来法之立场的关系来说，都是如此。对既存者进行认知的科学，不可能塑造出为立法预先规定道路的能力……因此，迄今为止的讨论只有在此前提下才有可能引起重视：说明法的实质基础及其规定之间的内在关联是可能的。对于笔者来说，这一点毫无疑问。然而在此不应试图顺便对冯·基尔希曼进行反驳。同样地，关键的证明——只要它无法被视为已经通过这种反驳被提出了——在于不断进步的科学本身。因为科学上的进步从根本上会被刻画为对上述关联的不断澄清。

一般法学说的要素[*]

（1889）

---

* 选自冯·霍尔岑多夫主编：《法律科学百科全书》，第 5 版，1889 年，第一部分（体系部分）。

目　　录

第二章 法律关系与主观法(权利)

第一章
客 观 法

I. 一般描述

§1 暂时的界定

1. 我们用"客观意义上的法"这个词来称呼这样一种准则，某个共同体用它来调整其成员针对他人或自身的行为，或其自身之效用的形式。

2. 这种准则部分呈现为抽象规则(法律条文/法条)，部分呈现为具体的规定与指示。但通常当人们谈及法时，指的是那些规则。

3. 在法的影响下，共同体内部形成并维持着一种特定秩序，也即法秩序。法就是这一秩序的原则。

4. 法创设了这一秩序，因为它界分着共同体参与者相互间的权力领域以及他们与共同体的关系。它的规定具有划界性规定的性质。

5. 这种划界性规定一方面是有限的和有约束力的，另一方面则是对权力和自由的保障。法以特定方向来限制专断，从而能要求自由实践针对他人的人类利益和人类意愿。就此而言，法是自由的原则。

6. 通过这种效用，法防止了冲突，（如果这一点未实现的话）也调整着它们间的平衡。据此它就被证明是和平的原则。

7. 这种效用的范围，以及不同权力领域通过它相互区分的方式依赖于：

a）这样的利益，它们要求共同体仰赖其为基础，或要求在其中产生决定性的影响。法确立了满足这些利益的条件，并作为实现这一目的的手段依赖于，它能够以何种方式，在既定关系下有助于这种满足（§9ff.）。

b）这样的价值判断，它们在共同体内就所涉及的主体、利益和行动有效（§3、§12—§14）。

c）这样的意志，它在共同体中居于支配地位，并确保法的规章对它们来说具有根本性的实践效力（§4、§12）。

8. 就这些规章而言，要区分其内容——法律思想（Rechtsge-danke）——和属性，后者是指上面所述之意志及其所使用之权力方面的特性（§3 ff、§12）。

9. 本文所说的共同体（在其中某个法秩序自我形成与主张）预设的是国家共同体。

参考文献：A. Merkel, Juristische Encylopädie, 1885.（以下简写为"Jur. Enc."）

§2　法与国家

1. 法与国家同时出现，并共同发展。最古老的法条涉及某个民族之统治者和被统治者之间的关系，也即国家机构的重心。

它也是法秩序的重心所在。因此，认为国家先于法出现，或认为法先于国家出现，都是不正确的。

2. 国家也是法的故乡和最主要的雕刻者。无论是对它所提出之任务的范围还是其方式，都使得它与法具有最紧密的关系。因为处理某个民族的外部关系以符合其生活利益，使得存在于这个民族之中的相互竞争的权力要素遵循恰当的界限，故而维护公共和平以及国家的运行效率，是它的首要任务。而实现这一点的手段就是法。

3. 然而，国家自身既不能（像今天大多数人所假定的那样）创造法，也不能拥有法，还不能够主张，国家的一切权力表述都拥有法的性质：

a）每个拥有以上面提及的方式来独立处理其成员彼此之间以及与它之间关系之权力的共同体，都可以拥有自己的法。这种权力是否由国家赋予，它的法的拘束力在最高层级上是否可以追溯到国家权力的权威，是个事实问题，对它的回答既无法从法的概念，也无法从国家的概念中推导出来，并且，例如就天主教会就其组织所创造的法而言，就要做出否定的回答。虽然无论是这种法的存在还是它对于教会成员的决定力都不能回溯至任何一种国家权力的活动，但还是可以从国家的性质或国家的法中推导出来——这一假设仅仅是一种虚构。（参见我的《法学百科全书》，§807，§827ff.）此外，以下将只对国家共同体的法做更特殊的考量。

b）国家不仅仅是法律设施，存在于国家之中的意志可以以不同方式出现却不由此肇生出法。例如，宣战就不是法律规范，而从事经营活动和缔结契约的国家虽然通过这一活动肇生出了法律关系，但通常并不肇生出客观法（默克尔，以及尤其是舒佩[Schuppe]的观点）。

4. 国家共同体的法在多大程度上要被视为国家的造物，可以更准确地从关于"法律思想与法律意志"的阐述（§12）中提炼出来。

参考文献：R. v. Jhering, Der Zweck im Recht I 2. Aufl. 1884, II 1883.

§3　法律思想

1. 根据其思想内涵，法涉及不同主体间的相互关系，也即涉及，在这一关系中他们一方面可以做和不做、要求和克制做的是什么，另一方面他们应当提供、容忍和不作为的是什么。

2. 法条的例子。"皇帝有权召集、召开联邦参议会和帝国议会，决定延期或解散它们。"（《帝国宪法》第12条）"皇帝任命帝国官员。"（同上引，第18条）"接收作为借贷之金钱或其他可替代之物者，有义务向出借人归还以相同类别、价值或数量之物的借贷品。""根据买卖合同，如果买卖的标的是某物，那么卖方就有义务向买方交付该出卖物并使后者获得其所有权……根据买卖合同，买方有义务向卖方支付约定的价款并接收出卖物。"（《（德国）民法典草案》§453、§459）"故意杀人者处死刑，如果他有意实施这一杀人行为的话。"（《德意志帝国刑法典》§211）

3. 因而法包含着关于特定实践行为的陈述。这些陈述大多数具有假言的性质，也就是说，它们明确规定了，在特定前提下——如果特定构成要件实现——可以发生或应当发生什么（参见同上引，§453）。但情形绝非总是如此，就像人们曾假设的那样，因为毋宁说一些法条涉及的是被持久察知到的既定关系，并创立了一条针对在这些关系中界分权力领域的绝对规范（参见《帝国宪法》的上述条款）。

4. 法的陈述从来就不仅涉及事实现象本身，而总是同时包含着对这一现象的一种具有决定作用的判定（Verurteilung）。对特定过程的纯粹预测与法几乎没有什么关系，就像关于当下或过去之关系和事件的纯粹陈述那样。我们的制定法作品既不具有编年史的性质，也不具有神秘书的性质，而我们法院的判决也不同于某个信息局所告知的消息。当然，制定法规定的形式经常会产生这样的假象，就好像它们涉及的是单纯的描述、告知或预言那样。例证是已经引用过的《帝国宪法》第15和18条，以及《刑法典》第211条。但总是有这样的观点（它被认为理所当然而无需特别强调）：被描述的作为或不作为要被视为某个赋予特定之人权利的或规定或禁止的行为，而人们必须遵守它。法涉及的不是偶尔发生或根据自然法则会发生之事，而是应当发生之事，在人类彼此关系之中必须作为最适当者起作用之事。

5. 因而，法律内容包含着作为对其而言具有根本性之知性部分的价值判断。这些价值判断涉及作为、不作为和容忍，涉及人类状态、关系和利益，以及人类个体自身及其联盟。例如，"谋杀者要被处以死刑"这一法条包含着一种价值判断，它涉及每个人类个体的生命利益，从而涉及人类个体自身，涉及谋杀者的行为以及后者自身，并涉及对谋杀者的死刑判处，等等。

关于法为它的这些价值判断所设立的价值尺度，参见§10，§12及以下。

参考文献：Jur. Enc. §24—§41.

§4 法律意志

1. 任何关于人类关系之恰当秩序的思想都是法律思想，只要这一秩序掌握了在共同体中居支配地位且通过其机关来表达的意志，并将之宣称为实践行为的一种具有拘束力的准则。比如以制定法的形式来宣告那种思想。进而，这些思想也可以成为司法裁判这种形式的基础。同样还有这样的强制措施规则，它们使得这些思想或那些针对任意反抗的司法裁判得以实施。让意志与思想间的关系必须通过共同体机关以任意方式显现出来就足矣。

2. 据此，我们可以将法律规定概括为意志表述（Willensäußerungen），并更为特殊地概括为已被多次提及之意志的表述。因而它们尤其是与任意自然法或道德纲要的原理，与宗教章程本身，与交易惯例和规则（上述意志并不关心它们，等等）形成了对立（不同观点尤其可参见宾丁［Binding］和齐特尔曼［Zitelmann］）。

3. 被提及的这种意志主要以命令和禁止的形式来表达。命令的要素对于法而言具有根本性。没有任何法条，不是要么构成一种独立的命令或禁止，要么至少作为它的组成部分或相关事物而与它处于联系之中。如"决斗将被处以……**堡垒监禁**＊"(《(德国)刑法典》第205条)就包含着一个仅基于国家命令的法条(它以隐含的方式包含着这一命令)：包括针对个人的命令，即应避免决斗；针对国家机关的命令，即将依然发生了的决斗作为对犯罪嫌疑人施加刑罚的理由；针对犯罪嫌疑人的命令，即使之服从刑罚而不反抗。如果我们消除了这些命令，也就消除了这一法条。

4. 命令要素对于法的任何部分都是非本质性的，这一广为流传的错误观点有两个主要来源：

a) 前者在于这样的形式，许多法条以此形式来装扮，它显露出的并非法的限制和命令面向，而是那些关联、保障或允许的面向。这一方面例如可参见《帝国宪法》关于对皇帝、联邦参议院和帝国国会进行授权的条款。无须特别表明的是，(宪法)修改应取向于此且应当尊重相关的权限(也即命令的要素)。但前者无疑属于立法者的意志思想，而被提到的那些条款如果没有将被提及的那种命令包括进去，它们就不包含任何法条。关于这一点——为什么在法条的表述中一会儿单方面强调法的命令面向，一会儿又单方面强调法的其他那些关联性面向——的理由，参见我的《法学百科全书》(§100)。

上面提及的那种编辑差异有理由使我们相信，区分命令性法条与允许性法条是完全站不住脚的。事实上，既没有这样的命令性法条，它对于任何人就他被允许做的是什么这一问题而

＊ "堡垒监禁"(Festungshaft)是《德意志帝国刑法典》曾采用的一种特殊形式的自由刑。1953年，联邦德国《刑法典》以"囚禁"(Einschließung)取代了"堡垒监禁"，前者于1969年又被有期徒刑(Freiheitsstrafe)所取代。——译者

言无足轻重；也没有这样的允许性法条，它对于任何人而言并不同时直接或间接地引入限制，且对任何人而言都不具有一种命令的含义。

b）对法律条款所涉及之构成要件的划界多数时候要借助大量的规定（它们具有一种描述性的或概念界定性的特性）来进行。对后果（法意欲将其与前述构成要件相联结）的划界同样如此。属于此的例如有《（德国）民法典》关于具有法律功效之行为的一般特征的规定、《（德国）刑法典》关于可惩罚之行为的一般特征或各种刑罚类型之特征的规定等等。这一事实导致人们将命令性法条与界定概念之法条对立起来。在此没有被充分认识到的是，界定概念的规定完全是法律命令的组成部分，而且只具有法律含义，只要它们具有这一属性。

5．然而，法律意志不仅以命令的形式来表达。命令要素虽然无法从法的任何部分被切割出去，但它并没有穷尽法的意志内涵。因为法不仅适用于那些通过其命令来为其设定界限的人，也适用于这样一些人（法为了他们而设定这种命令），法授予他们权力或允诺对其利益进行保护，而在这种授予和保护允诺中同样存在意志活动。这种意志活动多数时候也有直接的（未必需要通过针对对立面之命令来作为中介的）实践意义；从法通过其保护所确立的利益和主张中生长出一种直接的增值，它对参与者的行为以各种方式发挥着影响，并且它让我们与（那些利益的主张可能会遇到的）怀疑、顾虑和困难做坚定的斗争。例如，如果王位继承人继承了国家的统治权，那么发生这种情况时考虑的就肯定不仅是法对他人进行命令和限制的方式，而是在其要求的影响下直接跨向了法律意志指向其本身的步骤。因而，（就像托恩［Thon］等人所主张的那样）法仅仅凭借其命令而有功效，甚或除了命令的集合外压根就没有别的东西，这种观点是不正确的。

参考文献：Bierling，Zur Kritik der juristischen Grundbegriffe. 2 Teile. 1877 und 83；Thon，Rechtsnorm und subjektives Recht. 1878；Binding，Normen I；Zitelmann，Gewohnheitsrecht und Irrtum im Archiv für d. civ. Praxis；Merkel，Lehrbuch des Strafrechts，S. 187.

§5　第一性命令与第二性命令

1. 通常情况下，与特定关系之秩序指涉相联结的是一批这种类型的命令：第二个或第三个命令（等等）与第一个命令处于某种最终的关系之中。第一个命令——第一性命令（primäre Imperative）——指明的是对关系的常态塑造，以及那些原本就与法所保护的利益相符的行为。例如，可以想一想已引述过的《（德国）民法典草案》第453条所包含的指向借贷人的命令，即归还借款；或者指向对他人生命或财产，他人的荣誉、自由或健康之专断侵害的禁止。

在这些命令的背后存在着其他命令——第二性命令（sekundäre Imperative），第二性命令预设了对前一个命令的违反，并规定在此情形中必须怎么办。

2. 这种第二性命令具有双重定位。一方面，它要适用于那些做出了与第一性命令相矛盾之事的人，对这些人施加某种给付、不作为或负担。这些给付、不作为或负担应当平衡或减少行为的不法性，阻碍它的赓续或更新，并在不法所创设的行为条件下维护法所保护的利益。属于此的例如有这样的命令，它们对采取与第一性命令相矛盾的涉及他人之行为的人施加对后者的赔偿，或让他忍受惩罚。另一方面，这些命令还要依靠国家机关要求它确认被犯下的不法行为、与制定法相符的后果以及在某种意义上对这些后果必要的强制执行。

3. 这些第二性命令很多时候同样还会拥有这样的规定，它们预设了自己被违反的情形，并规定了这种违反的后果。

4. 故而法事先就确立了这样的标准，据此基于其第一性命令、针对所犯之不法行为的主张和义务应当根据各时变化的情境来做修正和变迁。这一点在与此相同的意义上发生：通常法规定了一切可能发生之事，并事先就确定了改变，为了始终与对其规整功能有决定性之利益相匹配，当生活关系发生变化时，这些改变就应当面临法所设立的界限。

5. 由于所犯之违法行为的后果（它们构成了第二性法律命令的对象）通常对那些对此有过错之人具有恶的意义，但对在被违反之命令中所表达的意志和利益来说却具有对于敌视它们之要素的胜利的意义，所以这些后果的威胁就增加了第一性命令的动力以及对它们的重视。因此，它在一般情形中是适宜的，并在一切领域中都规定，例如要减弱主张违反这些命令的动力，并以此方式发挥预防功效。据此，这种威胁，以及伴随第一性命令的全部第二性规定都意味着对前者的强化，考虑到这一点，可被称为它们的"制裁"（Sanktion）。例如，某些条款——根据这些条款，行窃者有义务归还赃物，对失主进行赔偿并忍受监禁刑，并应当被迫去这么做——就是盗窃禁令的"制裁"。但就此而言，这一称呼并非完全正确：第一性法律命令从这些制裁中并不能推导出它们的效力，从中也只能部分地推导出它们在心理学上的力量。

6. 上述被提及的这种制裁属于法律条文的正常配备。然而它们在概念上并不构成法律条文的本质性要素。德意志联邦和德意志帝国宪法的大量规定都缺乏制裁，但这些规定并没有因为缺乏制裁而被消除法的性质。对于法的命令而言，本质性的是要成为对统治意志的表述（§4），以及（与此关联的）拥有某种程度的动力（§7），但那种意志的能量并不仅表述为那些制裁及其实现的形式，而即便当并没有针对违反它们的情形规定法律后果时，法律条款也可能在很大程度上拥有动力。后者有时可以被未被调整的社会反应，即任意形式的自力救济所替代，而权力关系的分配可以如此被规定，即对这种自力救济的畏惧拥有与此相同的实践意义，即通常情况下对通过第二性法律命令做事先规定之不法后果的畏惧。

参考文献：K. Binding, Die Normen und ihre Übertretung；A. Merkel, Lehrbuch des Strafrechts, S. 171ff.

§6　法律规范的受众

1. 法律规定适用于所有这类人，它们安排着他们的关系，并可以从中产生权限或义务。

2. 人们假定，据其法律形式，法律规范仅向国家权力机关颁布(耶林)。据此，使借贷人负有归还被借贷之物之义务的规范，以及一般意义上的第一性命令，只要它们适用于个人，其本身就不会是法律规范；只有对于国家权力机关的这种指令，即在出现不服从的情形时进行强制干预，才会具有法律条款的典型型式。但这种观点得到赞同。它使得第二性命令，即纯粹的强化手段变成了主要的事物。只有当对某个法律条款的违反行为出现时，那种对国家权力机关的指令才会具有功效，因而为了处理对它的违反行为，我们必须让第一性命令作为这种条款而有效。公民的义务和权限直接产生于第一性条款，并应当可以直接从它们中提炼出来。而法的意图也无疑在于，规定法所规范其义务的那些人直接去履行这些义务。继而，适用于这些人对它来说就是一种根本的形式。颁布命令的人对那些应当执行这些命令的人说话；给予允许、授权和保障的人对那些人——允许、授权和保障涉及的是他们的自由和意志活动——说话。但所有人对于法都有这种能力，因为每个人都有责任去遵守法的命令，每个人都享有法所保障的自由。因此，不存在任何这样的人，法据其意图是不对他言说的。

3. 对那种我们所反对的观点的一种夸张说法在于这一理论，据此，法不外乎是"国家行为的规则整体"。法的规则事实上同样规定了个人的行为(尽管是以直接的方式)，并想要规定，法律条款的内容和形式以及对于不服从情形的威胁性后果如何产生，在此被十分专断地认为是某种对于法的本质而言陌生的东西。据此，小偷和谋杀犯不会与法发生矛盾，因为国家行为的规则并没有被他们所违反！私法将等同于这样的规则，据此，在其条款被违反时主管机关将有所作为。与此类似的做法是，宣称司法组织（Gerichtsorganisation）和军队组织法（Heeresverfassung）等同于这样的规则，据此，违反它们将受到主管机关的惩罚；或想将宗教定义为这些规则的整体，据此，上帝的意志将对违反它们的行为进行惩罚。

参考文献：J. Schein, Unsere Rechtsphilosophie und Jurisprudenz, 1889.

§7 法与权力

1. 一个民族的法是其生活秩序的统治者，权力也是。

因而无人遵守，也没有任何统治功效的规则与命令，就不是法律规范。

2. 但对法而言具有根本性的权力可通过各种形式来表达，而其命令的强迫性功效部分以机械的，部分以精神的力量（它主要和尤其涉及道德力量）为中介。

3. 一般而言，法避免不了机械性强制（它促使人们不去实施故意违法行为，并对已犯下之违法行为实现其法律后果）以及心理学强制（对违法行为的威胁证立了这种强制）。在某个民族共同体内部个人与社会群体之间对立——这种对立应通过法获得平衡——的本质，以及必须要遵循界限的权力的本质，排除了放弃运用这种手段的可能。

4. 然而，具体规范（要成为法条的话）的属性与此无关：机械性的权力手段就是准备用来对它进行强制实施的，而对这种手段之运用的调整和确保则针对的是不服从的情形。就像并非每个法条都规定制裁（§56），也并非每个法条都以机械性强制手段为基础。因此，当人们将法概括为社会强制规范（只要这指的仅是法所规定的那种对机械性强制手段的运用）的整体时，是不对的。

5. 同样，即便运用有利于某个民族之法的机械性权力手段普遍变得多余，它也不会变得不是法。是的，甚至完全消除对其运用的威胁也不会剥夺法的性质，只要借由对这些权力手段自我表达出的意志的尊重，以及对违反它们时所遭受的与法无关的后果，法的命令确凿无疑地具有明显的作用。但历史进程尚未将我们拉近到这样一种状态。

6. 但与法的那些属性——据此，对于大多数情形来说，可以考虑对其命令的自愿服从——相比，或者换言之，与那种权力——法的规范因其在共同体中被赋予的价值而具备的权力——相比，这种物质性的权力要素只具有辅助性和次要性的意义，无论它对我们来说看上去是多么必要。

与使用机械性强制手段的情形不同，这里涉及的是它的概念特征。因为法是"有效"规范的整体；但"效力"中存在的是那种对自愿服从的希望。说"某个规范对某个民族有效"，就等于说：这个民族承认这一规范具有某种价值，据此就有一种与运用任意强制手段无关的功效能力和事实上的作用。任何一种权力的命令，如果只有借助物理性强制手段或基于对其运用的担忧才能被贯彻时，它们就不得被视为法律规范。人们可以将它们比作纸张，相比于真钱，没有人会认为它们有价值，即便有，也只是某人拿着手枪强迫交到他人手里作为支付的手段。就像

"拥有效力"（在对这个词做了相应修正的意义上）属于真钱的概念内涵，就像它表明了某种构成自愿行为之动机的价值，就像这对于金钱来说是能使其规定被履行的条件，对于法的规范来说也是一样的。

7. 但法律规范的那种价值一方面是合目的性价值（Zweckmäßigkeitswert），也即这样一种价值，它立足于参与者所意识到的与共同利益之间的关系；另一方面是一种伦理价值，即根植于这些规范与民族伦理观念，特别是关于公正的观念之间关系的价值。这两类价值之间的关系为何，将在后文中再作深究。这里只需提及法律规范赋予义务之力，借此表达出那种伦理价值，也给出了法的最重要的权力要素。

参考文献：v. Jhering, Der Zweck im Recht I；A. Merkel, Recht und Macht，in Schmollers Jahrbuch für Gesetzgebung, Verwaltung und Volkswirtschaft im Deutschen Reiche V. (Bd. I, S. 400ff.)

§8　法律规范赋予义务之力

1. 我们称为法律条款赋予义务之力的，是法律条款的那种属性，它能确保其获得它所要寻求之义务感的支持，或者换句话说，它是与某个民族中鲜活的道德力的结合，借此从后者中生发出一种履行法律命令的强迫。

如何进一步确定那些属性或这种结合依赖于何种情境，在法律生活的当下和历史上，法与道德因素之间关系究竟为何，将在第 III 章再来研究。

2. 由于法律条款赋予义务之力具有根本性（§7），因此，只有从这一时刻开始，一种被强令接受的秩序才成为法秩序（或这种秩序的一部分）：民族的道德力大幅地向它倾斜，而对它的自愿遵守被确保为行为的决定性准则。换言之，从这一刻开始，也即后者的属性被民众的默示行为所认可时，这种秩序才成为法秩序。

3. 从上述所说可知，从不法和暴力中可以产生法。之所以如此，是因为在习惯和其他中介性因素的影响下，民族良知的力量进入了一种与它们所创设之事实的有利关系之中。

从法中同样可能产成不法。如果法的发展过程不吻合某个民族伦理观念的发展历程，故而后者与前者之间陷入一种敌视对立，就像歌德说的"理性变成了瞎扯，善举变成了折磨"等等，那么对它的反抗就不会有任何伦理上的不适，它就会丧失法的性质；它的统治就变成了纯粹暴力的统治，就像在先前所察知到的那种情形中，权力的统治变成了法的统治。任何对法的道德尊重，相应地，任何法律条款赋予义务之力，都与这一点有关，即它是否与民族中所主张的道德力吻合；但这种吻合受到不断变迁之条件的拘束，因而可能——甚至当法律内容自身保持不变时——转变为它的对立面，由此一个对于法来说在概念上具有根本性的要素就被消除了。

4. 法律规定赋予义务之力是什么以及它们依赖于什么，这一问题尽管对于一般法学说（allgemeine Rechtslehre）有意义，但迄今为止却几乎没有引起什么学术兴趣。引发更大兴趣的问题（这与迄今为止法哲学和国家哲学占优势地位是相吻合的）是，那种赋予义务之力在理性上应当依赖于什么，或它被认为应当依赖于什么。（就这一问题［它在一般法学说的领域中的正当性还没有得到认可］，可以参见"导论"，见§12）。

参考文献：Bierling，Kritik der jur. Grundbegriffe I. Jur. Enc. §47—§49.

II. 法作为实现目的的手段

§9 法本身不是目的

1. 法本身并不承载目的。就像围墙和篱笆是为了将个人被围挡起来的地产包括进来并与他人的地产划界，而不是为其自身目的被建造起来的，对于这样的界限来说也同样如此：借此，法对其服从者的权力领域进行了划分；就像军队开拔时的秩序本身并非目的，也就像国家开展其活动时整体秩序本身也非目的。就像纯粹为了其自身而制定出命令和禁止压根就没有什么理性的意义，对法律领域而言也同样如此；就像不是为了某种既有的保护需要，而是为了保护本身去保护某人的利益完全是荒谬的那样，对于通过法来保护人类利益而言同样如此。

2. 法也不是为了伦理上的满足——这种满足确保了法的功能，只要它们看起来是公正的——而存在的。正如已经详述过的，这种要素对于法来说的确很重要，因为它拥有的赋予义务之力和因而满足其目的的能力依赖于道德因素的赞成性行为，而这种行为显现为伦理上的满足。但这里并不存在法律形成的驱动性和目的性力量。

如，法命令债务人偿还债务并非出于那种伦理上的满足，而是出于所发生的经济利益。再如，用刑罚去威慑窃贼，并不是为了施加一种公正的刑罚措施，而是为了保护财产。如，它*保护和平，并不是为了这里所运用之规范的正义所带来的伦理印象，它**是为了尊重这种正义及其带来的印象，从而能满足服务于和平利益的目的。

3. 在这一点上，对于法的所有组成部分来说也是一样的。所有法的组成部分都服务于特定的目的，在其他前提相同的情形下，它们越是与所参与之民众群体的伦理观念相和谐，它们就越好地服务于这些目的。但并不像一些人所想的那样，要在这种角度中去区分第一性的法律规定与其制裁，例如在此意义上：将对公民的权利（"我的"和"你的"）进行划界的规定建立在利益的基础上，相反，将强化这些规定的制裁建立在正义的基础上。同样也不能从合目的性和正义的立场出发，根据任意比例来分配这些制裁的内容或任意法律规定，例如，让窃贼为了其合目的性去忍受一半刑罚，而为了正义让其忍受另一半刑罚！毋宁说，法想要其全部内容都是合目的的，同时也想要其全部内容都是公正的。

4. 它的目的与其正义之间的关系类似于某个建筑的目的与在施工时对建筑技术规则的遵守之间的关系，类似于医术的目的与医生的科学观念（他们主张践行这些观念）之间的关系；类

---

* 此处的"它"指的是"法"。——译者
** 同上。——译者

似于某项科学研究的目的与其实施的方法正确性之间的关系；类似于某场演讲的目的与其内容的真之间的关系。正如还将要进一步详述的(§14)，正义是实践真理。就像它虽然在人类交流中并不构成支配性目的和动机，但对于达成这种目的而言却有根本性的意义那样，它与这种交流通过法所获得的秩序之间的关系也是一样的。

5. 据上所说，法并非将一切看上去公正的东西都纳入其规范内容之中。席勒(Schiller)对个人的劝告：

> "你做的一切都是对的，就这样吧
>
> 是的，你要放弃去做一切对的事情"

也适用于国家及其通过创造法律规范所表达出的作用。后者的扩张首先在于它根本上独立于这种利益类型，为此它被主张为一种实现目的的手段；其次在于它根本上独立于，根据决定性的观点，它是否为此构成合适的手段。历史让我们在许多方向上认识到法的统治及其规范数量的不断扩张，相反，在某些方向上(例如，想一想对信仰之统一性和纯粹性的维护)则让我们认识到其领域的某种紧缩。前一种增长吻合了人类利益与满足它的共同条件之意识形成相互联结的进程(见后文 §20 第 2 点)；后一种萎缩符合了对法的特殊功能领域之观点的拓展，以及对这些利益——它们在其作用的特定方向上受到了这种功能的损害或威胁——的更高评价。

6. 根据上述被指明的事实，我们可以像冯·耶林那样将目的称为法的创造者。然而在这里要避免一种误解。服务于某个成熟的法律制度的目的绝非总是其创造者。许多法律制度是一种历史过程的结果，在这种过程中大相径庭，有时相互排斥的目的观念起着作用；除此之外，也有一些因素与目的观念没有任何关系（只要想一想习惯的形成就可以了）。当然，一些人根据某种目的论世界观，普遍倾向于将历史过程的最终结果据其理念视为对这一过程从一开始就居于支配地位的原则。只是，只要未能展示出这样的因果环节——它在历史过程的不同阶段促成了这种要素的影响，那么这种观点就属于信仰，而非科学。

参考文献：v. Jhering, Zweck im Rechte I. Jur. Enc. §35—§41. A. Merkel, Lehrbuch des Strafrechts, S. 10ff., 177ff.

§10　作为社会利益之机关的法

1. （国家）法的功效是一种在国家中联合起来的、服务于社会利益的有组织的社会力量的权力表达。因而它服务于何者的目的这一问题，通常指向的是与这一问题相同的主体：法的规范表达出的是谁的意志和权力。社会不仅是法的有效主体，而且也是法的目的主体（耶林）。

2. 因而不存在此种意义上的私法：据此，任意法律规定的最高目的都在于对个人之私人利益的满足。法的每个部分都是社会利益，也即公共利益的机关，就此而言都是公法。

3. 差异只在于法根据这些公共利益进行处理并保护其不受侵扰的关系，在于在这些关系中相对立的主体，以及在于法所证立的权限和义务。故而公共和平利益是法律规定（显而易见，它们的目的在于满足这种利益）的一种渊源，但据此获得一种法律秩序的关系部分是私人之间的关系，部分是团体之间、个人与国家之间或国家机关之间的关系。

4. 同样，在此也不像有人曾想要做的那样去对法条本身和它们在具体情形中的适用进行区分，也即，前者通常是为了公共利益被确立的，而这种适用则有时是为了公共利益，有时是为了私人利益(参见 Keßler[凯斯勒])。由于在不计其数的情形中发生着对于私人利益的侵害和威胁，这就有了适用法条的动机，但之所以如此，通常只是因为在个人利益的背后存在着更为一般性的利益，后者在既定情形中看起来与前者一起以任意方式受到了威胁或侵害。

5. 例如，在刑事诉讼中，对被告人正当利益——这种利益在被告人自身或其辩护人那里得到特别的维护，并与通过原告人的活动所表达出的公共追诉利益相对立——的考量扮演着重要角色，并可能会产生这样的假象，就好像在这里对个人利益的保护是与公共利益相对的。但事实上，后者以同等方式在两个方面都进行了自我主张，因为公众的利益既体现在尽可能让每个有罪者都获得其刑罚，也体现在不让任何无辜者被判刑，这两种利益在此意义上是相同的：前一种利益对于追诉权具有决定性，而后者支配着对被告人及其辩护人的程序权的塑造。

故而，例如在民事诉讼中原告之所以胜出，不(仅)是因为所涉及的他的私人利益本身要大过他对手的私人利益，或者基于对他的任意专断的支持，而是因为在其获胜的情形中，他的利益对于公共利益具有意义，后者在有待适用的法律规定中得以表达，或取决于它们的效力和确定力。

6. 社会——在此被称为法的主体——并不仅是某种被构想

出来的事物；也不仅是对生活在一片土地上的大量个体的另一种表述。正如已经说过的，它是这样的精神力量的整体，它以特定的影响形式即国家活动的形式来表达，而个人与私人社团及其利益可能与它处于大相径庭和不断变化的关系之中。由于社会的法，也即某个民族的法，相对于这种多样性和可变性显现出一种等量齐观的统一性和稳固性，且在大多数情形中不断显现出民族色彩，所以人们认为必须将那些力量授予一个特别稳固的主体，后者被想象为民族精神的独立存在者（参见后文关于法哲学史的章节）。但并没有什么证据来证明被如此构想的国家或民族精神是存在的，而对被强调的这些现象可做不依赖于那些假定的解释。相关理论同时包含着对特殊的法的民族要素之意义的夸张，只要其渊源之统一性的前提就像在现实中那样并不存在。然而，除了作为具有一种更普遍的超越特殊民族特性和需求之性质的法律要素外，那种民族色彩（特殊的民族精神假设就基于此之上）越来越消退了，尽管它从来就没有完全消失过。但那些渊源——从其出发，那个通过法发挥作用的整体获得了其要素和思想（它被提升为法律思想）——被预设为比那些理论更加多样化，也不符合所有法律规范都起源于某个统一主体的假定。对于那些思想的形成和对法的不同部分之权力要素的建立和维系而言，不同起源和性质的社会要素都施加着一种在其范围内不断变化的影响，这些要素要么彼此并存，要么彼此更替，要么形成合力，要么彼此斗争。因此，即便是法的统一性本身也是一种相对的统一性，就像接下去还要进一步详述的那样。

参见对前面那些段落的引用。Keßler, Die Einwilligung des Verletzten in ihrer strafrechtlichen Bedeutung.

§11 法的妥协性

1. 法所服务的利益(这些利益也对法的内容及其功效发挥着影响)彼此之间并非完全和谐,它们在对法的影响力方面也处于竞争状态。假如它们中的一个成功地以单方面的方式扩展了这种影响,它就是以其他利益为代价的。尽管这里一般来说只涉及相对的对立,但涉及的却是这样的对立,它们不可能进行一种完全和持久的平衡,或者说,即便它以某种形式被确定地克服,也会马上以其他方式再次出现。

2. 故而服务于特定利益的主要是国家制度的某种稳定性,以及一种有利于有力、统一和多样化之行政活动的公法,此外还主要依靠那些制度的某种动态性和调适能力,以及这样的法,它给予个人力量的自由活动一种合法的余地(它限制了行政活动的权力领域)。例如,有产者的阶级利益就与无产者的阶级利益处于被提到的那种竞争关系之中,工业利益就与农业利益处于那种竞争关系之中,等等。由于没有任何标准,能以一种逻辑上必然的方式来确定那些彼此相关之利益的而又适用于所有情形的价值,这里也根本就不会出现不变的复杂关系,所以就排除掉了这种可能,即法的内容在同等程度上与各相关诉求相符。以这些诉求来衡量,每个既定的法秩序看起来都要么在这个方向上,要么在那个方向上是党派性的;因此,在发达的公共生活中,有改革需要的党派自然就将面对那些希望维持既有状况的党派。

3. 更普遍意义上的对立源自法和权力的关系。前者只能通过某个民族所有的权力要素来履行其义务。如此一来，掌权者的统治利益就向这些要素指明，要将法作为某种实现目的之手段来使用，要根据它来出借其力量，要服务于公共利益。以此方式就会形成前者和后者的自然联盟。只是这种联盟并不排斥一种相对的对立。在此基础上，法看起来同时成为统治者和那些被统治者利益的机关。但双方的利益从来就不会完全重合，它们之间同样会发生那种围绕对法律内容发挥主要影响而展开的竞争。尽管人们曾认为能够设想出能确保完全和谐的国家形式，或曾试图去证明特定的国家形式提供了这种和谐，但不难看出，这种努力是无法摆脱纯粹的虚构的。

故而其他人将其感官和实践努力取向于，通过对一切权力关系的平衡来消除统治者对被统治者的每种关系。但这同样只是乌托邦。即便有可能构想出这样一种体系——据此，只要人类个体存在，就将人类权力分为几乎完全相同的诸多部分（这当然不是实情）——并运用它，也只能以两种方式来实现：要么废除国家和法（这是真诚的无政府主义的梦想），要么在维系国家和法的前提下施行一种多数人的统治（前面所强调的那类关系同样适用于它［就像在既有的多数人统治关系那里事实上真的如此那样］，就像任一其他统治关系那样）。

4. 由于上述被提及的关系无法被消除，所以所有那些社会要素之间自然就会围绕治权展开斗争，它们各个时候都可能吸纳这种斗争，从而再次充满各种类型的对立，法无法确保能限制它们的影响。

5. 一种进步式的发展也许曾导致这类法律体系——它们担保相异的利益彼此间拥有一种更大的活动余地——的形成，以及在某种方向上导致接近关于公正的观念，故而接近关于某些基本思想（它们应当被表述在法之中，参见§13）的观念；而这与此种做法的意义相同，即建立或拓展一个脱离争议的领域，所有的党派都会聚在这一领域，并通过和平的形式来解决它们的争端。

但同时，这种发展也曾在其他方向上导致对立的扩大，在某些方向上导致自古以来就存在之对立的加深。尤其是当我们将存在深层精神起源的生活与文化民族的生活相比较时，这一事实对我们而言就会变得显而易见。与这里的对立的广度和深度相比，那里是多么统一啊！故而，面对利益和观念的和谐化这一目标——如果我们察知到了一开始被提及的那些事实的话，看上去我们已接近这一目标——毋宁只能大大后退。

6. 如此一来，各个有效的法相对于在其形成过程中相竞争之利益就有了一种和平条约（Friedenspakt）的意义，无论这一条约能够以何种形式出现。这种和平条约取向于这些力量间的关系，它们能使在条约形成时相对立之力量展开彼此较量。由于这种力量关系会发生改变，所以那个条约的内容并不具有持久的效力。

7. 就像每个和平条约那样，法显现出一种妥协性。只有当法单方面成为那些利益中的一个的机关以及压迫所有其他利益的工具时，它才能摆脱这一性质。将此视为一个进步的目标或许是件蠢事。各个党派的努力毋宁指向的是对全部法的一种原则上统一的塑造，且相应地，是剔除所有那些具有已为它们所认可的那种妥协性的组成部分。对它们来说，妥协大多数时候是弱点的标志，而根本统一性的存在和对某个原则之一切逻辑一贯的严格实施则是优势。但这一学说以各种各样的方式怂恿了那种沉湎于空洞的教条主义（Dogmatismus）的努力。

8. 正如已说过的，无论以哪种形式对那些力量进行测量，它都构成了这种妥协的前提。相应地，权力决断支配着法的赓续，而只要上面所刻画的那种事实继续存在，情形就将是如此；只要人们之间的差异和这类条件——在其中他们希望能成为一种令人们满意的存在——的差异持续存在，就是如此。进步并不会导致消除这些权力决断，而只会导致它们所采取之形式的改变——报刊上和议会中的斗争取代了战争形式的斗争，选民及其代理人的发声取代了武器，出自和平斗争的改革取代了革命，等等，同时也导致了这些中立要素的孕育。它们抵制对暂时形成的权力优势的误用，有利于坚持以和平的形式来测量那些力量，故而减少受害者所遭受的人类利益；迄今为止，它们与人类事务向上发展之趋势相应之法律内容的续造相联系。

参考文献：Merkel, Recht und Macht, Bd. I, S. 400ff.

III. 法的实证性与公正

§12　法律思想与法律意志彼此间的关系

1.（最初的关系。）法律思想最初是作为独立于统治者和被统治者的意志之物而存在的。前者的任务看起来在于，在实践中运用它们所提供的权力手段去对这些思想进行质疑和反驳。

这些思想要被视为正确并获得实在的认可，并不需要被视为起源于神或被膜拜之祖先的思想，或被视为属于"大自然教谕一切动物的"（quod natura omnia animalia docuit）*的思想。

通过对法律思想的认识和澄清表达出了人类的智慧，古代的伟大法官和立法者的智慧。要做的不是创制它们，而是证明它们并确保其功效。

故而按照古代日耳曼的观点，国王的事不是创造法，而是通过其意志和剑的力量来保卫流传下来的、自行有效的法，"强化法，伤害不法"。

与这种观点相应的是古代日耳曼司法诉讼的形式。法律思想和法律意志在此彼此分离，来自不同的渊源。法律思想的机关是被委任进行裁判的民族同侪（Volksgenossen）。他们根据传统和共同确信来塑造这种思想。但有时他们会通过司法决斗的形式或其他方式来呼唤神性，以便决定何者是正确的法律思想。相反，法律意志的机关是国王或其代理人，即守护法院并被委任以执行被发现之判决之权的古老意义上的"法官"。

2.（最初关系的改造。）随着国家的发展，同样发展出了它的法律构造活动，以及相应的法，其思想内涵从那种统治意志以及（只要这种意志没有被附加上神的特质）人类规章——一种被如此承认的"实在"法——中推导出其有效性。

---

　　*　这句话来自《学说汇纂》开篇关于自然法的定义："自然法是大自然教谕一切动物的法"。——译者

但这种法长期以来只有一种补充性的意义，它的价值被视为要低于那些并非通过国家权力制定的法。故而根据《萨克森之镜》，制定法就是神法和自然法之外的一种补充性的和更小的力量。"一部制定法可能会废止另一部制定法，但它却无法搁置自然法。"

3.（最初的二元论的消失。）与进一步的发展相应的是立法活动的扩张，及与此相关的被要求实现之法律内容对国家权力的日益依赖。如今，非制定的"自然的"法本身退缩到了一种补充性的地位，以便最终让它被取代。

除了制定法之外，伴随某些界限的还有要求以习惯的形式形成的法——习惯法，但关于它的观点处于变化之中。对它的历史限定要有更清晰的意识，而它在实践中的实现要被承认依赖于国家意志。从此以后，所有的法在此意义上都成为实在法，而古老意义上的法律思想与法律意志的二元论就消失了。国家意志不再仅仅是前者的仆人，而是其有意的塑造者。

但在现代国家中，在很多时候法律思想和法律意志同样强调彼此分离，例如：对制定法内容的确认区别于制定法的制裁及其颁布，而议会机关尽管参与前者的运行，但却不参与后者的运行；或者，确认司法判决之内容的机关，有别于有职责宣布和执行判决的机关。只是所有这些要素都作为同一种意志起作用，也即那种可以在国家共同体的宪法中找到其最高表述的意志。

4.（新的二元论。）与上述所说的过程相伴的还有另一个过程，它使得另一种意义上的二元论取代了迄今为止所察知到的那种意义上的二元论。随着每个在国家中占统治地位之意志对于法的内容的影响日益增大，以及对后者之实证本质的理解和认可，就在它与在民族或其一部分中鲜活的伦理观念之间形成了相对抗的可能。同时，由此就向着这些观念与现行法相分离的趋势发展。如果法和主张效力者并非毫无疑问就是法，而后者作为人类法规可以偏离前者，那么关于法或公正的观念就不可避免地会在这种法规的支配领域外获得一种地位，并且会提供一种批评这种法规的标准。

这种关系的意义主要与此有关：某种民族生活的连续性，由于其制度之强力而深入的变迁，以及共同体内精神生活及其成员的独立性的提升而被中断。

如今，关于应当存在者的观念经常与关于一种存在者（Gewesenen）的理想化观念相联系。最初出现的观念——就像它存在于幻想之中，并于此在晚近的经历和需求的影响下接受了新的形式和色调——就成为评判既存者的标准，并由此作为一项改革的原则起作用。

在围绕国家统治权或其法的赓续所展开的党派斗争中，这些观念——它们合乎党派利益的发展且自身不断地发展和扩张，通过彼此否定之不同思想体系而相互对立——不断提供着重要支点。

这些思想体系的历史就是法哲学和国家哲学的观念史，关于此可以一般性地参见盖伊尔（Geyer）的阐述。这里只对自然法体系——在这种哲学的诸产物中，它是历史上最重要的体系——做特殊处理。

5.（自然法。）与最初的观念相一致的是，自然法的出发点在于这样一种预设，即存在一种本身普遍有效的公正，它并非人类精神的产物，而是对其可能认知的对象。但与那种最初的观点相对的是，它并不主张直接的实践效力，而只是想作为有功效之实在法的赓续的最高准绳。

6.（新二元论的消失。）但自然法获得其型式的不同体系被证明是这种历史的产物，它像实在法（它应当是后者的永恒有效的模板）那样依赖于既有的、不断变迁的生活条件。它的内容在此意义上同样是实证性的，即它反映了特定世代的知觉方式、需求和意志倾向，并揭示出一种像各个在实践中有效之既定法的内容那般的起源。

为这种理解进行辩护，是历史法学派的功绩。在它的影响下，自然法从我们这个世纪的议程中消失了。同样地，能够让对无历史的、自身有效之法的发现更有成功希望的道路迄今为止尚未被找到。但只要并非如此，科学就完全与当下和过去存在的、根据其意志面向以及就其思想内涵而言实证性的法相对立。它的要素和功能，及其形成、发挥作用和赓续的条件，是这门科学最主要的任务。

7.（关于公正的观念。）根据上面提及的任务，科学必须关注参与法的形成及其功效的因素。关于公正的观念就属于这些因素。这些观念并不因此就丧失其意义：我们将它们与其他所有参与法律内容塑造之观念一样视为既有事物，并放弃去证明它们拥有一种像不折不扣的应当存在者那样的价值，这种价值可能独立于人类经验，独立于在历史过程中民众自我赓续的知觉方式。

但我们在此要做的是特别关注这些观念，并主要通过一些评论来使得迄今为止关于其发展的观点完整化。

参考文献：v. Jhering, Geist des römischen Rechts I, II. Derselbe, Zweck im Recht. Merkel, Über das Verhältnis der Rechtsphilosophie u. s. w. , in Grünhuts Zeitschrift I 1ff. , 202ff. (Bd. I, S. 291ff.) Jur. Enc. § 58. § 114ff. A. S. Schultze, Privatrecht und Prozeß in ihrer Wechselbeziehung, 1883.

§13　公正观念史

1. 正如前文所详述过的，法律思想最初是因为被归属于它们的特定权威来源而正确、公正，以及成为人类行为的有效准绳。

在原始关系中，这些思想从中得以产生的活动大多是一种历经数代人，并与个人意识之关联相脱离的集体作业，其结果并非是从个人的参与中推导出其对个人的有效性，而且它也没有针对其价值判断的独立价值标准。个人的伦理知觉毋宁只是从内容上反映了那一结果而已。

2. 尽管如此，契约在原始关系中与在现代关系中一样对法律内容的塑造发挥着影响。例如赎罪契约(Sühneverträge)，就奠定了刑法之最重要的组成部分的发展基础。但从它们中产生的规范脱离开了这一基础，并与包含和承载现行法律思想的民族形而上学发生了关联。进而，直接对既有秩序进行改造的契约(联盟条约[Unionsverträge])需要通过任何一种符号行为与这种形而上学相联结。

3. 对法律内容及其有效性的那种最初的推导并没有完全消失，只是随着时间的推移，以其他权威来取代了旧的权威而已。例如，在现代民族那里，流传下来的法的内容及其神圣性被回溯到通过对民族命运之引导所宣告出的神意，或在历史法学派的意义上回溯到被想象为一种现实之独立本质的民族精神，或在我们民主制的意义上回溯到具有特质的多数人意志上去，等等。

但这种推导不再具有像以前那般广泛的意义。当在§3中提及的过程不断发展时，当某个民族的与此相关的批判精神十分活跃时，对法律规范的尊重就需要获得进一步的支持，观念的改变就将在两个方向上发生。首先是在法的内容方面（第4—7点），其次是在其赓续的方式方面（第8点）。

4. 关于法所拥有的，且以正义之名来要求之内容的思想更加确定地依赖于每个世代自身的生活经历，并依赖于个人的更加博学和更为自主的思维方式。但法必须与之相符，假如它想要主张在道德上对它予以尊重的话。获得了这种独立自主之正义要求的，例如有对于现代法律生活而言意义已如此显著的要求"法律面前人人平等"，以及这类要求——"没有人能在不被听取意见的前提下，就被当作法定法官的他人判处法定刑罚""不是犯罪人的亲属，只有犯罪人本身才能依据其罪责程度被判刑""没有人能够任意支配公民的自由或财产"等等。

5. 此外，关于公正的观念（正如它们要求被现代民族所提出的那样）并未构成统一的体系。它们毋宁同时指向具有各种各样且不分彼此矛盾之影响力的现行法内容。同时，对于个人而言，它们也根据其社会和政治立场，根据其宗教观念及其个人的知觉方式和不同的经验得以塑造。

这些观念也可以被进行进一步的改造。首先，很多时候对这些观念之广泛共同体验的提出是可证明的。例如，法国大革命及其战争和政治事件方面的后果对欧洲各民族的法律观施加了深远的，却非统一的影响。例如在我们这里，这些观念领域中的持续影响就与德意志帝国的新造以及现代经济领域的变迁相关。

6. 尽管如此，从它们中还是要识别出看起来具有恒常意义的共同之处，辨清数百年来始终不渝向前发展的方向。我们在这里可以称之为历史趋势，它可以从人类本质的相同质性、这些质性所展现出的近缘性影响，以及各民族之间在精神上的交互影响中得到说明。各民族关于法的思想（它们原本就包含着相近的要素），在历史上满足了各民族之共同体验的意义上发展成了人类的思想。

7. 那些发展方向所涉及的，是迄今为止主要对人类个性本身之珍重的不断增加，而在最近这一百年里，突出表现为其精神的自主性。与前一类要素相关的有第 4 点中已经提及的要求，还有现代法的这些规则：每个人，无论他属于哪个民族，都拥有权利能力；每个人，当其支配领域内的私人请求权被侵害时，都有权获得法律救济；以及对现代民族中各类农奴制度或隶属关系在道德上的不赞成。与后一类要素相关的有在现代世界中几乎已取得普遍胜利的关于每种类型之信仰强制的谴责。

8. 与不断增长的自主性努力和对其评价的提升相符的，是关于法的赓续之正当形式，也即立法的观念的特定发展。现代民族以日益增长的精力提出这一要求，即要在全体国民的控制下去推进立法工作，全体男性公民要可能对自己直接施加影响，或通过他们所选举出的代表对自己间接施加影响。某个民族的法不仅应根据这一欲求，在内容上与其确信保持一致，而且同时也应当从这些作为全体国民有意识之创造物的确信中产生。

9. 对于这些观念的教义学表达是这类理论，它们将每个国家秩序的有效性和一切制定法的施加义务之力都追溯至一个契约，或追溯至某种承认行为（无论它是如何实施的），简言之，追溯至个人的自治。如果说这些理论就此表达出了普遍有效的真理（就像它对于所有人而言都是如此）的话，那么它们同样也是站不住脚的。事实上，在大多数民族那里，那种力量*迄今为止都不依赖于个人的自治行为。并不是因为个人曾通过契约或以其他方式承认制定法有效，他们就会感到有道德上的必要性去遵守它们，恰恰相反，制定法之所以能获得对于它们来说具有根本性的承认，是因为它们被给予了某种来源于其他地方的价值和服从的主张。例如，假如说保罗的学说——"你们要服从上位者，因为上位者在的地方上帝就在"——有其拥护者，那么当人们将上位者规定的赋予义务之力追溯到个人自治性的意志表达时，显然这种学说就将成为一种纯粹的虚构。而当这些理论考虑的不是法的拘束力的现实渊源，而是它们应当具有的渊源时，涉及的就不外乎是虚构。

除了在各民族那里提出自治的要求外，也总是激起一种权威

---

　　* "那种力量"指的是"制定法的施加义务之力"。——译者

的需求，而拥有优势力量的、必然要被承认的自然权威也将——并非仅基于这种已成为现实的形式，而且在即将到来的时代中以任意形式——表达出对法的内容及其规范之驱动力的影响。

但由于其与迄今为止所概括的那种事实情况之间的关系，这些理论主张有一种历史性的或社会政治性的意义。

10. 此外，关于公正观念的发展依赖于精神生活的总体发展。在此，就其与人类知识之拓展的特殊关联而言，对一切关于制度、制定法和行动之正义或不正义之判断的一般要素的研究，对它* 来说都要成为一种并非偶然的，而是根本性的知识。

参考文献：v. Jhering, Geist des römischen Rechts. A. H. Post, Bausteine für eine allgemeine Rechtswissenschaft auf vergleichend-ethnologischer Basis, 2. Bde. , 1881-82. Bierling, Zur Kritik der juristischen Grundbegriffe I.

§14　公正的概念

1. 正义问题预设了彼此对立的主体，他们中的一个影响着他人，也受他人的影响，想要或应当影响他人。这一问题涉及的是，对于消极参与的善的或恶的主体正在发生、已经发生或应当发生之事，是否真是他应得的。

2. 由于法的功能在于确定和界分在其统治领域内每个人应得的是什么，故而就导致其功效与那个问题** 之间存在紧密关联。

---

*　这里的"它"指的是人类知识的拓展。——译者
**　"那个问题"指的是正义问题。——译者

3. 在上述提到的领域内, 这个问题将由法以一种为讨论自己而定义的方式来决定; 但这就是伦理观念相对于现行法获得上文(§12.4, 13)提及的自主性之处, 因为这一问题并非全然可以借由这种决定来了结。毋宁说, 后者可能依照这些观念来衡量的话会被证明是错的。在此, 每个人根据正义应得的, 不等同于他根据法应得的。在此同样不可能通过援引任一权威的决定来了结这一问题。人们想自己来检验并确信, 特定行为的事实特征是显现为一种公正的特征还是不公正的特征。但就此而言这一研究向着什么方向运动? 根据正义, 每个人应得的是什么, 这个问题更准确的意义究竟是什么? 正义究竟是什么?

4. 首先可以很容易指出, 影响的第三者正义本身无关于其对于行动者甚或对于行为关涉者的好处或合目的性。呼唤正义的人(他受到了有害影响的威胁)由此考虑的既不是自己的利益, 也不是他的对手。毋宁说, 在任何人那里由此所指的都是一项原则, 它看起来位居相冲突之利益和彼此对立之主体的诉求之上, 并为对在那些被提出的问题之间做出决断提供中立的标准。

5. 人们曾在包含参与主体之社会的利益或目的中找到这项原则, 并相应地将公正等同于合乎社会目的的东西。但事实上, 正如历史本身让人们普遍认识到的, 关于公正之观念的内容依赖于社会的决定性利益。例如, 奴隶制度在美利坚联盟国的南部各州中, 在那里的统治阶级之经济利益的影响下, 被视为是公正的制度, 而它在北部人民(它无关乎他们的利益)的眼中就是一切可想象得到的制度中最不公正的。但正义与合乎社会目的之间的关系并不具有那种观点所预设的简单性。"某项制度是不公正的"这一判断在逻辑上与"这一制度是合乎社会目的的"这一判断无关。自从希腊人开始对奴隶制度之正义或不正义进行讨论以来，从来就没有人严肃地认为，能够以此来对这一观念——根据正义，这一制度应受谴责——进行合乎逻辑的证立，即它展现出了对社会统治利益的有害影响。也没有任何人能够想象某种关于天国中合乎目的之社会制度的天国正义问题！当某人所体会到的这种责难的正义被质疑时，人们在此所想的并非以任何方式去怀疑它的合目的性；而当我们的祖先认为能够通过神明裁判来证明其事之正义时，浮现在他们眼前的神灵证明并不具有社会意义，而是对其主张之真的证明。事实上，围绕人类行为或神的行为所展开的一切争议涉及的都是真，而非合目的性。但涉及的是什么样的真呢？

6. 根据正义某人应得的是什么，这一问题涉及他的人格或其行为的价值。他所体验到的表扬和谴责是公正的，只要它们合乎真地将那种价值表达出来！如果制定法让任一民族阶级得到某种与其应得之价值不相符的对待，或者用不同的标准来衡量同等价值的人或行为，或者在其价值判断中（§3、§5）将本质上不同之事有违真地预设为同等之事，那么制定法在我们看来就是不公正的。

假如我们在任一情境中要求实现正义，那么就由此表达出了一种价值感，同时也表达出了这种意识，即它建立在真的前提之上。

7. 由此就提出了这一观点，即被主张和被质疑的真可以基于这种三段论——通过将正确理解的关系正确涵摄于被承认为正确的大前提之下——得到确认。

回想一下某人对某项刑罚的判断和这些前提——在这些前提下我们认为它是公正的。

后者出现的情形包括：

a）所做判决的事实前提与这种事实实际上相符，故而"事实问题"（quaestio facti）合乎真地被解决掉；

b）被确认的事实进而被正确涵摄于相关制定法之下，而后者通过判决得到一种合乎真的表达（对"法律问题"［quaestio iuris］的正确裁判）；

c）制定法本身与在我们从事实和伦理的视角看来为真的东西相一致，而所涉及的关系无误地涵摄于有效的大前提之下。今天，我们将针对魔法和巫术、异端或对任何科学确信的信仰而施加的惩罚，以及将基于证明有一半罪责去判处一半刑罚的做法视作不公正的，尽管所有这一切在当时都与有效的制定法相一致，因为后者在我们看来部分要由逻辑错误来担责或是基于事实错误之上，部分与这一点——就对人类确信及其信仰的评价而言今天在我们看来正确的东西——相矛盾。

8. 但普遍判断的正确性（它在此被运用于最高秩序）在于其与我们的伦理感受和观点相符，后者本身不容许做理论推导，因为它们部分地从并非基于科学基础的渊源中获得养料。在它们孕育的过程中形成了感受能力和生活利益，后者尽管在其表述形式中受到了科学的影响，但据其本质几乎不会被它所废除、改变和引起。

故而保守党派关于公正国体的观念与自由民主党派的观念

一样，都不具有科学性。它们虽然受到科学工作的影响而以各种方式自我改造，在未来无疑也同样会如此，但它们的最终渊源不在于科学的权力领域，而在对这些观念之赓续起决定作用的各种权力，一般而言科学也并非扮演了领导性的角色。

但毕竟我们不能放弃来自民族思想史关于公正的那些观念。尤其是，这些思想(对此在§13中已作提示)只能伴随对极尽多样之偏见和迷信观念的克服——科学工作充分参与它——而发展。正如这里所展示的，真与正义之间的关系整体上也蕴含着这种关系的持续。

9. 但在各种真实的权力(它们对我们伦理性价值判断的孕育发挥着影响)中，首先存在着我们可以回溯于其上的社会利益(参见前文第5点)。相应地，在做出那些判断与特定人和行为方式相关的价值首先是一种社会价值，也即一种依赖于其对国家、民族或者特定阶级利益或其他社会群体利益之意义的价值，无论这种依赖性是否为判断者所意识到。在其中揭示出这一点的关系已经产生了。这里指的是这种正义学说，也即现代社会主义工人协会依据其所属之阶级的利益而构造出的学说。进而，也指关于各种类型之犯罪的价值判断，在此可以明显看到其对这些行为之社会意义的依赖性。

10. 但要注意的是，不仅在这里起决定作用的社会利益本身要经历历史变迁，而且它们与那些观念的整体内容和力量之间的关系也同样如此。现代人的伦理并不像原始人的伦理那样是一种由周遭社会环境的力量在其意识中所引发的现象。无论其精神自主在一般意义上如何，它在此领域中虽然是一种受限的

自主，但却不等同于零。他所考虑和感受的（就像贡普洛维奇
［Gumplowitz］所假定的那样）并不仅是他的种族、民族或阶级，
他所思考的材料给了他全部的生活经验——这种经验不限于他
在与社会的关系中作为消极参与者所体验到的东西。这一社会
一般而言并不对个人拥有单方面的统治关系，而是其本身也会
受到后者的影响。伦理观念史让我们普遍承认个人的重要影响，
而不必再将作为他们基础的感受本身视为对社会过程和权力表
述的纯粹反射。故而尽管我们关于正义的观念部分可回溯到耶
稣基督，他的观点和学说也不能被定义为对社会现象的纯粹
反射。

11. 进而，这些观念在某种程度上就获得了相对于各社会所
显露出之利益的抵抗力，以至于这里形成了一种相互依赖关系，
因为一方面这些利益必然要深入研究那些观念，另一方面也会
影响后者的赓续。

12. 最后，当许多人相信(冯·基尔希曼、雷［Rée］等)，关
于那些观念之起源和社会权力对于它们之影响的更为清晰的观
点必然会摧毁其力量时，这是一个错误。那些已清楚这些关系
的人不会为此放弃在必要时去主张正义，而这些准则——借此
他们想将它们视为相对于自己的人格有效和有拘束力——必然
也可以在与其他准则的关系中具有同等意义的效力。故而自身
的价值感肯定不会因为人们清楚其发展的条件就被摧毁，而与
其他价值感、与社会制度和国家法律相关的价值感以及与此相
应的关于正义的观念，其核心部分不会因为我们关于其形成过
程之洞见的扩展而被取消掉。

参 考 文 献: Jur. Enc. §24— §41. G. Schmoller, Die Gerechtigkeit in der Volkswirtschaft, in Schmollers Jahrbuch. V. H. Mener, Die Gerechtigkeit im Strafrecht, 1881. Merkel, Lehrbuch des Strafrechts, S. 183ff. G. Jellinek, Die sozialethische Bedeutung von Recht, Unrecht und Strafe, 1878.

IV. 国家专论

§15 国家的本质

1. 国家是某个民族共同体的组织或这些制度的整体, 通过其调整的功效, 某个民族的生活共同体得以实现。

该功效以这种权力为前提, 它保障共同生活秩序免受干扰并在必要时强加于抵抗者, 它也是相关民族的最高权力。

2. 据此, 国家的要素是一种借助于固定制度表达出的权力——在其效力领域内没有别的权力高于它(国家权力), 以及它的一种诉诸民族的共同事务、确保其统一性并使之显现出来的被调整的活动。

3. 在国家发展的特定阶段, 那种权力及其功效同时对特定领土具有支配关系(国家领土), 在领土之内它不仅延及国家的成员, 也延及所有那些在这一领土范围内或主张其利益的人。

4. 对于国家与法的关系, 以及这一关系在历史流程中经历的特定变迁, 前文已经做过提示(§2, §12)。这里做一个补充性评论。与古代一样, 现代国家赋予其领域内的秩序一种无限的法律权力。尤其是个人权利并不构成这种权力的界限，而是（正如它们从国家法律规范中推导出来的那样）能被后者所取消。如果国家支配权事实上终究有某些界限的话，那么（这些界限）也是在前面所强调的那种方向上划出的。只是这些界限本身并不具有法的性质。

5. 就这些界限——只要考虑的是个人，以及一般意义上的国家与个人的关系——而言，存在着现代世界与古代世界的对立。前者赋予人类个体一种相对于全体的自主价值，并从中推导出这些结论：个人一方面对全体及其机关拥有某种自然的请求权，另一方面可以自行主张一种自由和生命的领域（国家不得涉入，或只能以一种有利于自由的方式来涉入），而古代世界对于这种观念方式从根本上说是陌生的。

6. 民族共同事务以及必然落入国家统治领域之事的范围和内容，一般来说处于变化之中。共同事务所能主张之国家力量的等级同样如此。

但一般来说，在国家生活中起作用的主要有两种事务：首先是对民族相对于外来权力之生存、独立和荣誉的保障，其次是对和平与秩序，以及通过司法和其他涉及法之活动形成的既有统治关系的维系。国家组织看上去与这些事务特别匹配，而长期以来军事组织和司法组织一直是它的主要组成部分。国家同样不能在将操持它们的任务转交给其他权力的同时，不将其国家性质本身转交后者。

与上面提及的事务普遍关联的是对建立和维持其管理而言必要之手段的操持。

相反，遭受更大变动的是国家与公民的宗教和经济利益之间的关系，以及它与教育和教学、艺术和科学之间的关系。

在大相径庭的意义上，尤其是宗教构成了国家影响的对象。它曾是一种主要对民族统一性及其力量，以及对既有暴力之支配性影响十分重要的要素（古代世界）；在另一个时代，它自身成为最高的人类事务，为此，国家必须在一个更高组织，即肩负对人类进行宗教教育的教会的领导下运用其力量（中世纪）；再次，在另一个世界，它主要涉及这一国家任务，即确保拥有不同宗教信仰之公民间的和平，并像在艺术和科学领域中那样在宗教领域中尽可能地按照相同标准来提升精神利益（当代）。

就经济利益而言，在特定时代，国家操心于对经济基础和既有政治状态之前提的保障；在其他时代，国家操心于民众的财富以及与此相关的国家的防御和进攻能力（作为对国家权力之行为具有决定性的考虑）。后者的意思有时是，国家出于增加其手段的目的要么自己去从事经济活动，要么至少去引导个人的经济活动；有时是，它主要必须要激发个人在经济上的进取心并为之开辟道路。接着前两种的、仍具有类似历史意义的第三种考虑是：为了公共和平的利益（也即民族和谐与人道主义），尽可能全面地对不同民族阶层的经济利益进行全面评判。

与首先被提到的那些活动相对，所有这些在次要意义上被提到的活动（或者也包括涉及的国家对外关系）通常被人们归纳为"福利照顾"（Wohlfahrtpflege）。

7. 对于国家活动的形式而言，下述三分法具有普遍意义：

通过制定法或法规来创设、修正和废除法条。

通过司法活动将既有法条运用于既定关系。

通过行政或立法的形式来完成具体事务（在正式的、表明政府和议会协作的意义上）。行政部分具有实施特定制定法的性质，部分具有在特定制定法界限内对国家任务自由开展追求的性质。

§16 国家的本质（续一）

1. 国家根据某个民族对它提出的任务，且依赖于在这一民族中主张某项统治权并要求其持续实现之条件来塑造其制度。因此，国家宪法史就是公共制度与某个民族之需求和权力关系不断相匹配的历史。除此之外，就像伦理观念对于一般意义上的法所产生的影响那般，它们也对国家的宪法发挥着一种已经被刻画过的那种影响。

2. 在诸民族之需求及满足其之特定条件中具有同等类型且坚固存在的东西，产生了它们的国家制度间的某些近缘性，或至少让这些制度在发展过程中呈现出相近的形成动力。它们可以在后者的形式下获得典型的意义，并在这些形式所经历的变迁过程中获得典型的规律性。

从这一点中同样产生了一种国家制度间相接近的趋势，即随着公共生活不断发展，后者在不断进步的程度上与有待解决之任务的特性相匹配，因为这些任务通常在特定范围内是等同的。例如，在诸现代文化民族那里，司法组织相对于立法和行政组织显现出相同的特性，它们要被视为这些组织适应法律事务之普遍性质在历经百年之过程后的结果。

3. 国家的普遍任务，即在法律原则的统治下来证立一个和平秩序，通常凸显出了这样的努力，它们的目标在于构造出一种更卓越之意义上的"法治国"（Rechtsstaat）。我们在此所意指的是这样一个国家，在其中无疑具有实效的公法全面调整着公共权力之间以及公共权力与个人之间的关系，且当这一法所划定的界限被逾越时可以诉诸法院，后者提供了对中立之司法的保障。

4. 就狭义上的政治制度而言，贵族制、君主制和民主制的并立具有典型意义。国家的功能主要普遍地由贵族制来承载，无论其特性何在——出身、财产、聪明才智或教育、牧师、士兵或官员的身份等等，在其中通过某种统一领导和代表的需求以及围绕优势地位的争斗提升了个别种属甚或个别人的地位，而被授予全权的大量公民则能够在有利的情形中，以选举其统治者或赞同特定立法或行政行为的形式，或以其他自我主张或赢得（选票）的形式来积极参与国家生活，无论参与度有多高。故而在原始联盟中，我们看到头人或王被人群中最高贵者所簇拥，他们在做重要决策时属于后者的一员；在文明程度更高的共同体中，我们看到国王、执政官、总统、领导人等等位居顶峰，位居他们身侧的是元老院或其他贵族团体以及拥有或多或少之权力的官僚机构，而民众则在民众大会甚或被选举出之代表团体中，或者以其他方式来对国家事务的管理施加直接或间接的影响。

据此，以这些要素之彼此并立为特征的混合型国体可以被称为诸国体中最自然的。但在这些要素之间不可能建立一种完全等值且完全和平的状态，而通常在它们彼此共存之处，就可以辨别出这样一种趋势，它旨在使它们中的一个建立绝对统治地位。因而，如果人们将那种等值视为混合型宪法的特征，那么当塔西佗这么说——相比于使它们具有实践效力，对它们进行夸耀来得更容易，而确保它们的存续则是不可能的——时，他是对的。但被指称之要素的普遍意义并不会由此就被驳倒。同样，在国家生活的统治中，它们之间不完全的并立也通常会在这一点中找到某种平衡：它们在历史上前后相续地接替着统治地位。

我们将在 §17 中，在一种更狭义的，也更具有法学意味之意义上来谈论混合型国体。

5. 根据迄今为止所详述的观点，即便不同民族，尤其是处于相近发展阶段之民族的国家制度中的某种一致性看起来根基很深，且不可避免，这种一致性也依然有其界限。它们那里存在的权力关系、这些任务（根据它们的观点以及它们所主张之需求，这些任务要落到国家权力的身上）的不同范围、不同的民族特性以及其他方面的差异排除了这种可能，即虚构出一种以同等程度与所有民族相匹配的国家组织。

上述被考察之关系的复杂性在这里对于自由选择来说只有有限的意义。在古代和近代都发生过这样的事：一个民族在其精神上升期消除了历史传统，并仿佛根据理性观念形成了一种新的政治躯体，但不常出现的情形是：在没有彻底改变的情况下就去主张这种构造物。更少见的情形是：它以前述被预设之方式成为现实。因此我们偏爱这样一些民族，它们在这种古老传统的领域中始终与新的需求和现状相匹配，并一代又一代地自我恢复活力，并使得创新的动力在只被各时代附加有限界限的前提下自我展现。

§17　国家的本质(续二)

1. 与国家任务之统一性相应的是这种统一的组织，它拥有固定的中心，并被用于表达一种统一的意志。从而与此和谐一致的是，国家组织通常以某个机关——某个人或某个团体——为顶点，它要发挥最高的国家功能，并拥有最大的权力。

2. 被提及的这种最高国家机关的权力通常被称为"主权"(souveräne Gewalt)，它的承载者被称为"主权者"，人们按照后者的特征来区分诸国家。

据此，君主制指的是那些国家，在其中主权掌握在一个人，即君主的手中；贵族制指的是那些国家，在其中这种权力掌握在少数人手中；民主制或共和制指的是那些国家，在其中它*被赋予以特定形式活动之拥有全权的公民全体。

3. 有可能主权者是唯一直接体现国家意志的机关，从中可推导出所有其他参加国家活动之人从事这些活动的权利。这些人在这里是作为前者的机关来行动的，他们受前者的委托，并按照前者的命令来行动。它的权力在此等同于国家权力。故而它在君主专制政体中的行为，与在纯粹的民主制或贵族制中没什么差别。

4. 与此相对的是这样一些国家，在其中多个彼此独立之政

---

* "它"指的是"主权"。——译者

治权力的拥有者直接表达出国家意志，或通过这种表达表述出一种关键性的影响。我们可以称它们为狭义上的混合型国体。

例如，德意志帝国就拥有这种国体。它拥有复数的机关，它们并非从彼此那里，而是以相同的方式直接从在帝国宪法中获得其最高表达的国家意志那里推导出它们的权利，并且它们无权运用这种未被分割的帝国权力。故而，鉴于其自身的，也即并非从任何其他机关中推导而来的，而是直接基于宪法的权利，皇帝无疑是帝国意志的机关。对于联邦参议院等来说也是一样的。

一般来说，君主立宪制的特点就在于这种关系。在这里，对国家事务之重要决定的总和产生于政府与议会之间的协定，在此它们以其自身基于宪法的权利相互对立，它们直接作为国家意志机关为了全体而行动。

但这些独立之政治因素的差异一方面揭示出国家功能的差异，另一方面显现出上文谈及的君主制因素、贵族制因素和民主制因素之间的对立。

就对国家活动之领导的统一性和精力而言，这种独立性伴有危险，这一点是一目了然的；另一方面，在有利情形中，它提供了相对于权力滥用和对那些活动之领导的片面性的最有价值的保障。

5. 主流国家法学与这里所说的并不一致。根据前者，从"概念上必要的"国家权力的统一性中可知，国家权力必然等同于某个人或某个团体——主权者——的权力。据此，只可能存在上述第3点中提到的非混合型国体，而在君主制中，国家权力必须永远且必然不可分割地掌握在君主的手中；但立宪君主制中的议会被授予的是一种除了国家权力外无法被进一步确定的，或根本不可确定的地位。当这种理论被运用于德意志帝国时，就导致了这种最独特的结果；由于皇帝对帝国并不拥有主权，所以据此他根本就无法独立享有帝国权力，这一点非常明显是反事实的，等等。

6. 主要是联邦国家（德国、美国和瑞士已证明其生存能力）的组织表明，这里所要求的统一性对国家来说是多么不重要。在此，与自主的国家权力和直接对土地和人口行使统治权的全体机关相对的，是同样直接进行活动的成员国机关的自主的国家权力。

当人们将国家的名字和概念不仅运用于共同体机构（那种狭义上的帝国），而且运用于成员国组织时，它就刻画出了这一事实的特点，尽管是以一种夸张的和不正确的方式。说这种称呼是夸张的，是因为某个民族的国家组织只能存在于联邦国家之中。共同体机构不仅像成员国机构那样从自身角度看只构成某个国家的片段；只有通过它们的联系，它们才满足国家的概念，而只有从它们的相互协作中才能产生解决国家所承担之全部任务的办法。

7. 国家是一种法人，也即权利（§21）和法律义务的承担者。人们曾对它是否能拥有主观权利有争议（舒佩［Schuppe］），因为它等同于客观法律意志，而后者不能被设想为主观权利的承担者。但正如已经说过的（§2 第3b 点），这种等同是站不住脚的。国家的活动并不止于建立和运用法律规范。毋宁说，总是要通过它来创设出落入法律视角之下的生活关系，在其中，国家作为特殊类型的个体与其他个体相对，并且根据客观法律规范有时拥有权利，有时又必须履行义务。在此被运用的规范大多数时候是由国家自己建立的，这一点与这里所说的并没有什么矛盾之处。

8. 人们经常不仅依其作为权利和义务之承担者的属性，而且根据其全部组织和生命活动将国家与自然人格体相比较，甚或直接宣称它是一种更高类型的人格体（Persönlichkeit）。对此参见§19第4点。

§18　国家的形成

1. 具有不同特性之合作社的形成要早于国家；它们中包括最古老的血亲同盟，即这样一种联合体，它的为数并不多的成员彼此间拥有亲属关系。依照其适用的是"母权"还是"父权"，后一种联盟可被分作两类主要群体。在前者那里，亲属关系依照与共同的女性祖先的关系来确定，父亲不扮演任何角色，儿童由母亲的兄弟来照料，而领导权则由在力量、智慧或经验方面最受尊重的人来承担。相反，在后者这里，与共同的父亲或祖父等等的关系起关键作用，并存在一种家长制统治。无论如何，这后一类联盟恰好完全构成了正在形成中的国家会遇见且会利用的那种后期的形式。所有这些前国家的联盟都通过共同的经济、和平和战争的利益，在更高的阶段上也通过共同的仪式被团结在一起。

2. 长久以来有这样一种观点，即家庭通过有机的发展和成长必然会扩展为以国家组织起来的民族，并在此从父亲的家长权中产生了更大共同体的首脑权力。但这种有机成长本身并不能说明国家的形成。它本身只能导致那种以原始合作社的形式将个人团结起来的联系的弱化，导致共同经济活动负担的加重，并导致分解为更窄的联盟。国家的形成以取向相互对立之现实关系为前提。它包含着多个彼此共存之血亲联盟对某种共同的统治权的服从。但这种服从恰恰从来就没有以有机形成的形式出现过。

3. 最主要的国家构造者是战争，它通过三种角色证明了这种资格：首先可以看到的是邻居之间持久的敌对（除了相互损害外这不会导致别的结果），这使得共同的和平需求以及这种需求所促成之国家组织的开端得以形成。进而是针对敌人进行防卫和进攻的共同利益。最后，也主要是某个部落对另一个部落的武力征服，这里尤其重要的是外来的战争部落对定居于某块土地上之人口的征服。让被征服之大众保持恭顺的必要性，以及对他们进行经济剥削的要求，与针对陌生部落之战争准备的需求一起导致了占统治地位之种族更紧密的团结，也导致了一种稳定的统治形式的形成。

4. 在国家内部多数时候合作社得到了保留，尤其是家长式的血亲联盟，尽管存在多种修正。它们在此经常与新的机构相联系，并成为国家功能的承担者。据此，在较古老的国家宪法中通常可以区分出两种彼此交织在一起的构造层级，一种是特殊的国家关系，另一种可回溯到前国家的关系上去。故而古老的联盟继续存活于宗族之中（古代城邦组织可以在其中找到其基础），虽然在它们的界定方式和它们所承担的功能中可以看到国家的影响，而在君主制与罗马执政官制度中它们与特殊的国家构造物相对立。

5. 同时，国家在其创造性活动中以及它的家家户户看起来对那些联盟都有某种精神上的依赖。故而它经常仿照这些联盟的模板来构造其机关；尤其是，国王会主张他拥有一种与家长式血亲联盟中之家父权相应的权力。它进而凭借在那些联盟中发展出的宗教观念和惯例形成了国家的仪式。国家毕竟代表着合作社的精神遗产，而且它依据其需求不断发展。那是人类伦理的家园，它要求在国家的影响下展开，并可以服务于国家本身。

6. 最古老的仪式是祖先崇拜。在国家中，民族全体的亡者居于氏族的伟大亡者之旁，并位居他们之上。国家的建立者及其最有力的统治者在想象中被幻化成了各民族的神和半神。但这些神——他们就像奥林匹亚诸神那样摆脱或篡改了这一起源，并找到了更新的起源——欣喜地与居于领导地位的宗族产生了亲缘关系。伟大的国王就是想要成为他们的后裔。

7. 进一步发展出来的仪式一般而言与国家机构及其作用具有紧密联系，并赋予它们一种更大的庄严性和重要的力量要素。这些机构被认为是由神任命的，并得到神的保护。这些神也是整个民族习俗的看护人，是统一性的代表和他们民族的力量和名誉的保证人。他们相对于个人来说完全是一种崇高的存在，个人应当学会为了维护这种崇高的存在而乐于投入其力量和财富。

宗教本身以此方式获得了一种更重要的内涵。正如国家借助它得以被构造，它本身的发展也受到国家的影响。如果我们将宗教一词设想为更发达之伦理内容的观念、学说和规定，那么我们就可以根据其最古老的形式将它称作一种国家的造物，同样也可称之为神的世界，只要我们在此指的是通过赋予义务的命令和提升共同福利表达出来的崇高存在者。在此意义上，当霍布斯认为不朽之神祇的诞生与不朽之神的国家的诞生具有最紧密的关联时，他是对的。

8. 此外，在类型极尽不同之因素，尤其是战争和经济需求的影响下，国家统治关系和全部国家法的进一步发展体现为三种主要形式：为统治权而斗争的要素之间的权力决断、所参与之民族同胞间的约定和其他意志表达，以及一种漫长的不断演进的过程，即这样的形式，在其中，习俗和构成国家机构作用之条件的伦理观念在既有权力关系、新出现的需求和民族思维的影响下得以形成和发生改变。迄今为止对这些形式都已做过提示，后文在对国家的不同理论进行考察时还将回顾这些形式。

这些理论要么将国家的统治权建立在弱者服从于强者的基础上，要么建立在契约或被统治者的构成性意志行为的基础上，要么建立在有机历史的形成过程及其中发挥作用的或被认为发挥作用的精神权力的基础上（§19）。

9. 国家的形成是人类分工、发展和不同社会功能分化的历史上最重要的事件。

与统治者与被统治者之活动的区分相联系的，是法通过国家司法的形式从早前未作区分的习俗中分化出来，以及一般意义上的一种区分，即社会和个人力量的通过国家调整的与未通过国家调整的活动的区分。进而，与此相联系的还有政治上和经济上有依赖关系的阶级对农业更强的驱动力，等等。

§19　国家理论及其权力的证立

1. 爱思考的头脑在一切时代都追寻着国家和统治者权利的起源，而大多数时候都会浮现出这样的想法，即被清晰确定的起源不仅有助于理解已经形成的国家，同时也为所有国家的形成设定了模板和价值尺度。与形成问题相关联的是国家权力的法律证立的问题，及其正确形式和作用以及本质的问题。据此，大多数具有历史意义的政治理论都可以按照这样的观点来分组，这些观点是这些理论依照前一个问题来提出的，尤其是去追问，在此是否要对前面提及的国家权力和国家法形成的三种主要形式中的这个或那个做单方面的考量。

2. 权力论（Machttheorie）。将国家建立在弱者对强者之服从（无论是根据自然法则，还是根据上帝的意志）基础上的理论，少有人支持其成熟的型式。但与它们相应的、或多或少发展起来的观点在古代和近代都很流行，尤其在活跃的政治家那里是如此。他们大多数时候都醉心于相同或相近的观点，就像在修昔底德那里，雅典人对梅里厄人（Melier）说出的："涉及神时我们相信，涉及人时我们知道，借由自然的必要性，每个人都可以对他有权力支配的人进行统治。"

属于这些理论家的有一些古代的智者，现代（在某种意义上）有斯宾诺莎——只要其法学说的出发点在于，每种自然的事

物在此意义上都有法，即在它之中存在着自然力，在我们这个
世纪则是哈勒尔（Haller）。（关于所有这些人的学说，参见本书
历史部分*。）

对这种观点的一个修正包括所谓的正当性理论
（Legitimitätstheorie），它在复辟时代的高权政治领域扮演着特定
角色，在今天无疑也依然有其拥护者。这一理论将统治者的权
利回溯至承认上帝对世界之领导的那段历史，但这里所指的并
非是伦理确信的历史，而是国家行动的历史，故而主要是围绕
国家统治权展开之斗争的权力决断的历史。这种古老的观
点——它将那些为法的问题发生争执的人所进行的决斗的结果
视为一种神明裁判——在这里被适用于交战双方之间的决斗。
通常在胜利之后发表的感恩赞美诗足以证明，我们在此所做的
与我们中（正如在我们的祖先中）流行的某种观念要素相关。

在还活着的学者中，贡普洛维奇（《法治国与社会主义》《社
会学概要》）是这种基本观点最坚定的代表。在他看来，国家原
本就是，在一切时代也都是有权势的种族、阶级或宗族对于作
为服从者的大众进行统治的组织，是统治者意志的法。因而他
认为并不存在对这种意志进行拘束或限制的法，所谓法治国就
像法律平等原则一样，在国家生活领域中是纯粹的瞎扯。

就权力与法的关系而言，一种在特定方向上比较相近的观
点出现于刚去世不久的冯·基尔希曼的法哲学与伦理学之中，
因为他将道德和法建立在对权威之尊重的基础上，后者曾被想

---

* 　由于本文是冯·霍尔岑多夫主编的《法律科学百科全书》的一部分（体系部分），
所以该处所指"参见本书历史部分"指的当时这本书的历史部分。——译者

象为拥有绝对优势之权力的人。

在当代，这类观点引人注目地显露在更广泛的圈子中，并受惠于各种各样的情形。例如这样的事件，它们以可理解的方式将国家生活中权力要素的意义置于活着的这代人眼前；例如对达尔文主义观点的传播或庸俗解释；例如这样的情形，大多数人的一种更理想的国家事务观念所建立的基础已经常摇摆不定。

对于国家法之权力面向的这种重点强调有其相对正当性，对此迄今为止已做过提示。国家的统治自然会落到那些有权力践行它的人的头上，而它也原本就以"强者的权利"为基础。

此外，在那种统治所应当服务的利益之间存在着竞合关系，并要求做出这样的决断，（正如已经指明的过的）它们无法完全摆脱权力决断的性质，即便它们是以法律的形式来达成的。

另一方面，相对于这些理论要强调认为，特定权力要素在某个民族中的优势始终只是一种有条件的优势，它们的支配性地位永远依赖于它们为那些利益提供了什么，依赖于这一点发生的形式，并依赖于主流的伦理观念；进而，这里是可能取得进步的，而且这种进步在此意义上已经发生了：那种依赖关系在上升，它被扩展到对成熟的法律形式的尊重，这样一些人——由于那种依赖关系，他们的利益和意志不可避免地要尊重国家权力——的数量在扩张，伦理观念朝着与此相和谐的方向发展。

3. 契约论（Vertragstheorie）及相近的理论。与权力论相对的是这样一些理论，它们主张国家产生于一切通过它联合起来的，被认为价值相等、权利相同之个人的意志——无论是以契约的形式，还是以其他形式。如果说在前者的视角下，国家看上去是统治者的造物，同时是其意志和利益的机关的话，那么在后者的视角下，国家看上去就是被统治者的造物，是一切相联结之意志和共同利益的工具。*这两种观点同样古老。如果说前者自然有利于统治者（只要它将法建立在优势力量或对外在权力斗争之决断的基础上）的话，那么后者就有利于被统治者（只要它根本上的平等状态为统治者所意识到，并使其有能力且倾向于对国家权力的证立进行独立反思）。在此，那个习惯于主张后一个面向并屡次要求得到表达的三段论是这样的：自然并没有委托任何人去对其他人进行统治，因为所有人原本就对其意志的效力拥有相等的权利，因而一种合法的统治只能建立在自愿服从的基础上，只能被认为产生于服从者的意志。

　　但对这种观念方式进行理论构造的前提是，要发展出针对既有国家状态的批判精神，并属于前文（§13）已做更详细考虑的那种特定的历史发展阶段。

　　此外，在上文提及的基础上，可以形成内容大相径庭的理论。如果国家建立在个人的意志行为，尤其是建立在个人间所缔结之契约的基础上，那么就会产生一系列的问题，如这种行为可回溯到何种动机上去，它的特殊目的及其意义，以及这种行为本身更特殊的内涵；由于人们在进行全部研究时并不在历史研究和合乎经验之知识的领域中活动，而是在概念建构或纯

---

　　* 这句话中的"前者"指的是权力论，"后者"指的是契约论或相近的理论。——译者

粹假设的领域中活动，故而有足够的余地来容纳对那些问题的不同回答。例如，在霍布斯看来，国家契约的基础在于自由状态下不可避免会发生的争议之恶，它的目的在于建立一种消除这种恶的和平秩序，其手段在于将个人自由让渡给不受限制的统治者。而其他人则试图去证立其他假定。

尽管如此，这并非偶然：全部这种思想运动总是决定性地向着自由或民主的方向迈进。如果将通过国家联合起来之人的自治(正如这里所发生的那样)作为出发点，那么它自然也会主张去实现这条道路的目标。原本就为这一运动奠定基础的驱动力同样会去操心这一点。但在此获得历史意义的有两种思想序列。

根据其中一种思想序列(自由的思想序列)，契约以及通过它被创造出之国家的唯一目的或主要目的在于确保所有人的自由，为了与这一目的相符，要规定和限制当权者的权力和作用，并确认国家统治的形式。这种观点方式最主要的代表是康德法哲学。(此外，参见"历史部分"中关于自然法的章节。*)这种学说在一般意义上吻合了那些个人的利益——他们不属于拥有特权的贵族，但却恰好有能力为生存而竞争或具有较好的社会处境。

根据另一种思想序列(民主的思想序列)，契约的目的在于一般福利，它首先强调的并不是个人自由，而是通过契约形成的集体意志的自由和权力。后者被赋予一种无限的且不可被让

---

　　* 由于本文是冯·霍尔岑多夫主编的《法律科学百科全书》的一部分(体系部分)，所以该处"历史部分"指的当时这本书的历史部分。——译者

渡给个人和少数人的权力，并从一种不可撤销的委托中推导出
一切统治者的权利。在这种观念方式的代表中，最独立的是阿
尔特豪斯(Althaus)，最著名和影响最大的则是卢梭(Rousseau)。
它符合提升其有意识之生活的大众的直觉，在某些前提下也符
合其利益。它最近的型式是现代社会民主学说。

对属于此间之理论的全部分支的批评，参见前文§13及历
史部分。

4.有机国家观(organische Staatsansicht)。与迄今为止所处理
的两类理论相对的是这样一种理论，它强调国家的历史或组织
和生活中的这类要素并将其作为出发点：这些要素可以在有机
体的发展或构造和生活中，尤其是在人类的人格中找到类似物。
与前文所处理的观念方式一样，它的历史同样可回溯到古代。
柏拉图和亚里士多德就属于此。前者要求建立这样的国家，即
由于其各部分的和谐一致，国家就好比是人类人格的有机体；
后者认为国家以有机体的方式形成，并发现它与公民间的关系
就好比是某个有机体的整体与其组成部分之间的关系。在近代，
有机国家观的出现主要和与契约论及全部自然法学说(它其实
属于自然法学说)的斗争有关，且由于它与在我们这个世纪之
前及其前十年的反对暴力革命的愿望之间的关系，它获得了一
种实践政治意义。自然法的状况与某种政治思潮——这一政治
思潮在第一次法国大革命期间以及在随后发生的民族起义中被
有力地实现——具有内在关联，故而有机国家观看起来就在给
定时间段内，与那些政治权力(它们为那种起义及其中发挥作
用的力量而斗争)发生了联系。

这种观点的代表在前一个世纪主要有意大利人维科，德国人尤斯图斯·摩泽尔（Justus Möser），英国人柏克，在有限的意义上也包括法国人孟德斯鸠；在本世纪之初有我们的萨维尼和整个历史法学派。与自然法的教条相对，它提出了一种历史的察知方式以及由此获得的这种思想，即民族和国家处于发展之中，而不计其数的力量或不同特定类型的客观权力，以通常剥夺了个人意识和独立于其专断的方式参与了这种发展；它们通过某种制度与国家整体（这一制度在那种权力的影响下发展出了国家的组成部分）的有机关联证立了这种制度的法。在此要强调的是个人在历史生活的彼此并立和前后相续中的依赖性，以及反思这种生活的理性相对于在传统的制度、规范和习俗中相混杂之精神的相对弱点。

在理论哲学的领域，相近之察知方式的代表是谢林和黑格尔。这种察知方式与神学观念的联系主要可以在斯塔尔（Stahl）和巴德尔（Baader）那里被找到。此外，这里可以区分出两类理论家，一类理论家的观念特点主要在于将发展的概念运用于国家制度的历史，另一类理论家的特点则主要在于凸显出国家中现实的或假想的有机物。属于前者的主要有洛策（Lotze，《微生物学》）、斯潘策尔（Spenzer，《哲学原理》《社会学》）、基尔克（Gierke，《德意志合作社法》）、文特（Wundt，《伦理学》），属于后者的有克劳泽学派（die Krausesche Schule）、伯伦知理（Bluntischli，《一般国家法及其他著作》）、特伦德伦堡（Trendelenburg，《自然法》）、舍夫勒（Schäffle，《社会体的构造和生命》）、冯·利林菲尔德（v. Lilienfeld，《关于未来国家科学的思考》）。

那种运用发展的概念的做法也见于现代社会学家，尤其是拉萨尔和马克思，这是他们思想体系的重要组成部分。但在大多数晚近的"发展理论家"那里，这种运用在此一般而言已脱离了特殊的保守主义的政治观念。在发展的概念所包含的两个要素——连续性和形式转换——中，一开始大多被单方面强调的是前者。与这种努力——完全脱离历史上流传下来的理解去主张自由构想出的宪法形式和法律形式——相应的是这种历史的法则，它容许已开始之过程的进步，但不容许跳跃和完全重新开始。今天，人们在诉诸那一法则时，大多数时候考虑的是被强调的后一个要素，并进行了这样的提示：根据这一法则，没有任何制度能够拥有不变的存在状态。

国家和社会生活要经受一种合乎法则的发展，这整个观点是不容置疑的，而我们这个世纪的思维方式对它的强调也标识着它的这种倾向，在其中它相对于前一个世纪的主流思维方式获得了决定性的优势。

但发展的概念是从有机体的生命现象中抽象出来的，而看起来只有当国家在某种程度上与有机体是同类物时，这一概念才可被正当地运用于国家。正如将马上要指明的那样，事实上，即便宣称国家恰恰就是一种有机体甚或更高类型之人格（就像许多有机国家观的代表们所主张的那样）看起来是不对的，也同样如此。前者之所以不对，是因为这一概念（它与"有机体"一词的语言用法相联系）并不预设某种躯体上的统一性，就像这种统一性在国家中并不存在那样；后者之所以不对，是因为国家在其中被组织起来的社会并没有自我意识。但在此对从其他视角看存在的平等予以强调时，涉及的并非是像一些人所认为的那种纯粹的游戏，而是一种天然与某些误解和夸张相关的努力，即在此方向上——在此，它在其相对立的面向上无法实现它的法——来澄清国家的本质。

属于此间的有，国家并不仅仅是被构想出来的统一体或仅仅是被赋予特殊命名的其成员的总和，国家毋宁说是展现出了一种真实的生命统一体，它自我主张并通过这样的功能来满足其目的：这些功能历经了一种持续的更新过程，在它们那里，一方面可以认识到基本要素的分离和转换（并不由此就改变整体和特性的形式，以及对那些功能的判断），另一方面可以认识到整体的增长和多方面的变形过程（那些要素的相应变化与这种整体并不对立，那些要素最终从其内部出发来构造其形式，并显现出平衡来自内部之干扰的能力和趋势）。所有这些都是国家与人类有机体所共有的。而从精神的视角来看，通过专注的察知也可发现，在国家的意志形成与个人的意志形成之间存在着高度的一致性。在做出特定类型之决断时起作用的精神力量看起来与那些决断属于相同的类型：它们习惯于通过个人心灵（尤其是在对特定民族性而言具有典型性的人格那里）的类似关系获得自我表达。这种思想——它们在后者的商谈性思维中彼此对立，并验证其驱动力——以及这些彼此碰撞的心潮起伏——它们在此先于某种重要的意志决断发生——在国家生活领域自然有其特殊的代表（在政治党派中同样也有），只是由此并不能排除在这里或那里提到的过程具有同等类型和同等价值。在前后相续的决断和冲动（它们表达在国家行为之中）中同样可以认识到相同的规律，就像在个人那里，在这些现象的接替过程中所发生的那样。

但除了已经强调过的对存在之类似性的夸张外，有机国家理论通常会导致的失败主要在于，作为应当存在者（与那种没有被涵摄于有机物概念之下的事物相对，如普遍表决权），国家中的有机物出于这种情形要被视为某种有待争夺之物（这是一种循环论证［petitio principii］），以及在于与此具有内在关联的对个人人格体相对于国家之地位的误解。通过将后者和前者*之间的关系与有机体和它的某个组成部分之间的关系相比较，甚或与后一种关系相等同，人们就经常会忽略这些方面：人类人格体并非仅有他作为某个依赖于国家"有机体"的成员这一属性，他毋宁同时是，也想要是某个自我存在者，并且就其与国家的关系而言，肩负着这样的要求：不仅看起来要成为被确定的要素，而且要成为决定性的要素；相比于那些希腊哲学家（他们对这种理论之历史的影响得到了普遍认可）的世界，这一点尤其在高得多的程度上适合于现代世界。

---

　*　这里的"后者"指的是国家，"前者"指的是个人人格体。——译者

第二章
法律关系与主观法(权利)

§20　法律关系

1. 就像在§1中已经详述过的，法规定的是不同主体彼此间的关系，因为它界分着相互间的权力领域，并通过对它所划出之界限的确保一方面支持，另一方面限制着这种权力领域；一方面对权限及相应的权力，另一方面对拘束力提供了证立。

例如，它划分了相邻地产所有人、共同体和国家之权力领域之间的界限，而这些界限可以作为有利于那些人——他们想要在其领域中感到有保障，并能自由地去主张其力量和利益——的防卫(Schutzwehr)，作为针对那些人——他们能够试图去逾越他们所得的领域——的门槛(Schranke)。

通过这两方面的作用，法就将生活关系提升为法律关系。但这是它所建立的生活秩序的基本组成部分。

2. 据此，法律关系的要素是法所赋予的权限(Bezugnis)和权力(Macht)，以及与此相对应的法律上的拘束力(rechtliche Gebundenheit)和义务(Pflicht)。在每种法律关系之中，那种权力都至少会出现在某个参与的主体那里，而始终与此对应有某个或大量与其相对之主体的法律拘束力。想一想借贷债务人与给他借贷之人之间的关系。前者在此代表法律关系的消极面向，即拘束力的面向，因为法迫使他履行特定行为，即归还被借贷之物；后者代表这一关系的积极面向，因为法赋予他要求在特定时刻归还被借贷之物的权限和权力。但在大量的法律关系（例如，想一想基于买卖行为或社会契约建立的关系）中，在每个所参与的主体那里，都既存在权限和法律权力，又在另一个方向上存在法律拘束力。

那个被人多次主张的假定——有的法律关系只存在积极面向，而不存在消极面向——*包含着矛盾，并仅以此为基础，即人们在某些法律关系之中没有察觉到消极面向，尽管在它们之中发现这一面向并不困难。

这一假定也是一样的：存在着某种没有相对立之积极面向的消极面向，也即这样一种拘束力，它也许并不是为了任何人而存在的，对它也无法提出这样的问题或无法对这样的问题做出回答：受拘束的对象存在于谁的权力之中？它相对于谁受到拘束？**并不稀奇的是，我们无法想象有一个没有任何债权人的债务人，同样没法想象一个没有债务人的债权人。毋宁说，这里涉及的是法律逻辑的一个普遍原理。由于债务人和债权人之间的关系结构简单，将这一原理运用于这一关系对于任何人来说都毫不费力。

法律关系的消极面向和积极面向，就像客观法的命令面向和保护面向（§4）那般不可分割。

3. 一般而言，在这些关系中彼此对立之主体的自主性越大，

---

    *   这一假定指的是"有权利而无相对应之义务"的情形。——译者
   **   这一假定指的是"有义务而无相对应之权利"的情形。——译者

他们在彼此关系上所主张的特殊利益越多样化，就越有动机去将生活关系提升为法律关系，因为它们之间发生冲突的可能性与这种自主性和多样性存在直接关系。因而，例如父母与其不独立的子女之间的关系，相比于他们与不属于其家庭成员之间的关系就在更小范围内受到法律规定。

4. 在法律关系的积极面向上，总是存在某种人类利益，法的规定性功能为了它而介入。而这种介入就对这种利益的满足而言具有两方面的意义。首先，它表达出，在法所划定之界限内的这种满足被归于有权追求它的获益者，而他人对它的干扰将被制止；其次，由于这种介入，这种满足相对于第三方将得到国家权力的保护。以此方式，将为那种利益增加两种力量：一种是伦理的力量，因为对其满足的干扰成为公众制止的对象；另一种是物质的力量，只要国家针对这种干扰的权力可以得到主张。在特定前提（§21，第4点）下，我们将这种从客观法出发归于主观利益的力量称为主观法（subjektives Recht）。

关于这一章可参见：Jur. Enc. §146— §310.

§21　主观法（权利）

1. 据上文所述，主观法是通过客观法所赋予之权力（而产生的）特定利益，对我们可以区分出伦理的面向（就其与表达在客观法中的价值判断的关系而言）和物质的面向（就其与供客观法所使用之外部权力手段的关系而言）。例如，借贷债权人的权利就是这样一种权力，它从客观法出发归于其及时重新获得被借出的那笔钱的利益，而这种权力一方面是一种伦理的权利——只要那个拖欠借款的债务人要面对通过法来表达的观点以及与此相关的伦理力量；相对地是一种物质的力量——只要为了这种满足的目的必要时可以请求国家的帮助。

2. 主观法是某个主体相对于他人的权力。一般来说，客观法仅在此范围内关心我们的利益，即当对这些利益的满足看起来依赖于他人的行为时；因而赋予这些利益的权力对第三方具有一种排他性的关系。它涉及第三方特定的作为、不作为或容忍，为此预设的前提是，它对于那些利益的满足而言具有意义。权利的拥有者拥有对这一行为的请求权，而后者[*]在他人那里则是某项义务的对象。

不存在任何不与其他主体之法律义务相对应的权利。

因此，人们谈论对物权，也即主观法所保障的对物的权力时，或谈论主观法对某物施加的法律拘束力，是不对的。对于我们的利益而言，法并不关心对物的行为本身，而它通过财产权赋予我们的权力也并非对于物，而是对于非所有人来说具有拘束力。我的果树是否开花或结果，这在法律上是无关紧要的；假定存在某项与此相关的权利或许就像那个与此不可分割的假定——果树有义务与我们的愿望相吻合——一样是荒谬的。只有当我可以在法的框架内对他人提出要求，并最终能够通过法的权力手段迫使他们尊重我对果树的支配时，我对它的支配才具有法律的性质。这种"可以"（Dürfen）和"能够"（Können）体现了我的权利。此外，对于这些表述也很难提出反对意见，如果人们在运用它们时仍意识到了它们的不正确性以及事实真

---

*　这里的"后者"指的是"这一行为"。——译者

相。然而很多时候(也即在我们的潘德克顿主义者那里)并非如此。

3. 首先,很多时候客观法律意志想让相关的行为独立于权利人的意志。而这一点可以通过两种方式来表达。有时,它经常迫使他人(权利人对其行为有请求权)采取那些独立于权利人意志表述的行为。例如对于这样的行为,它们对应于尊重我们的生命或我们的健康的权利。它可以预防来自国家机关对这种权利或那种权利的干扰,在必要时可以直接对抗这种干扰,而无需权利人对此给予允许,或去追问这是否普遍合乎其意志。继而,它偶尔也会对权利人或被委任去为了它而采取行动的人施加践行这一权利的义务。故而,例如它会主动关心未成年人权利的行使,并注意到共同体没有使用其权利的情形。对法律意志的这种行为的宣告体现在个人利益与整体利益之间的关系上,一般来说它对此具有决定性:应在多大范围内、以何种方式将主观法这种权力配备给那些利益,且应如何来确定权利人获得之支配权的界限。让其拥有者在践行特定权利时放手去做,并只有在他们有欲求时才让它们诉诸国家的支持,这与那些整体利益是相符的;相反,相对于其他权利,这么做是与整体利益相符的,即使得对干扰和威胁的防御独立于权利人的欲求,并或多或少对权利人在践行其权利时的支配权进行限制。

其次,客观法律意志绝不想要让权利人应得的行为本身被一般化(如果权利人想要如此的话)。属于这些行为的主要有各种不同类型的愚蠢的、有害的以及伦理上应受谴责的行为。当客观法律意志授予一项这么做的权利时,这并不表明,(如果权利人决定这么做的话)它＊本身也想要这些蠢事和不道德性；毋宁说，这只具有这种意义：为了与个人自由相关的利益以及和平，它想要将第三方的任意干涉排除在外，并将因实施那些行为而产生的责任留给权利人。

4. 此外，在第 1 点中给出的关于主观法的定义，并没有完全涵盖那种在法学语言用法上与"主观法"一词相绑定的意义；毋宁说这种意义是比较窄的，尽管如此，这种语言用法却没有清晰地给出有关它的明确界分。也即是说，并非所有从客观法的运作出发归于人类利益的某项权力之处，根据那种语言用法都可以称为主观法，毋宁只有当这项权力中的一部分与已被分割的特定类型的利益相匹配，且由此以某种方式被个别化时，并且当它同时相对于客观法清晰显现为一种相对独立于它的产物时，才能这么称呼它。这些特征可以在借贷债权人和其他债权人的债权那里，在所有权、选举人和议员的政治权利等那里被轻易认识到。相反，如果法学并不认可进餐、散步或阅读报刊这类权利(尽管涉及这些行为的法律上的"可以"和"能够"同样存在)，那么这里的原因在于，通过它们表达出的利益主要只是与它们并不特别匹配的保护对象。(此外，对此还可参见我的《法学百科全书》第 154 节及以下。)

参考文献：v. Jhering, Geist des römischen Rechts, III. Thon, Rechtsnormen und subjektives Recht, 1878. Schuppe, Begriff des subjektiven Rechts, 1887.

＊　这里的"它"指的是"客观法律意志"。——译者

§22 法律关系的形成

1. 总的来说，法的任务并非创新，而在于规定。它将在某个民族中存在的状态提升为某个和平秩序的组成部分，但在此它要合乎这一秩序的条件，并依据主流的需求和确信，以改造和改善的方式涉入细节。

2. 据此，它经常赋予占有关系和权力关系本身——或在考虑到其较长时间的存续及其与特定生活领域间关系的畸形成长后，无需重视其形成的类型——以法律关系的性质(《法学百科全书》，§220—§223、§227、§228)。

3. 但这一点是在不同范围内出现的。特定领域内法的权力越大，关于法的思想越成熟，越是要求一种相对于事实上存在者的自主性，它就越是会重视新关系得以形成的类型，越是会坚定地将某个批判性标准运用于这种形成方式，以便据此在这里以拒斥和斗争的方式，在那里又以有利和强化的方式施加影响，并在尽可能广泛的范围内保障生命运动具有合乎共同利益和确信的方向。故而，例如经济领域的事件要经受对其普遍意义的检验，在一种社会选择的意义上它在有的地方被斗争，在有的地方则被促进。抢劫和其他建立在误用外在暴力基础上的其他职业与建立在劳动和契约基础上的职业，在评价上以及对待上的差异扩大了(例如，可以将国际领域的关系与国家领域的关系进行比较)。前者被投入越来越多的精力来镇压，而后者则受到保护。但随着关注度越来越高，契约也同样要经受对其缔结方式及其与被提及的那种标准之间关系的检验，而获得法的保障时应当出现之功效的类型和范围也要据此来确定。

4. 在与法律关系的形成有关的事件中，那些主体——他们作为权利人或义务人参与了已形成的关系——的行为占有首要位置。它们可分为法律行为(Rechtsgeschäfte)与违法行为(Rechtsverletzungen)。

法律行为是这样的行为，它们致力于，在必要时也倾向于，根据客观法的意图来形成(变更或消灭)特定法律关系。

违法行为是这样的行为，它们与法以及受其保护的利益相冲突，并且它们的法律功效因为这种情形而针对行为人发生。在它们中，可施加刑罚的违法行为——广义上的违法行为，即刑事行为——具有特殊意义。

5. 对于法律行为与违法行为而言，重要的是具有一个外部面向和一个内部面向。

纯粹的内部事件和纯粹的感知本身没有什么法律功效，尤其是(无论它们拥有何种状态，且从中可推断出什么)既不满足法律行为的概念，也不满足违法行为的概念。属于这两者的有对于法所保护的他人利益而言被认为有意义的特定外在行为。

另一方面，只有当外部事件可以回溯到某人的意志，并可以将其法律意义"归属*于"它们时，才会在此考虑这些外部事件。然而，违法行为一词有时会采取广义理解，借此它也包含对他人的这种损害，它们不可回溯到这些意志，且不与法施加义务的要求相冲突。这有违科学的标准，因为在此可以预见这

---

 * 也可译为"归责"，但归责具有消极法律意义，此处使用引申性的译法"归属"。——译者

种语言用法包含着矛盾。

6. 归属(Zurechnung)的概念要做进一步考察。它对于不同法律领域来说具有相同意义，即便它对不同类型之事实的运用并非总是以相同方式被调整，也并非总是与针对参与者个人的相同后果相联系。这种运用在法的领域中涉及这样的事件，它们获得了一种对于受法律保护之利益的客观意义。但这类事件的归属包含着一种双重判断：a. 一种因果判断，其目标在于，这一事件可以回溯到特定之人的意志上去；以及 b. 一种分配性判断，其目标在于，在此意义上将其积极或消极的价值算在此人的头上，即能够根据他人利益被它们所触及的方式以及有赖于此的那些价值来主张它们*。

在法律领域内，谈论归属(归责)时主要考虑的是下述行为：它们侵害了他人的法律利益，故而在法律的视角下被分配了一种消极的价值。对这个语词的这种用法包含了对那些被归责之人的过错的主张，尤其是对某种法律上之过错的主张；因为过错是某人违反义务的行为(它要算在此人的头上)，他的法律义务是要被考虑的违反义务的行为，只要它与法律要求相抵触。故而过错的概念不外乎是对上述提及的行为的归责。

7. 对具有法律意义之行为的归责以下述内容为前提：它们应当被归责的人，有能力在犯下这些事时认识到它们在法律上的相关意义，也即拥有关于它们的法律上的区分能力；进而，他有能力实现其利益和个性，也即拥有对他的精神力量的支配力，或自决能力，或其意志自由(这会导致一切人的平等)。当

---

*　这里的"它们"指的是"(事件的)积极的或消极的价值"。——译者

这些前提出现时，我们就可以谈论此人的责任能力；有鉴于与这些前提一起出现的还有此人的这种能力——通过具有法律意义的行为来根据其目的产生法律关系，也可以称之为此人的行为能力。

§23 法律关系的形成(续)

1. 一些人认为，只有当法律关系已形成且它们与具有法律意义之事实发生联系时，客观法才会发挥作用。在这一角度下，法律行为的法律后果与违法行为的法律后果没什么两样，就其与对后者之赔偿义务的联系而言也和它与刑罚的联系相比没什么两样。与此相对，就要对上文(§22)所说的法的创造性面向及其有限意义进行反驳。

在此领域内，法只负责去说明起作用之利益和事件的性质，以及成熟的伦理和目的观念，并至少部分地让离开其协助同样可在个人和社会力量的自由竞赛中(即便是以不均匀和不充分的方式)显露出的东西经受一种在程度和形式上确定的、有保障的且视情况可使之完善的处理。

例如，如果在任何地方废除了关于买卖和交换的现行法律规范，并且没有即刻代之以其他规范，那么这肯定不会在没有法的时间里导致商业活动的骤然消失，以及导致一切迄今为止与相关活动相关之功效的发生变化或被消除。它毋宁会使得这些功效获得一种更加不确定、更加不充分的表现，当然也不再是什么法律功效，只要这个词指的恰恰是客观法的调整性和保障性影响。

进而，如果法不再关心谋杀、纵火和其他犯罪活动，上述针对这些行为之反作用的因素也并不会绝对被取消，而是会根据某些要素，以私力救济的形式——即便自然只能以不那么确定的、不均匀的、粗糙的且与极尽不同类型之恶相联系的方式——来获得实现。没有什么地方比针对犯罪活动的这种反作用的领域——也即以下述方式：其初始形式如何被改造，在漫长的进步性作业中如何与自我扩散和深化之共同利益相匹配，以及想要如何不断更充分地相匹配（《法学百科全书》§242；《刑法学教科书》，第178页及以下）——更清晰地凸显出法的选择性、定型性和完善性功能。

2. 上面所述说明，构成要件与法律功效的联结并不是任意之事。首先，在这种联结中有现实因素的参与，它们依据心理学法则发挥作用，并且不会因为任意的权力主张而被消除。其次，在这整个领域中可以主张一种事理(naturalis ratio)，它的解释者是民族良知和民族知性，在补充的意义上是科学和立法；事理当然——就上文关于法律真理之相对性所说的（§14）而言——具有效力。

3. 在——根据那种事理，它们一直以来对于构成要件与法律后果的联结拥有某种意义——的视角中，有必要来优先强调它们中的一个。它涉及这一问题，即对于行动者而言，应当从法律行为、违法行为以及其他源于其自身利益但却对于第三方的合法利益也有意义的行为中产生何种义务，并致力于让每个行动者和生存者去实现这样的条件——在这些条件下，其利益主张及其整体行为可以与他人的福祉相容，而法可以主张其统治及其规定。在这一条件之中存在着一切民族之法律思想的基础要素，并且我们现行法的规定无疑在这一条件下被有序化。那些法律规范——它们以对他人财产利益之损害或威胁的补偿，或者契约的施予义务之力，或者对这种义务的强制满足等为对象——也同样如此。

人们在大多数时候将契约的那种施加义务之力回溯到订立契约者的意志；这些人是受到拘束的，因为他们自己可能就是这么意愿的。但在此人们没有能够说清，为什么（如果他们的意思自治应当起决定作用的话）嗣后的一种相对立之意愿的效力就低于前者，为什么终究对一开始被意愿之事的坚守，或者毋宁说被意愿表示之事，在此要被当作某项法律义务的内容。事实上，这里的理由在于，并不是意愿（它本身是无关紧要的），而是证实它的特定方式一方面与法所保护的交易利益，另一方面与这些利益相对应的法律观相容——只要这种证实的后果得到确定，且通过这种意志表达所引发的他人要考虑的给付得到切实履行。故而不是意愿拘束着个人，而是他们的行为拘束着个人——当且仅当这种行为涉及他人福祉之条件时。在此视角下，对于契约来说也没有什么特殊之处。我们可以自由地来采取无穷多之类型的行为，（在前面所刻画的视角下）属于它们的有其他行为（无论这些行为是继发性的还是伴随性的），并且对于这些其他行为而言，我们通常在法律上是不自由的。我们可以自由地建造房屋、企业或工厂，承担照顾病人、未成年人的工作等，但就这些补充性行为而言却是受到拘束的。他人的生命、健康和财产相对于这些行为具有完整性，而这在经验上依赖于上述补充性行为。

在上述视角下，特别重要的是在其被违反的情形中法律义务的变化。这些义务在被违反时所采纳的新内容一般而言与此相符，即后者对于参与义务之履行和受法律保护的利益以及下述条件——在这些条件下，法能够合乎其任务，即保护这些利益免受相关类型之违反义务的行为和通过这些行为所创设之境况的侵害——的影响。

故而，例如当源自财产权契约的义务被违反时，（根据被这种违反行为所改变的境况）会采纳忍受强制履行这种义务的义务，或变成去弥补债权人对于这种履行所拥有的利益的义务。故而这种义务——故意违法毁坏他人之物就违背了这一义务——会变成一系列的义务，它们被证明是与被侵害者之合法利益被这类行为所改变的状况以及与此相关的公共利益相匹配的。

何种特殊内容被这些被扩展或被改变的义务所采纳，终究有何种法律功效与违反法律义务的行为相联系，一般而言取决于：法律状况看起来如何通过这些违反行为被改变，以及可以通过何种补充性或补偿性给付或者对有责者的损害，来阻止这种状况的恶化，或至少尽可能地限制它的恶化。

这一切也都适用于刑罚。当终究不存在某个产生其他法律后果的客体，或这种其他类型之法律后果的功能发挥要求在上述强调过的方向上（就像刑罚所致力于的那样）予以补充和强化时，刑罚就会与违法行为相联结。（关于对这里所提出之观点的更为特殊的运用，参见《法学百科全书》，§673—§683；《刑法教科书》，第 111 页以下；至于它对于一般意义上之法律后果的运用，参见《法学百科全书》，§274— §310，对于刑法领域的运用参见《刑法教科书》，第 172—204 页）。

4. 因为我们在给定的意义上让某人有义务使其行为与法秩序，以及与依赖于这一行为的利益相符，并在必要时迫使他，以作为或忍受损失的方式去满足这种相符的补充性和补偿性条件，所以我们的出发点就不外乎是这样一个前提：与此相关的是一种具有责任能力的主体和可归责的行为。

然而，就法律责任及与其对应之人类行为的法律后果而言，人们相信需要一种特别的基础。它涉及的是对于可惩罚之违法行为及其刑罚所规范之后果的责任。也即根据通说，那种责任应与这一前提相联系：在某人的行为与其本质之间并不存在一种合乎法则的关联，故而在对人类意志进行证实时脱离了因果法则的统治，并拥有了选择自由，这种选择自由容许它 * 在既定时间里恰好既将正直之人的感受，也将无赖之人的感受通过行为表达出来。故而人们可以在这种选择自由中找到刑法的基础。

即便是在那些人——他们并不相信这里被刻画的那种意志选择自由，对他们来说，这会导致这样一个推论：人类对于违法行为的责任、继而对违法行为的处罚无法以任何方式被证立——所组成的不断增长的圈子中，上面谈论的这种想法也自我主张为主流想法。人们并没有注意到，这种推断（如果那种想法是正确的话）同样可以根据私法的原理来指向为具有法律关联

---

　　* 这里的"它"指的是"人类意志"。——译者

性之行为承担的责任。

事实上，一切法都建立在：某人的行为其是本质的结果，故而通过因果法则与其本质相联系。也即是说，首先，当法在某种意义上赋予其行为以价值（它会被人类人格体本身所承认）时，它就立足于这样一种（决定论的）观点。但是，只要它想尊重这些行为，并确保它们本身具有实效——不依赖于它们的合目的性，且终究不依赖于：（撇开那种赋予*不论）它们本身是否被分配了某种价值——，那么这就总是会发生。但只有在此前提下才能理解这种赋予：与人的行为相关的并不是某种对其本质来说陌生的东西，或者相对它来说是偶然的东西，而是这种本质的结果。

其次，当法反过来将特定行为的法律价值赋予行动者——对未来的考量要着落在他的头上，他被要求结清这种考量——时，当一般而言只要它运用第3点中提出的视角时，它就立足于这种前提之上。因为如果不根据因果法则通过某人的行为来表露出他的特征，不通过它们来给出由这些行为所刻画的阻碍性要素，如果他不能基于这一事实通过它们来自我识别，因而感到对此负有责任，又怎么能以此方式**来实现对特定之人的维系呢![1]

---

　　*　这里的"赋予"指的就是上文所说的"将价值赋予其行为"。——译者
　　**　此处的"方式"指的是"当法反过来将特定行为的法律价值赋予行动者——对未来的考量要着落在他的头上，他被要求结清这种考量——时，当一般而言只要它使得第3点中提出的视角被运用时，它就立足于这种前提之上。"——译者
　　[1]　在霍尔岑多夫主编的《法律科学百科全书》第5版中，阿道夫·默克尔对被反复参阅的盖伊尔的《法哲学与国家哲学史概览》进行了审阅和补充。他新引入的主要是§25—§27（涉及功利主义、社会主义以及法哲学的未来），第86页及以下。

法学百科全书总论(一般法学说)[*]
(1913)

---

    * 选自阿道夫·默克尔:《法学百科全书》,第 5 版,柏林 1913 年,总论部分(一般法学说)。

目　　录

引　论

§1

法是什么？举个例子来予以说明。

邻居之间因为他们的土地边界发生了争议。他们向某个法官提起诉讼，后者对有争议的边界进行了确认，并通过树立界石来使之清晰可见。

让我们来考虑一下这件事的意义。在此，法的组成要素以最简单的形象显现出来。

§2

司法裁判向发生争议的邻居：

（1）告知了他们应当尊重的土地边界；

（2）提供了相应实践行为的动因。

§3

这一区分包括了：

主张（1）你们应当（或必须）尊重我所确认的边界；你们有义务这么做；

主张（2）你们可以（或能够）在此界限内让你们的意志和利益发挥作用；你们有权这么做。

它在前一方面上展现为命令(Befehl),而在后一方面展现为保障(Gewährleistung)。

§4

与上述要素相应的是两面性的效果(它以司法对边界的确定为出发点):命令面向的限制性和阻止性效果,以及保障面向的自由化和保护性效果。

也就是说,被确定的边界对那些可能想要逾越其所享有之权力领域的人来说构成了某种门槛;而对于那些想在这一领域内自由活动的人来说又构成了某种防卫。

§5

在考虑到这种影响的前提下,在这种影响下被处理的邻里关系就被叫作法律关系。

如前所说,在这种关系中可以区分出拘束力或义务的面向,以及相应的权力或权限的面向。

这里所谈论的权力,指的是特定前提(它们有待在后文中被确定)下的一种"法",即"主观意义上的法"(§153ff.)。

§6

从法官的立场出发通过这种功效应当达成的目的是这样的:实现(法律关系之)参与者和平有序地彼此共存的前提,并确保他们享有自由实现其意志和利益的领域。

§7

在此，法官看起来就像是双方当事人的统一利益的代表。

因为双方都对此拥有利益，即在被确定的界限内能够不受阻碍地实现其意志和利益。

§8

但是，这一司法的边界规制所遵从的精神，取决于它能否全面和持久地得到满足。

只有当它以中立的方式且根据某一标准——它并非专断任意地去引导事实，而是与事实相吻合，且双方当事人都能够信奉它——被执行时，换言之，只有当它是一种公正的标准时，这才有可能。

§9

据此，司法的这种功效一方面要从合目的性的视角(§6)，另一方面要从正义的视角(§8)来观察。

它要遵从法官所服务的目的，但只有当这种目的是公正的时候才会满足它。

§10

现在让我们在一种发达的法律生活(就像在我们眼前的现代国家中的那样——迄今为止我们尚未考虑它)的关联中来观察上述事件。

在此，这种法律生活超出了邻里的圈子之外，但在其他方面并没有改变这种意义。

§11

法官在此不单是作为个案中双方当事人之统一利益的代表，而且是所有可能陷入类似冲突或因这种冲突而受损之人的代表。

§12

进而，法官无须在此才构造出关于其功效的标准。毋宁是某个规定和规则，也即

"法条"/"法律规范"

的体系向法官提供了这种标准，他要受到这些法条或法律规范的拘束。

§13

这些规定并非仅仅借由司法裁判才具有实效，它们毋宁可以通过更为直接的方式来实现，因为它们直接规定了那些人(它们划定了他们的权力领域)的行为。

§14

通过这种功效表达出的精神权力就被称为法，即客观意义上的法。

它固有的本质在那种司法的边界规制中得到了全面的表达。因此，对其所说的东西可以在更为一般性的理解上适用于一般意义上的法。

法的固有本质可以在司法活动中找到其最容易理解的表达。

在这种活动中同时存在法在历史上展开其特定特征的最初形式。

§15

故而就像在司法裁判中那样(§2),我们通常可以区分出法的理论要素和实践要素。因为它的每一个规定都告知了人类权力领域的界限(它们要得到尊重),而每一个规定也都致力于让与这种告知相应之行为的动因发挥作用。

故而法要么诉诸我们的知识,要么诉诸我们的意志,它要么作为学说(§24—§41),要么作为权力(§42—§59)起作用。

§16

故而法通常就拥有了上述司法的边界确定的双重意义(§3):法的所有部分在特定方面都拥有一种命令的意义,在其他方面则拥有一种保障的意义;它在那里发挥着限制的作用,在这里则发挥着保护的作用;前一个方面证立了应当和必须,后一个方面证立了可以和能够;前一个方面证立了义务,后一个方面证立了权限。

§17

进而,上述司法裁判相对于发生争议的邻居所发挥的功效(§6,§7),也由法的整体向共同体所有成员和全部的生活(它包含着他们)来提供,且在相同的前提下提供(§8)。

因为它保证人们享有一个权力和自由的和平领域(它也限制着后者),所以它就好比是界神(Terminus)*,也即罗马神话中

---

* 界神,是罗马神话中大神朱庇特的一个化身,具体形象就是界碑。——译者

守护边界的神祇。

§18

在其影响下，某个共同体内的生活关系就被塑造为法律关系(§5)。而由此被证立的这一共同体的全部关系就被称为法秩序(Rechtsordnung)。

§19

法与法律关系的概念是我们这门学科的核心概念。

这门学科的内容，必须给出关于作为规整性权力的法和作为受其规整性影响支配的生活关系的情况。

§20

我们将在后文中来处理：法、法律关系、前者对于后者的适用，以及法律科学。

关于一般法学说，或者说法律科学之总论，或最终就像我们也可以这样来称呼的——法哲学(s. jedoch 363f.)的特性，参见 A. Merkel, Über das Verhältnis der Rechtsphilosophie zur „positiven" Rechtswissenschaft und zum allgemeinen Teil derselben; in Grünhuts Z. I, 1. (Smmlung 291 und 402.)——Elemente。

第一章
法

§21

我们根据下述方面来对法进行考察：

（1）法的特征；

（2）法的分类；

（3）法的形成。

相应的每一章都可以在相对应的关于法律关系（之特征、分类和形成）的章节中得到补充。

关于本章所处理之问题的更为一般性之意义的著作（它们同时也代表着今日关于一般法学说这一学科最主要的思潮）参见 R. v. Jhering, der Zweck im Recht, Leipzig, 1. Band, 1877, 2. Aufl. , 1884, 2. Band 1883; derselbe, Geist des römischen Rechts auf den verschiedenen Stufen seiner Entwicklung, 4. Bände, Leipzig, 1852-84, 各卷有不同的版次（第4版，第7版，等等）; Trendelenburg, Naturrecht auf dem Grunde der Ethik, Leipzig, zweite Aufl, 1868; A. Lasson, System der Rechtsphilosophie, Berlin und Leipzig 1882; A. Geyer, Geschichte und System der Rechtsphilosophie, 1863; von Holtzendorff l. c. Systematischer Theil, S. 1f. ; H. Ahrens, Naturrecht oder Philosophie des Rechts und des

Staates, Wien, 6. Aufl. , 1870; J. H. von Kirchmann, die Grund-begriffe des Rechts und der Moral, Berlin 1869; W. Arnold, Kultur und Rechtsleben, Berlin, 1865; A. H. Post, Bausteine für eine allgemeine Rechtswissenschaft auf vergleichend-ethologischer Basis, 2. Bände, Oldenburg 1881－82; K. Binding, die Normen und ihre üebertretung, 2 Bände, Leipzig, 1872‒77; J. S. Bierling, zur Kritik der juristischen Grundbegriffe, 2 Theile, Gotha, 1877 und 1883; A. Thon, Rechtsnom und subjektives Recht. Untersuchungung zur allgemeinen Rechtslehre, Weimar, 1878。在今日这门学科领域内仍有一定影响的更古老的作品参见 G. W. F. Hegel, Grundlinien der Philosophie des Rechts 1821, 1833 (herausgegeben von Gans); F. J. Stahl, Philosophie des Rechts auf der Grundlage christlicher Weltanschauung, Heidelberg, 1830‒37, 5. Auflage, Tübingen 1878。

第一节 法的特征

I. 作为学说与权力的法

§22

法的特征通过其效果得以描述。但它是(§15)

(1)作为学说,或

(2)作为权力

　　来起作用的。作为学说，是因为它告知了人类权力领域的界限应当如何被确定。作为权力，是因为它要求并保证对这些界限的尊重。

§ 23

　　支配这一学说的是何种视角？

　　这种权力如何被表达？

　　前一个问题将在下面"1. 作为学说的法"中被回答，后一个问题将在下面"2. 作为权力的法"中被回答。

1. 作为学说的法

§ 24

　　如果法告知了邻居之间、家庭成员之间、商贸活动的伙伴之间、公民与国家机关之间、不同国家机关之间、国家与教会之间、不同国家之间等的权力领域应当如何划界，那么这种告知的内容看起来就取决于：

　　（1）法所服务的目的；

　　（2）关于公正的主流观念（参见§9）。

§ 25

　　法是实现目的的手段，它被用以建立和平秩序并服务于在这一秩序内有自由实现之可能的利益，且指向这一目的。

　　它的内容可类比于和平条约的内容，这些和平条约以下述方式划分不同国家的权力领域，即与所涉及之国家的和平需求以及对这种需求之并非仅是暂时满足的条件相符。

但法的内容同时受到下述思潮的影响，即要建立起或确保它与主流伦理观念相符，尤其是与关于公正的观念相符，并通常在合目的性的属性之外还主张正义的属性。

如何确认这两者之间的关系属于一般法学说的基本问题之一。

Elemente §9f.（法本身不是目的——社会利益的机关）

§26

合目的性和正义的视角在逻辑上不能混同。

然而，在一些条件——法的内容在这些条件下与前一视角或后一视角相符——下存在着一种特定的关系，据此，只有当法的内容同时是公正的时，它才大体上是合乎目的的。

在此我们通过：

（1）法的逻辑独立性（§27ff.）和

（2）法的因果关联性（§35ff.）

来对法的"质"进行考察。

§27

每个法律规定的内容都可以从两种不同的立场来观察：

（1）从通过它自我表达的主体及其目的的立场，以及

（2）从它所涉及者，也即消极参与者的立场，他们间的关系因它变得有序，而这又取决于，这么做并非依照对这一关系

任意提出的标准，也非建立在关于其事实和道德状态的不真实的前提之上。

在前者那里我们追问的是，法律规定是否有益于其主体的目的；在后者那里我们追问的则是，它与其对象以及就它而言对于我们为真之事之间的关系为何。

但后者就是关于法律规定的正义性的问题。

我们可以就每种以第三人为对象的人类观念表述和意志表述以相同的方式做出区分。一方面，我们可以将它与它所要追求的目的相比较，另一方面则去研究，它对于其对象而言是否是公正的。例如，当某人对他人的政治行为或道德行为进行公开批评时，就没有人会误识这两个问题之间的差别：

这一批评是否合乎目的？也即，它是否会引发批评者企图达到的那种效果（例如，败坏某位政治对手名誉）？

这一批评是否是公正的？也即，它吻合被判断之行为的事实状态和道德状态吗？

关于（通过法对我们言说的）主体，将在§43中再来做更为专门的阐述。

§28

想一想从前广为流行的法律制度，即奴隶制和农奴制。人们曾从不同立场出发对它们进行反复检验：

从主体（它被表达于相关法条之中，在此就是国家统治意志）的立场出发，也就是去研究，维系这些制度是否真的与在此所浮现的目的相吻合，相同的目的是否不能以别的方式被达成。

从消极参与者(作为奴隶或农奴，他们被等同于物或被当作物的附属品来对待)的立场出发，也就是去研究，这种对待是否合乎他们的人的本性。人们在此抓住了通过这种对待表达出来的判断，并去检验其真值。

例如，亚里士多德在其对奴隶制的著名讨论中就是从后一种立场出发的。

§29

再来想一想我们法院的功效。

如果追问的是它的合目的性，那么我们就要借助于法(法院是它的机关)的目的，或者(其结果是一样的)通过法来自我表达之主体的目的，来检验它的结论。相反，如果追问的是它的正义性，那么我们将人、行为和关系的状态(它们构成了司法判决的对象)与这些判断相比较。

但在此这种状态通常具有何种意义，有待进一步的阐述。

§30

如果我们去研究某个法条或某份司法判决的正义性，那么这一检验会取向于：

(1) 它的事实真(tatsächliche Wahrheit)；

(2) 它的道德真(moralische Wahrheit)。

§31

例如对于我们来说，只有当符合下述条件时，这样一份刑法判决——如某人因为盗窃而被判处死刑——才是公正的：

对于(1)如果我们假定，构成这份判决之对象的犯罪行为确实是由被判决者以判中预设的方式所犯下的；

对于(2)如果这份刑事判决的内容与我们对这一行为的道德评价，或换言之，与我们的伦理价值判断相符。

§ 32

例如在我们看来，以往经常发生的古老的女巫审判（由于她实施巫术）是不公正的，因为根本就不存在任何巫术，故而这种判决缺乏事实真；以前同样经常发生的对异教徒的火刑判决也是不公正的，因为它有悖于我们的伦理价值判断，因为根据我们的观点，相关判决缺乏道德真。

就像在不同的个人那里一样，不同民族对于行为、关系和人的伦理判断显现出极大的差异，也正像在每个具体的个体那里一样，它在具体的民族那里也会经历发展变化。法依赖于那种就既定的民族在既定的时代被证明具有支配性的伦理价值判断。参见§ 39ff.，§ 49注脚。

§ 33

进而，在我们看来，正义的特征只有在这样一种法中才能被实现，它对于相冲突和相竞争的利益（它们的权力诉求由法来决定）适用的是同一种对它们不偏不倚的有效标准。

换言之，法的正义体现为：它要自我证明为与既有的社会和个人间的对立和竞争保持距离，相对于它们保持中立，不偏不倚地站在参与者及他们的真理观之侧。

§34

据此，如果司法活动对诉讼对手的行为和诉求提出了不同的制定法标准，或对不同人的责任提出了不同的制定法标准，这种司法活动在我们看来就是不公正的。因此，一种从占人口很大部分的宗教信仰中获取其标准的立法活动，对于持不同信仰者来说同样是有偏见的，根据后者的理解是异质的权力。

此外，就中立的、对于所有人都有效的标准而言，在今日之国家中还要区分立法者的确认与法官的确认。对于前者来说，这一标准存在于共同的确信和利益之中，相反，对于法官而言，这些确信和利益化身为制定法的形式。对此参见第3章。

大多数时候，公正的概念被那些一般而言承认其具有独立性的人(§41注脚)在狭义上来理解。人们只强调它的具体运用。例如，人们认为它的本质体现为同样事物同样处理，不同事物不同处理。可以轻易指出，由此并没有穷尽式地概括出这一本质的特征。我们认为对某个无辜者的刑事判决是不公正的，而完全不考虑在同类案件中发生了什么，这单纯是因为它与其对象不符，不"合乎"＊它，因为它使得关于这一对象的非真实观念有了具有实践意义、可为关涉者所感受的表达。正义是实践真理，这已为文化民族的语言所证实，因为它们以各种方式混杂地将这一语词用于公正和真或法和真理的概念。

＊　"gerecht"在德语中既有"合乎"的意思，也有"公正"的意思，此处乃一语双关。——译者

与这种被强调的正义的特征相应的，是关于正义女神的流行观念，这位女神的双眼被遮着（中立性），她在同一架可靠的天平上（被设定之标准是平等和有效的、判断为真的）对相竞争之利益的承载者的行为与诉求进行相互权衡。

§35

但在法的领域中，合目的性与正义之间的因果关联被如此确定：通常来说，通过法自我表达的意志只有在如下前提下才能达成其目的，即它的规定吻合被规整之关系的本质，且在处于这些关系中的人看来是公正的。

这种意志凸显出法是一种实现目的的手段，因为对利益（法是这些利益的机关）的满足依赖于它。但当且仅当这种手段具有正义的特征时，它才是适合于实现这种目的的手段（参见§8和§9）。

澄清和确保人类权力领域的界限并非是为了正义，但只有当其目的公正时，它才能实现这一目的。（它的）动力在于争议之恶，在于无序和不确定，但只有这样一种秩序——它根据主流观点承认每个人的应得，并根据那种对于所有人来说都有效的标准来确认那些界限——才能持续地纠正这些恶。在科学领域中被运用之方法的正确性与某项研究之目的间的关系、在实践情景中某个主张或通告之正确性与它们的目的间的关系、在全部社会交易的领域中真（理）与实践生活利益的动力和它所设定的目的间的关系，也是类似的。就像在这里真有其自身的标准，并可以在不考虑合目的性问题的前提下进行自我审查，法在功能上的正义同样如此。某人是因为其罪行而被判决有罪还是无罪释放，确认这一问题时可以不考虑这一判决对公共和平的状态、对法的权力以及依赖于它的利益的影响，简言之，不考虑它对于司法之目的的意义，就像某个言谈者之主张的真可以在不考虑其目的的前提下被判断那样。但就像在这里真与合目的性通过因果联系被联结在一起，在法的领域中正义与合目的性同样如此。

§36

但这些特征相对于我们的道德观点和感受也有一种独立的意义，因为某项措施的非正义性可以不依赖于任何合目的性考量就激起我们的不满，相反，正义却可以获得一种脱离利益的赞成。

在法律生活中，通过这些表述刻画出的精神力量——作为人的属性的正义——以独立的方式提出了有利于确保或塑造法的相关特征，以及有利于其统治的主张(参见§47—49)。

这一力量的影响在法律史上极少清晰地显现出来。在以正义之名进行改革之处，除此之外还会有其他因素参与进来。然而假如我们抛开这种影响，就难以理解这一历史。例如在对奴隶制和农奴制进行斗争时，在这种斗争已经取得了成功的地方，这一因素尽管并非独自在场，很多时候也不是最强有力的力量，但它在历史上对这一斗争的影响却绝对不可被忽略。(至于这里所涉及的心理学及发展史问题只能留而不论了。)

§37

然而，通常法的正义必然是一种不完满的正义。

我们知道，法发挥功效的条件，以及它形成和赓续的条件始终附着着某种程度的不正义，这种不正义的形式可能发生改变，但它的存在却无法被克服。

§38

属于法的合乎规定之功效的条件的有：

就法条而言：塑造一个有力的、明确规定和不难适用之规则的尽可能统一和稳定的体系；

就具体案件中的确认而言：确定性和无可争议性，即便当真(理)无法被确凿无疑地认清时。

因为只有确定的、清晰的、不偏不倚且排除任何矛盾的规则和裁判才适于避免冲突，并适于为一种和平和美好的共同生活建立确定的基础。

由于生活关系的复杂性、多样性和可变性，不可避免地会导致，法的内容不断将不平等作为平等来对待，将不真实作为真实来对待，如此就必然会否定正义。

例如，当德意志帝国宪法赋予男性德国公民帝国议会的选举权——只要他们年满25周岁——时，它忽略了精神成熟度和自主性方面的极大和重要的差异。虽然不证自明的是，我们不能没有这类有效的规则。

然而，法的这一面向得以形成和真与正义由此受到伤害的程度是大相径庭的。在这一方面可区分出"严格"法与"衡平"法（ius strictum und aequum）。前者适用"极端的法就是极端的不公"（summum jus summa injuria），只要它在文本所强调的关系中显现出的完满性必然将一种就对具体关系和冲突的公正对待而言的不完满性作为反面。

此外，这里要容忍的这种不正义也可以用来称呼功利性(合目的性)视角下的不完满性。因为毫无疑问的是，如果事物的本质容许将力量和清晰性与最个别的真理普遍联系在一起，那么法就能更完满地满足为其设定的目的。但就像事情所展现的那样(如果它不想完全错失其目的的话)，它必须放弃去完满地实现这一目的。

§39

进而，只有当存在一种关于关系、人和行为的事实状态和道德评价的普遍一致的观点(它要经受法的评判和影响)时，法的正义才可能是完满的。因为在此前提下，法所设定的标准才会对所有人都具有同等的效力（§33f.）。

§40

然而，这种一致性通常只存在于不断变迁的界限之内，而人类个体和条件(他们在这些条件之下提出他们的观点)间的差异排除了这一可能，即这种一致性在任何时候都将是完满的（§122f.）。

在此，对于法的历史而言，尤其具有意义的是某些更为一般性的对立，例如流传下来的法的权威与法的新内容（它在某个民族的生活中呈现出来）法之间的关系；具体个人及其意志效力与国家整体、其统一需求及其代表的权利之间的关系；人类个体的一般属性及其诉求与存在于人类及其成就间的差异及其对于共同生活之意义间的关系。

这些对立在围绕法的内容一再重新爆发的斗争中，以各种表述形式（但据其本质顽固存在）体现出来，而在这些斗争的影响下，法也就吸纳了偏颇、故而是不正义的要素，因为它一会儿容许这种观念方式，一会儿又容许那种观念方式来发挥压倒性的影响。

上述事实导致了，法的内容的大量组成部分通常都具有在相冲突之利益和确信之间进行妥协的性质，也即这样一种妥协，它要求相对于社会状态中持续发生的变迁一再进行新的修正和检验。但这些修正和检验依赖于那些利益和确信的承载者之间的权力决断（就像权力要素在社会中一再可能获得的那种评价一样，它们只是提供了一种对这些修正之正义的不充分的担保）。Merkel, Recht und Macht, in Schmollers J. V, 1（Sammlung bef. 420）. Elemente § 11（"Über die Kompromißnatur d. Rechts"）.

§41

从迄今为止所说的内容可知，就法的所有部分和规定而言，可以提出和区分出如下问题：

何种目的或利益构成它们的基础？它们与这些目的或利益在多大程度上相符？

它们在多大程度上是公正的？也即，它们在多大程度上符合构成其对象之关系的性状，且在多大程度上符合在事实和伦理的角度下被我们视为涉及它们的真(理)？

然而在此并不打算进行这种二元论的观察。毋宁说，通常只是揭示出这样的利益，它们对于塑造法的具体部分而言具有决定性。在一般意义上确定了功利的视角与伦理的视角之间的关系后，在细节上再总是回到这一点上来就显得没有必要了。

就合目的性与正义彼此之间的关系而言，或就后者与法的关系而言，除了本文所提出的观点外，可以将接下去要提到的观点区分为：

(1)将两个概念相等同。更准确地说，这里是将公正视为对社会有用的东西，并将法的内容在所有其相关的属性上彻底置于这一概念之下。

在此，法所处之关系——一方面与其主体(§43)，另一方面与其客体间的关系(§27ff.)——的差异性和独立意义，以及与此相关的参与其生活之要素的差异性没有得到恰当的尊重。通过法发挥一种支配性影响的社会，并不会简单地与那些屈从于这种支配性影响的人一起崩溃。但对于后者来说，这样问是很自然的：他们何以能通过既定的方式受到影响，以及这种方式与更发达人群之鲜活要求的关系是什么，不只是作为服务于其他目的的单纯手段，也非根据这样一种标准——它对于其自身的存在而言是陌生的，也无法在其意识中获得赞成——来被对待。但这种观察方式相对于在共同体中占支配地位之意志的目的获得了一种独立意义，因为与这一目的相符合者绝非必然与之在所有方面都相和谐(§37ff.)，也因为民众的一部分(他们不知道如何面对各该支配性要素去主张它)总是冒着这样的风险，即被降格为实现其他目的的手段。据此，在法律制度史中，关于这些问题的讨论——什么要被视为是合乎目的的，以及什么要被视为是公正的——就会同时出现或相继出现，例如就奴隶制而言，这一制度的正义性就要比它的合目的性更早遭受质疑。而这些讨论受到不同心理要素的影响。例如，在今天，就这一问题——无辜被判决者是否要由国家对其遭受的物质损害进行补偿(§708[*])——而言，很容易就可以将出于正义感的表达(它对于这一问题给出了肯定回答)区分于政治家们指向其他要素的合目的性考量(它们长久以来对于这一问题给出了否定回答)。

然而，社会对正义一词所涉及之观念和感受的发展拥有影响。这一点极少有争议，就像这种影响与社会目的之间存在关联那样。但后者并非是像一些人所假定的那种如此统一的存在，而它的力量也一再从彼此对立的立场出发，展现于相互间的争论之中。

(2) 认为正义与合目的性不存在任何关联的观点。据此，这两者的特征同时出现看起来是偶然的。这种观点在我们的领域中以两种形式展现出来：

a) 人们将全部的法要么单方面置于合目的性的视角之下，并完全拒绝正义的视角，要么反过来完全置于正义的视角之下，并拒绝功利的视角。

---

[*]　本文仅译至§363a。——译者

b) 人们假定可以在支配法律内容时对这两种视角进行外部协调，要么让法的某些部分全部处于合目的性的视角之下，让法的其他部分完全处于正义的视角之下，例如将财产法置于前一种视角下，而将刑法置于后一种视角下；要么完全以这两种视角对具体制度的要素、法条和裁判进行分配。例如，某人因为盗窃而必须要服的两年徒刑，将 2/3 被归入合目的性的账户，1/3 被归入正义的账户。——当人们把为了完成价格任务而进行的研究中的一半置于真理探究的视角之下，将另一半置于合目的性的视角之下时，情形也是类似的。或者，如果人们对一个懒惰的儿童进行谴责，想要通过(教育的)目的来证立它的 2/3，而通过谴责的真和正义来证立它的 1/3，而这一谴责又想要完全合乎目的，那么只有当它同时完全为真和正义时，这才有可能是充分的。

Merkel, Über vergeltende Gerechtigkeit (Anhang zu seinen "Kriminalistischen Abhandlungen", I 67. — Sammlung S. 1). Elemente § 13(Geschichte der Anschauungen vom Gerechten), 14(Begrift des Gerechten). Lehrbuch § 69f. (die Strafe als gerechte Vergeltung). Vergeltungsidee und Zweckgedanke im Strafrecht (Festgabe für Jhering) 92. Besprechung des Lehrb des Strafrechts von H. Meyer (in Grünh S. 5 u. Sammlung 361). Die Idee der Gerechtigkeit bei Schiller 70 (Sammlung 148). —Jhering, Zweck im Recht I, 234. G. Rümelin„ Über die Idee der Gerechtigkeit" in „ Reden u. Aufsätz" R. F. 81 (auch in „ Kanzlerreden" 07). Jellinek, Sozialethische Bedeutung von R., Unrecht und Strafe 2. A. 08 („ Das R. ist... das ethische Minimum") . Laas, Vergeltung u. Zurechnung, in BJSchr f. wissensch. Philof. V, 137, 296, 448. VI, 187, 295. Heymans eod. VII, 439. VIII, 95. H. Meyer, Die Gerechtigkeit im Strafrecht 81. Heimberger, desgl. 03. Gares, Vom Begriff Gerechtigkeit 07. Lotmar, Vom R. , das mit uns geboren ist a. 93. Beling, Vergeltungsidee u. ihre Bedeutung f. d. Strafr. 08. Köhler, Vergeltungsgedanke, u. f. prak. Bedeutung 09. Schmoller, Grundfragen des R. u. der Volkswirtschaft, im Jahrb. f. Nat. ö. k. 74f. ; Die Gerechtigkeit in d. Volkswirtschaft, in f. jahrb. 81. — § 797.

2. 作为权力的法

§ 42

法律规定是意志表达，它们被用作我们行为的准则，即便它们并没有支配我们的思维："意志高于理性。"(stat pro ratione voluntas.)

关于法的意志性以及这种错误观点——法的任意组成部分都缺乏"命令要素"——的根源，也可参见 § 100, Elemente § 4, Lehrbuch S. 18f. Rechtsnorm und subjektives R. I. cit. Thon in den zu § 21 zit. Schriften. Bierling, Kritik, II, 307; Prinzipienlehre III, 178. Hold von Ferneck, Die Rechtswidrigkeit, 03, S. 104。

§ 43

通过它们表达出了这样一种意志，它自我证明为某个共同体的权力，并向这个共同体的成员提供了实施某个与其指示相符之行为的动因，即便这些指示的内容与他们的个人利益不符。

谁在通过法律规定向我们言说？换言之，谁是法律主体？

(1) 某种意志，只有这种意志才能提出命令和允许，拘束和保障。

(2) 某种意志，它不等同于那个人的意志，他被命令或允许，被划定某个门槛或预告被保护。自我意志不能赋予我相对于他人的权限或权利，也不能将我相对于他人的义务提升为法律义务。

(3) 某种意志，它提供了有待稍晚来刻画的伦理性和物质性权力手段，这种意志的命令以有待说明的方式向它们针对的那些人提供了实施某种相应行为的动机，而这一点与此无关：它们的内容是否与他们的特殊利益相容。

此外，这种意志可以大相径庭的方式来确定。同样，上述类型之功效之所以可能的条件也极尽不同。对于法律主体的一般性刻画不外乎是：它是这样一种意志，它在某个(无论如何详尽地被确定的)社会生活领域中表达出了某种功效，这种功效具有本章节(或第 2 章的相应节中)所谈及的那些特征。

它可能是某个既定共同体中的某个个人的意志，例如在某个不受限制的君主制国家中君主的意志；或者是特定人中的大多数或以特定形式自我表达之人(例如某个同业公会或团体之成员)中的大多数的意志；或者是某个国家的全体国民的意志，只要它以特定形式展现出来；甚或是特定多数人的意志，这种特定多数本身没有形式，但总是体现为迫使个人采取某种行为的方式(关于习惯法参见§112f.)。

关于法的权力属性,它的要素和发展,参见 Element §7. Merkel, Recht und Macht l. c. Jhering, Zweck im R. I, Kap. 7f. ; II, Kap. 9. Der Kampf ums R. 18. A. 1913(dazu Merkel, Sammlung 747). Thon, Der Rechtsbegriff, GrünhZ. 7. Binding, Der Rechtszwang, Anhang zu den "Normen".

§44

法被证明具有双重面向的权力:它的保护面向和命令面向;它证立了授权的面向和施加义务的面向。它通过一个面向授予力量,通过另一个面向进行拘束。

例如,它在债权人与债务人的关系中支持前者,并拘束后者。例如,它在当局与犯罪分子的关系中授予前者力量,并拘束后者。例如,它赋予皇帝指挥军队的权力,并拘束军队去听从其命令。

§45

在这两个面向上,它都发挥着一种直接的功效。但它的权力属性最清晰地表达在它的命令面向上。只有在这个面向上,只有针对它所施加义务之人,才会产生强迫(Nötigung)。

有人主张(托恩),它只有通过其命令才会直接发挥功效,故而只对那些它所施加义务之人,而非通过它证立权限的面向发挥影响。但这是一种误解。很多时候,法通过直接的方式同时在两个方向上起作用:对于它承认拥有权限的人,以及对于它施加义务之人。前者最明显的方式体现在，它让某人享有某种支配地位(如加冕)或这样一种功效，如果法不为其打开通往这种地位的道路或提供沿着这条道路前进的动因，它就不会被相关者所占有或行使。想一想帝国宪法赋予皇帝的地位，或赋予德国男性选举帝国议会议员的地位。在此，法提供了特定行为的规定性理由，但却没有施加义务或者强迫去这么做。——Merkel, Rechtsnorm und subjekt. R. 1. c.

§46

一般而言，来自法的强迫有两种类型。

也即一般而言，从它的命令中可推导出：

(1) 应然(Sollen)，这些命令所针对的人在道德上被迫去服从它们(法的伦理权力，§47ff.)；

(2) 必然(Müssen)，一种对于相关行为的感官必要性(物质权力，§50ff.)。

§47

关于"应然"，法因其拥有的属性(§24ff.)可以在那些它所提出要求和限制之人的良知中获得支持。这种良知接纳了它的命令，赋予它们道德上的赞成，并使得(人们去)自愿满足这些命令。

一般而言，我们会自愿满足法的命令，即便我们自身的利益指向相对立的行为。之所以如此，是因为法(它要求我们服从)获得了一种来自我们天性中的道德因素的支持。但当且仅当法本身依其整体功效与我们的道德天性相符时，这才有可能。故而它依赖于后者的表述。然而，这种依赖是相互的，只要每个新代际的道德感和判断是在流传下来的法的影响下发展出来的。此外参见§49之注脚。

§48

法也可以为这些条款寻获支持，它们违背了道德感，因而是不公正的(§37ff.)，只要其整体功效与参与者的道德判断和感受相符，也即只要它是法(§24ff.)。

§49

法与道德要素的上述相符证明了伦理权力，且因这种相符有利于法的效果而体现了伦理权力，或者说法律条款的"施加义务之力"。

只有当预设和认可法律条款的某些属性(它们使得这些条款获得了我们的尊重感，并激活了我们天性中的道德力量)时，这些条款才能表述出施加义务的功效，也即道德上的拘束性功效。

这里所考虑的属性在上文中已经被处理过，同时也指明了这一点：对于不同民族而言，就像对于不同的个人或者对于不同发展阶段之同一个民族和个人一样，这些属性所起的作用并不完全相同(§32注脚)。这里要补充的是，即便是在不同民族那里或自我有效显现出的相同要素，也可能以不同方式折现于参与者的意识之中。因此，诸民族和个人自身关于法律规范之施加义务之力的理由和前提的考虑也是出人意料的大相径庭。

一般而言,在诸民族的幼年期,这些特定的规范所要经受的道德强迫(也即这些规范的施加义务之力)依赖于,它们肇生于或被认为肇生于某个特定的主体。如人们会将(法律)条款视为神或神意所委托之机关和神意解释者——祭司,或通过神意指定的统治者,或作为崇拜对象的祖先——的意志表达,并从这种起源中推导出它的拘束力。这些主体所引发的尊重被转移到了实际上或被假想来源于他们的规定之上。个人在相关的民族那里轻易不会有这样的力量,也不会这样被要求,即根据自身的标准去检验被相关民族主张为法、习俗、宗教等的事实真和伦理真(§30ff.)。正如儿童从其父母的意志中推导出某个条款能施加义务,就像在他们那里,在其命令与其价值的客观程度(它驱动了这一命令)之间存在着特定的人格权威一样,那些民族只能通过援引某种权威来对这一问题——它们为什么感到受到某个规范的拘束——做出回答。除此之外,在这里不存在任何更强的论据:就像一位印第安人酋长反对接纳基督教时的主张:"假如我的信仰、行为与我们的祖先不同,就会被耻笑和丢脸"。

在崇尚研究和批判精神的民族那里,事情就不那么简单了。在此,援引特定的主体(法律条款起源于他)一般情况下并不会终结对它们的拘束力和这种拘束力之来源的追问。人们对这些条款的内容进行检验,并认为,它们所主张的价值无论以什么方式都必须通过这些内容本身获得证立,故而某种相反的内容不会由此就变得良善和明智:它肇生于某个特定的主体。在此,人们有意或无意地形成了这样一种观点:将自身的感受和判断作为被委托做出最高裁判的层级。但是,就那种价值以及对其具有决定性的事实特征提出的观念，通过这样一种"自然"法理论(它要与现行"实在"法相区分)，以及通过相对于后者[*]具有独立意义的正义理念被强化了。它可能是这样一个问题：法，也即决定性的权威所命令之事，是否也是公正之事。从此以后，法的伦理权力就依赖于对事实和道德关系中的状态相符的那些东西的判断，后者在民族意识中获得其力量，民族意识也必须要被维系来与之相符。由此可知，从不法(权力)中可以产生法，法同样可以变成不法；后者的情形是，法在发展过程中没有遵从某个民族之伦理观念的发展，故而后者与前者陷入了歌德所说的"理性变成了瞎扯，善举变成了折磨"意义上的敌视对立。

上文所述也适用于那些权威自己的地位以及最高的法律原理(它们回答了这一问题：谁有权创设新法并对流传下来的法进行改革)。在此占优势的原本同样是与一开始提到的立场相符的推导。从权威的级别出发，人们追溯到某个更高的权威，直到触及神意并留在那里为止。相反，与更发达的文化关系相符的是这样一种努力，也即找出支持那些最高原理之效力的事实理由，这些理由使得它们表达出的意志获得我们的尊重，而不考虑这些意志使用何种名义，或它能够将其权威回溯至哪个更高的主体。例如，如果最高原理说"国王说的话要被视为法"，那么它就对应于一种幼稚的立场，它令人平静地接受这样的信念：这一原理获得了任意一个已知的神的赞同，而根据客观理由来支持这一原理之效力的更具批判性的意义也要被研究，并例如由此被找到：作为超越社会生活之党派对立的中立要素，国王

---

　　[*]　此处的"后者"指的是"实在法"。——译者

为此提供了绝大多数的担保,即来源于他的法条本身就体现了公正规范的中立性。

人们总是想要从某个契约或从那些(法律规范应当对其生效的)人的承认行为(无论具体方式是什么)中推导出法律规范的赋予义务之力(参见 Bierling, Kritik)。但赋予义务之力的概念本就包含着承认的要素。"某个条款对我具有赋予义务之力"说的不外乎就是"我承认它的这种属性,即它将成为我的行为准则"。不言而喻的是,人们无法从这种承认推导出那种赋予义务之力,因为人们肯定无法从某种现象中推导出自身。并非因为个人承认法律规范是有效的,他们就接受了服从它们的道德强迫,相反,法律规范之所以获得了对它们而言具有根本性的承认,是因为它们被附加上了来源于其他地方的价值和服从的主张。

要将这些事实与如下承认区分开来:它们可以用来确定这一点,即某个规则获得了未来的赋予义务之力(迄今为止它尚未获得这种力量)。属于这些事实的同样有相关规则对他们施加了义务的人们的意志表达,这种意志表达包含着在未来遵守这一规则的或明或暗的承诺,或(如果人们愿意的话)承认这一规则作为未来的某种准则。(关于来自契约之法条的形成,参见§121,以及§129)。但这些意志表达既不是这一类型的唯一事实,也不是其最重要的事实。而且它们本身已然预设了拥有某种赋予义务之力这一原理的存在,如果它们要具有上述意义的话。故而只有当契约应被遵守这一原理对于缔约方已然具有效力(或者同样可以说,赋予义务之力)时,某个规则才能通过契约变为能够施加义务的法律规则。但假如人们问,这一原理是

从哪里引出其效力的，那么我们就将再次去援引上文所提到的
那种选择（二选一）。

　　Vgl. Elemente §8, 13. Besprechung von Schuppe,"Gewohnhei-
tsrecht", Sammlung 665; von Bierling,"Kritik", Sammlung 481.

§50

　　关于"必然"，除了伦理权力外，法还拥有一种物质权力。

　　对于个人（他们自身并不能找到与法律条款相符之行为的充分
动因，无论是道德的还是利己主义的动因）而言，法准备好了物理
性的权力手段。只要有可能，命令就要通过这些物理性的权力手段
得到强制履行。

§51

　　如果通过这一手段无法预防对其条款的违反，那么法通常
就会将这样的后果与那种违反行为相联结。它们合适于，也肯
定可以被用来废除或减少其对于法的统治的意义。

§52

　　例如以下情形：根据法，某人（他的盗窃行为没有能被制
止）有义务，且被强迫毫发无损地保护好被窃物，并忍受刑罚。

§53

　　这些后果被称为违法行为的"法律后果"（Rechtsfolgen）。
是法的权力表述，具有相对于这种效果——它以违法的形

式指向法自身以及它所保护的对象——之反作用的性质,也是它在内容上与后者相对——在力量和效果上(只要这是可能的)呈比例关系。

关于违法行为的这种法律后果,更深入的阐述参见§274—§310,§239—§243。

§54

在建立其命令时,法事先就表明了法律后果,它们应当与对它的违法行为联结在一起。

因此,通常可以将它的条款区分为两个组成部分。一个说明,我们在特定关系中如何与法保持一致;另一个说明,相反的行为应当与何种后果联结在一起。人们将前者称为"第一性的"或"主要规定",将后者称为"第二性的"或"附加规定",或者前者的"制裁"。

第一性命令:你不应当盗窃。——你应当归还被借贷之物。

制裁:盗窃者当处以监禁等。

Elemente §5.——这两类规定之间的对立并非绝对。第二性命令本身又可以拥有制裁,由此它自身也可以构成第一性规定。例如,这一第二性命令——盗窃者应当补偿被窃者——可以在刑法规定中找到针对这些人的制裁,他们试图以欺诈或暴力的方式不去履行这类损害赔偿义务。即便是"制裁"这一称呼也不完全正确,因为第一性命令的有效性终究不是从这种制裁中推导出来的(而它的心理学力量只是部分地从制裁中推导出来的)(§57)。

　　人们将第一性命令相对于第二性命令(或它们的一部分)称为"规范"。但这种称呼方式并不值得推荐,因为通常与规范一词联系在一起的概念(§12)同时包含这两类命令。

　　全部法律规范都指向所有它们调整其关系之人,而不仅仅是国家权力机关(不同观点参见 Jehring, Zweck I, 333, 最新作品尤其参见 Mayer, Rechts- und Kulturnormen 03)。否则,第一性命令(只要它们指向个人,参见前文的例子)本身压根就不会变成法律规范,而只会是对国家机关的一种指示,即在不服从的情形中强制介入。但这样一来,第二性命令——纯粹的强化手段——就可能会成为最重要的东西。(Elemente §6 über die „Adresse der Rechtsnormen"—— Thon in JherJ. 50.)

§55

　　一般而言,这些制裁——它们事先确认了可能发生之违法行为的后果——会增强避免违法行为的动因,并发挥预防这一趋向的作用。

　　故而道德强迫与感官强迫、机械强迫与心理强迫、预防措施与矫正措施就联结起来,它有利于法的统治及其目的的满足。

§56

　　然而,法并非处处,也非在其所有的部分都显现出相同的力量,它的外在权力也不是处处都显现出同等完善的组织化。

　　后者在更高发展阶段的特征是什么,将在后文关于法与国家的关系(§64ff.)以及法与道德、宗教和习俗的关系(§70)中做进一步阐述(也可参见§115ff.，§136ff.)。

在此视角中，就像在其他一些视角中那样，可以区分出更加完善和不那么完善的法律体系及其组成部分。在法所固有之特征形成的过程中，这类分级和差异一再被提示(s. Völkerrecht §870)。其任务在于，将这种位于法概念之边缘地带的分殊区别于法与纯粹的风俗及其余伦理力量之间的差异。为了将它们解开，本章从第III部分起将着手确定后一种差异。法的外在权力的特殊之处在于，对其发展的程度而言，法与国家间的关系具有首要的决定性；对此的专门论述参见部分II以下。

§57

某个具体的条款(它产生自共同体中占支配地位的意志及其所属的规定性关联)并不因为缺乏制裁就会被剥夺法律条款的属性。

首先，我们宪法中最重要的规定就缺乏任何制裁。(如帝国议会一年一次由皇帝召集。)虽然如此，没人会质疑它的法律属性。对于这一属性而言，理所当然无所谓的是，是否任何时候都有动机来现实地运用某个法律规范的制裁。在某个理想的法律状态中，这种动机终归不会出现，而法的全部物质力量也将会被置于其伦理力量之后。一个法的概念的特征并不会(就像一些人所假定的那样)由此就被取消。

就像并非每个法条都拥有一项制裁，也并非所有法条都由物质的权力手段来确保。具体规范的这一特性(即成为法律条文)，并不取决于，对于其贯彻而言恰恰要准备好机械性的权力手段，而对于不服从的情形则要规定对它的适用（Elemente §7）。

§58

如果我们总结一下关于作为学说的法和作为权力的法所说的内容，结论就是：

一方面，法是关于就社会生活的边界关系而言，合乎目的和公正之事为何的判断的整体。在这一视角下，它显现出一种理论的属性，并让人清楚地看到一种努力，即在这些判断之下去实现尽可能完善的和谐。

另一方面，法是意志表达和权力表达的体系，就此而言，它最终的目的并不在于宣告真理和帮助学说生效，而在于以特定方式去塑造真实的社会世界，它的目标和起源并不在于理论的领域，而在于实践的领域。

Elemente §3f.，12（Rechtsgedanke und Rechtswille in ihrem verhältnis zueinander）. Regelsberger，Pandekten. 59.（"法秩序不只是统治者和强迫性的法，也是教导者和教育者。"）——法的逻辑面向与现实面向、认知与意愿、内容与命令形式的两面性，以极尽多样的方式在生活和科学中打下了烙印。

（1）参与法条之形成和运用的诸要素时常与上述两个面向具有不同的关系。如果说一些要素（作为法律内容要求获得效力的那些要素）可能看起来适合于被研究、被证明或以权威方式被确定的话，那么另一些要素则可能适合于，通过命令的形式向民众宣告那些被找到、被证明和被确认的因素，并帮助它发挥

有力的效果。法的历史让我们认识到,这类区分具有大相径庭
的形式与意义。例如,在现代国家中,国民代表参与了对某部
制定法之内容的确认,而对它的批准和颁布并非由他来进行(通
常由君主来进行,§518)。同样可能的是,某份司法判决的内
容由其他人,而非有义务颁布和执行它的人来确认。

然而要注意的是,这里的认知绝没有独立的意义,而对(有
待形成的法应当拥有之)内容的确认总是同时包含着一种意志决
定,只有借助于它才会拥有一种决定性意义。因而,被委托进
行这种确认的人看起来就是统治意志(这种意志可以在国家共同
体的宪法中找到其最高表述)的机关,恰恰是这类机关有义务通
过命令的形式来对那些被确认者进行装扮,并致力于在实践中
实现它们。

(2)在法学中,关于法的不同面向之间的关系以及两个面
向各自的意义,存在大相径庭的观点。一方面是对逻辑要素的
低估(参见 v. Kirchmann, Grundbegriff des Rechts)。这与公正观
念对于逻辑要素的误识有关(§30ff.),或者与对这些观念对于
法律内容的规定及其赋予义务之力之意义的误识有关。另一方面,
出现几率大得多而又在法学领域中拥有无穷大影响力的对逻辑要
素的高估,部分与对这些观念中"伦理真理"之本质——它的历史
限定、主观性、不完满的统一性等等——的误识有关,部分与对
其他要素——通过法表达出来的意志在其影响下形成——之复杂
性与可变性的误识有关,部分且主要与对这种对立——它存在于
法的诸要素之间,并排除了以下可能:法在任何时候都不承认逻
辑上相矛盾的妥协特性(§40),并获得包含某个最高原则之诸推

论的纯粹和完全的逻辑整体的封闭统一——之忽视有关。对于逻辑要素的这种片面强调（"概念法学"），参见 Jhering, Gesit III, 303ff. Scherz und Ernst in d. Jurisprudenz 9. A. 05。（S. auch Bekker, Ernst u. Scherz 92 S. 123ff.）Der Besitzwille, zugleich e. Kritik der herrsch. Methode 89.

§ 59

当谈及法的"实证性"（Positivität）或"实在性质"（positiv Natur）时，就揭示出了一种关系，即意志在法中的优先性。我们由此表达出，法的规定主张具有某个特定意志之表述的效力，而与此无关的是，它们所包含的判断具体是否与我们的确信相符；但同时也表达出，它之所以如此有序，是因为这种意志的功效既不可能缺乏真、正义以及关于什么应当发生的既有观念，也不可能处处与它们相符。

II. 法与国家的关系

§ 60

法可以在每个这样的共同体中形成，它拥有权力和机关并能以独立的方式，根据这机关存在之基础利益来规整它们之间的关系。

而法的故土就是国家。

参见分论中关于教会法与国际法的论述。——Elemente § 2.

§61

国家最主要的任务在于，在其权力领域内照料某个法秩序和最高司法职务的生存。

如何从其他视角对它进行刻画，将在分论§365及以下再来阐述。

§62

要通过国家与特定民族——其国民的总和——之间的关系，以及它与特定领土之间的关系来确定这一权力领域。就像现代民族那样，现代国家及其秩序与特定地域之间具有恒常的关系。

§63

位于其领土之内的，则居于它所承受的法秩序之下：属地原则(Territorialitätsprinzip)。

但它同时通过某种对人的联系与其国民联结在一起，这种联系的存在与意义不依赖于个人在各个时候身处何方：属人原则(Personalitätsprinzip)。

国家对于其国民的管辖权本身不会因为他们停留于国外就消失。因而，当人们(就像偶尔会发生的那样)将领土原则作为唯一决定如何界分国家之法律权力领域的要素时，这是不对的。然而，相对于其停留于国外的国民，国家的那种管辖权会因此被限制：基于属地原则，他们同样会受停留国的管辖。参见§326ff.，§429ff.

§ 64

在其领域内照料法秩序以及最高司法职务这一任务可以由国家来完成，只要它在这一领域内拥有最高权力。

§ 65

其制度的核心——它是为了组织化之目的被安排的法律规范的续造、适用和强制性主张——就服务于这一任务。

§ 66

其他共同体（如教会）为其自身的生活领域发展出的法，就其管辖领域及其强有力的实现而言依赖于某个国家的法与权力，只要前者涉入了这一国家的领域。

§ 67

国家的组成部分（省、[直接管辖乡镇的]专区、乡镇）及其管辖之下的团体（从前帝国阶层，也即所谓上层贵族的诸世家；行会）确保有这样的权限，即为特定的关系创建法条，而国家保障着对这些法条的遵守。人们称之为这些团体的"自治权"。

在私法领域内（§85），这种自治规章在今天的意义相比于它在德意志的中世纪的意义要小得多。即便是私法的规定（如关于房屋租赁、经营权的规定）也经常包含城市的地方性法规。

III. 法与道德、宗教和习俗的关系

§ 68

法所处理的关系还会受到在起源上与法具有亲缘性之权力的影响。

它们包括道德、宗教和习俗，这些权力可以与法一起被概括为"伦理权力"。

Jhering, Zweck im R. II. (Auch die populäre Studie „ Das Trinkgeld" 5. A. 02.) G. Rümelin, Über das Rechtsgefühl. Das Wesen der Gewohnheit. Eine Definition des R. („ Reden u. Aufsätz " 75/ 81). Gierke, Deutsches Privatrecht I, 112ff. (Auch D. Humor im deutschen R. 71. Anknüpfend an Grimm, Von der Poesie im R. , Z. f. gesch. R. wissenschaft 2.) Jacobi, R. , Sitte u. Sittlichkeit, ArchBürgR. 41. Riemeyer, R. u. Sitte 02. Tönnies, Die Sitte („ Die Gesellschaft") 09.

§ 69

这些权力彼此之间以各种方式相互作用；同时，在和平建立彼此并存和共存关系时，它们进行自我补充。

就其条款的赋予义务之力而言，法对于主流道德确信和感受存在着一种特殊的依赖性(§ 49)。

§70

如果我们去追问(不考虑这种关联性)，法与其伦理上的兄弟姐妹*之间的区别何在，那么我们就必须将

(1) 它的内容

(2) 它形成和实现的形式

与道德的内容和形式等相比较。

这里涉及现代文化民族的事态(Stand der Dinge)，在其中我们将某种最初统一之精神性权力的诸要素在数百年间发展和争辩的历程呈现在面前(参见§125ff.)。

§71

就其功效的内容而言，法相对于其他那些权力的特征在于：

一种两面性，据此，它处处一方面展示为某种门槛，另一方面展示为某种防卫；一方面证立了义务，另一方面则证立了相应的权限或权利(§16，§146ff.)；

以及以下状况：那些义务是第二性的，它们依照那些授权所表达出的利益来加以衡量(§6，§7，§25)。

§72

相反，宗教与道德的规定一般而言只指向一个方面，它们提出命令，进行限制，它们的命令与限制并不仅仅构成一种对

---

　　*　此处"伦理上的兄弟姐妹"指的是道德、宗教和习俗这些与法一样属于"伦理权力"的权力。——译者

第三方之保障的推论。它们的基本概念是义务的概念，它们所证立的义务并不是权限的影子。

§73

例如，当宗教和道德提出"爱你的邻人"这一命令时，它并没有对后者说："你对这份爱拥有一项权利。"它们只专心致志于一个方面，即证立义务的那个方面。

进而，例如对于"当你被人扇了右脸时，你应当呈上左脸"这一命令，就没有任何对扇人者的保障与之相对应！这里的"你应当"并不是取向于另一人之"你可以""我授予你这么做的权力"的反面。

相反，如果法对债务人命令道"偿还你的债务"，那么它就对应于债权人的一项权利，它也仅仅是为了这项权利中直接或间接所保护的利益。在此，指向债务人的命令就是一项对债权人之保障的反面。

§74

法说："遵守我在你们之间设立的边界线，从而能在你们之间确立和平，并能享有每种归于它的权力和自由。"

道德说："做正直、怜悯和忠诚的人，证明你们自己是值得被尊重的和善良的。它的要求致力于个人之生存和意愿与某种特定理想的相符，为此，那种自由和权力只具有条件的意义。"

对于道德价值判断和尊重感而言，（就像它们在现代文化世界中所主张的那样）一般而言起直接决定作用的并非具体行为与第三人、民族或人类社会的利益之间的关系，而是行为与特定信念之间的关系。例如，善行引发了我们的尊重，只要它在我们看来是对人类信念的一种表达；当这种信念的前提被证明已然失效时，我们的尊重感就消失了。在此，我们的道德利益超越了具体的行为，回溯到了它们基于人格且被想象为某种常量的渊源，而对它的满足则依赖于后者的属性。相反，法律利益附着于具体行为对于他人的意义。——这就是实际上的事实，对此不当再做进一步的刻画了。伦理学或社会学的任务在于研究，在何种影响之下，它在精神生活的发展史上以此方式被塑造出来。这一方向给出了有意义的开端。之所以只能谈论这些，是因为伦理学或社会学领域的科学只是十分缓慢地才获得自我决定权，或更准确地说，这一领域的科学能够掌握的首先是现实，而非持续不断地用关于所谓应当存在者的理论来替代它所承担的关于"是什么"的研究。

§75

与上述对立相关的是这些权力所施加之义务的界分之间的差异。

§76

法所施加的义务是按照第三方的利益来安排的，也是为了它而被证立的。因此，凡是这些利益或权限（它们被表达于其中）没有触及的，都位于那些义务之外，也不适合在法的意义上来证立某项债务，同样不适合来证立某种奖励。

故而对于债务人是否履行了他的法律义务这一问题而言，他的内在行为对于法的立场而言是无关的，因为通过这一行为既不会满足也不会侵害债权人的利益和主张。如果他及时偿还了财务，那么他就从其义务中解脱了出来，无论他这么做是出于何种信念，也无论他之前是否有过逃避其债务的故意。相反，行为所未能遵循的良善意图对于法的立场而言是毫无意义的。

§ 77

相反，道德与宗教所证立的义务将义务人的特定内在行为包含在内。从它们的立场出发，对实施这一行为的价值，并非直接依照这种实施对于第三方之利益和主张的意义，而是要依照它所表达出的信念来评定。

故而在它们的讨论中，债务人偿还债务如果是出于义务感，而非出于对强制措施的担忧时，就会具有更高的价值；而债务人逃避其义务的卑劣意图本身就有意义，这种意义成就于实现它的企图之前，也独立于这种企图。

§ 78

在上述所强调的方面，法律规范与伦理或习惯规范之间的差异要来得更小。然而，一般而言后者的主要部分还是限制性因素，只要它们没有被上升为法律条款(§122ff.)，而对于它们来说，那种两面性的清晰铸造(即应当与可以、义务与权限之间的持久对立)在方式上不同于法律条款的特征。

例如，可以想一想习俗对个人就其在社会中的形象(打扮、整洁性)以及社会交往的形式(打招呼的方式)提出的要求。尽管相对于某人的"你应当满足这些要求",同样有取向于他人的"你们可以要求满足这些要求",但重点在于那种应当,而非这种可以。此外,关于习俗和习惯与法的关系,参见§125f。——(关于"作为道德之安全警察的习俗",参见 Jhering, Zweck II。)

§79

就其内容呈现和实现的形式而言,法相对于其他那些权力的特征在于:

特定共同体机关以规定方式参与确认和实现那些内容;而在更发达的法律生活那里,有特定机关来确认法条,对它们进行司法适用以及运用强制(它对于保障法的统治和满足其目的而言是必要的)(§64,§102—§121)。

§80

与其内容及其形式特性相关的是被筑造出之法的实证性(§59)。

即便其他那些权力的规定也可以被给予实证的性质,它们也不会以相同的方式依赖于某种人类意志(它自我主张为决定性原则,并就此立足于某种外在权力之上)的有意表达。

法相对于其他伦理权力以及社会生活之其他要素的特性极少被正确确定。主要的错误观点有:

(1)法规定人类外在的共同生活,而内在生活则归其他那些权力来规定。这是对的。但首先,它忽视了,习俗同样完全以外在存在为对象；例如想一想由习俗确定的人际交往的规则和形式。其次，它忽视了，道德规范本身也可延及外在的共同生活，且在很多情形下与法的命令重合，甚至恰恰在很大程度上给予了法本质性的力量(§47ff.)。它们同样要求履行法律义务，不从事犯罪行为，服从合法的当权者！

(2) 法通过外部权力的要素区别于其他那些权力(例如参见Cohn，„Grundlegung der Nationalökonomie" 85)。但习俗很多时候同样自我主张为一种外部权力，不少时候从中生发出一种对实施特定行为之不可抗拒的强迫。违反其条款会受到社会的抨击，例如将罪犯从特定圈子或协会中开除，也即使得某种外在的不利成为现实。即便是在某种主流的宗教或道德那里，也可以察觉到那种权力要素。区别不在于这一要素是否存在，而在于这一要素的组织。

(3) 法可以被充分地概括为"在共同体中生活者的共同确信"。但一方面，存在着与法无关的共同确信(尽管涉及行为)。例如那些在习俗、主流道德和宗教中被表述出的确信。共同确信同样可能涉及取得殖民地的必不可少性、战争的必要性等等。另一方面，法的内容绝非总是与共同确信相符。很多时候，它毋宁显现出一种在彼此相抗争之确信之间相互妥协的特征。很多时候，它只与多数人的确信相符，无论是民族中的大多数人，还是那些掌权者中的大多数。对于它来说至关重要的只是，就其最高命令("服从我的规定")及(对此具有决定性的)其功效的全部特性而言，它与主流确信相一致，且得到了道德要素的支持。

（4）法可以被充分概括为"普遍意志"或"民族意志"，或最终还有"国家意志"。除了通过法表达出的意志无法通过这些表达得到准确的称呼（参见§43）之外，这些意志中的每一种都可以被给予与法显然没有什么关系的表达。故而国家意志主要表达在针对外国的战争与和平之中，而不是被称为法，无论它是这一方面的敌对性意愿还是友善的意愿。进而，如果某种国家意志表达在经营矿山或制造和销售香烟之中，那么它就无意对于客观法也具有意义。但很容易就可以看出，这种意志活动的内涵与意义并非为其法学角度的理解所穷尽。法无法在抛开这些功能——它们先前就被赋予了法——的前提下被定义。如果人们想要在定义法时将意志要素放在前面，那么就只能说：法是那种通过其功能表达出来的意志。

（5）法通过立法这一形式区别于其他那些权力。对此参见第三章。

（6）法是某些规范的总和，对它们的持续遵守使得特定社会状态的存在成为可能，故而法是"最低限度的伦理"，或维系社会之条件（只要它们依赖于人类意志）的整体。在此，被误识的首先是，即便是其他那些伦理权力也实现了维系社会的条件。如果不曾超越法所表述出的义务程度去主张热爱祖国、乐于牺牲等等，如果就对国家生活之条件的维系而言未曾将习俗和伦理附加于法，罗马和希腊就一天也维持不了它们所企及的那种生活高度。对于维持某个具体的、代表着某种高度之精神生活的家庭内部的既有状态来说，法本身从来就没有单独构成全部的条件，更何况对于全部社会状态的存续来说了！进而，这里忽略的还有一种历史的分殊过程，它造成了那些权力之间质的差异，而涉及所有人之生活的社会利益不仅被给予了不同的承载者和不同的活动形式，而且被给予了不同的目标和不同的内容(§126)。

　　与被谈论的这些权力间的关系相应的是相关的学科之间的关系。尤其是由此可知，法的科学或其总论(一般法学说或法哲学)在何种方式上与狭义上的道德或伦理的科学相关。只要尤其是道德力量参与了对法而言具有根本性之属性的形成和存续(§36，§47ff.)，对这两门学科而言就存在共同的研究对象，对这些力量之效果的研究也就构成两者共同的任务。只要它与此相关，就要将伦理学文献加入一般法学说的文献之中。这些文献中值得一提的有：

Herbert Spencer, Die Tatsachen der E. (thik), deutsche Ausg. v. Better 79. v. Hartmann, Das sittliche Bewußtsein, 2. A. 86. Laas, Idealist u. positivistische E. 82. Schoppenhauer, Grundprobleme der E., 2. A. 60. Landmann (Herbartianer), Hauptfragen der E. 74. Lazarus, Ursprung der Sitte, 2. A. 67. Pfleiderer, Die Religion, Wesen u. Geschichte 69. v. Oettingen, Moralstatistik in ihrer Bedeutung f. e. christl. Sozialethik, 3. A. 82. Baumann, Handb. der Moral nebst Abriß d. R. philof. 79. Sig. Exner, Moral als Waffe im Kampf ums Dasein 92. J. St. Mill, Utilitarianism, 7. A. 64. Jodl, Gesch. Der E. in d. neuern Philof. 82/9. Guyau, La morale Anglaise contemporaine etc., Paris 78f. Gaß, Gesch. d. christl. E. 81/6. Ziegler, besgl., 2. A. 92. Lemme, Christl. E. 05. Wundt, E., Untersuchung der Tatsachen u. Gesetze des sittl. Lebens，4. A. 12. Syst. D. Philof. ，

3. A. 07. Völkerpsychologie，II（Mythus u. Religion）05f. Element

der Völkerpsychol. 12. Paulsen，Syst. d. E. mit e. Umriß der Staats-u.

Gesellschadtslehre，7. A. 06. Adicks，Eth. Prinzipienslehre，Z. f.

Philof. 116f. Simmel，Einleitung i. d. Moralwissenschaft，3. A. 11.

Soziologie 08. Vorträge über Kant，3. A. 12. Cohn（Neukantianer），

2. A. 10. Hensel，Hauptprobleme der E. 03. Höffding，E. ，2. A.

01. Wentscher，E. 02/5.

第二节　法的分类

§ 81

人们对法条进行区分的根据包括：

（1）作为法条之出发点的主体的差异；

（2）内容的差异；

（3）它们的不同形成方式。

I. 根据法的主体的分类

§ 82

根据作为法条之出发点的主体，每个国家的法都有别于其
他国家的法、每个独立的教会共同体的法以及国际法；在德国，

源自帝国权力的法与德意志成员国的法相分离。

§ 83

在更大的政治共同体中，可能有多个法律形成主体（尤其是立法主体）以这种方式彼此共存：它们中的一个被委任为全体创设法条，而其他主体则只被委任为它的特定成员（例如，为某个［单一制］国家的省或某个联邦制国家的成员国）创设法条。

源自前者的法条被称为"共同法"（gemeines Recht），其他法条在这种范围内被称为"特殊法"（partikuläres Recht）（参见§ 466，§ 567）。

II. 根据法的内容的分类

1. 公法与私法

§ 84

法条的内容依赖于被法条规定之关系的性状。

在此，首先被考虑的是在这些关系中相互对立且其权力领域要被彼此界分开来之利益和利益人的性状。

Vgl. zu II: Savigny, System des heutigen röm. R. I, 40. Thöl, Einleitung in das deutsche Privatr. 51. Thon, Rechtsnorm usw., S. 108. Bierling, Kritik II, 149. Jellinek, Staatslehre 371, System 54.

§ 85

私法关系与公法关系在此构成了一种重要的对立。

在前者那里，恰恰是个人利益和权力领域本身相对立。想一想友好的邻居、市场上的买方与卖方、承租人与出租人以及某个商业协会之成员之间的关系。

在后者这里，至少有一方是公共利益（国家的利益、教会的利益等等），与它相对立的另一方有可能也是公共利益，但也有可能是个人利益。想一想国家与教会、国王与议会、市镇与国家、国家与罪犯、法院与被告、警察与公民之间的关系。

§ 86

与这种对立相对应的是私法（民法或市民法）与公法之间的分离。前者以私人关系为对象并将其提升为法律关系；后者则以公共关系为对象并将其提升为法律关系。

由于其具有根本性意义，因而我们将进一步对这种分类进行考察。

§ 87

公法的特征在于，公共的和共同的利益在双重意义上直接参与了它。

首先是这种积极角色，根据法的性质，这种角色是这些利益在其全部领域中都享有的。它构成了对于法的功能具有普遍决定性的原则。

但其次，是作为这些功能之对象的有关这些利益的消极角色，它们的权力领域一方面受到法的保护，另一方面受到法的限制。

§88

可以将关于犯罪之刑罚的公法规定——例如想一想叛逆罪或叛国罪——作为例子。

这些公共的和共同的利益(或确信)参与了上述规定，它们在一切法中都发挥着作用，并赋予它以下特殊性：法超越社会生活之对立和冲突而存在，并且是一种权力，它一方面限制个人，另一方面赋予个人其所应得的。

但在这里，公共的和共同的利益同时也被视为法的这种保护性和限制性功能的对象。在争议关系(它通过这两种功能获得其秩序)中，公共利益作为直接参与要素向罪犯索取它们的法(权利)。它们在这里仿佛就像是起诉方，其主张获得了法律规定的认可以及限定。(它们与其他公共利益相对，后者经常通过义务性辩护被表达出来，参见§839。)

在具体诉讼案件中，法官就像是前一种被刻画的公共利益的机关，而公诉人(检察官)就像是后一种被刻画的公共利益的机关。

通过上述事实可以部分地澄清：相比于私法，公法更为缓慢地完成了充分而确定的形成过程，公法所具有的超越党派之权力的属性也没有达到像私法那样的纯粹和发达的程度。

§89

相反，在私法中，一般而言公共利益只会直接扮演前面提及的那种积极角色，只会作为裁断权（它被称为法）之规定性和保障和平之功能的灵魂出现。

在此，作为这些功能所涉及之消极参与要素出现的是私人利益。

§90

与上述对立相应的是，法对于私人关系和公共关系采取了不同方式来解决其本身普遍相同的任务。

§91

相对于私人关系，法很多时候限于确保参与者的意志具有相同效力，以及它们相对于彼此在某个和平领域中具有自由效果的条件。

这里的前提在于，所参与之利益还在所参与之私人那里找到了天然的代言人，而它们又能通过这些私人力量的自由活动来得到满足（或者是刚好被满足，或者是得到最佳满足）。

§92

对于公共关系，一般而言会主张这个相对立的前提，即所参与之利益并非通过个人任意来代表，而有可能依赖于他们之间的自由约定，而这需要全面和有拘束力的规整。

故而根据这一前提，相比于例如两家商号彼此间的关系及其商业活动，国家机关之间的关系及其活动就要更全面地被有拘束力的法律规范所确定。

关于私法关系的特征与公法关系的特征各是什么，更精确的陈述参见处理法律关系的部分，§191及以下。

§93

然而私法与公法的对立并不是绝对的。在私法关系秩序中，通常除了个人利益(它们是私法关系直接涉及的)外，看起来也会有公共利益——要么以较近的方式，要么以较远的方式；有时以明显被感受到的，有时以几乎没有被感受到的方式——消极地参与进来。与此相关的是：

(1)法的某些部分的混合性；

(2)私法与公法之间界限的可变性。

一切私法关系的秩序都不仅由此涉及整体，即对于整体有意义的是要将这一秩序嵌入一般和平秩序之中，而且也由于这一秩序对于所参与之私人利益所发挥的促进性和妨碍性影响(而涉及整体)，因为全体的福祉并不独立于个人，也即其成员的福祉。就此而言，法的任何一部分都不具有私人制度的性质。例如可以以劳动者与企业主之间的关系为例。整体在此不仅拥有这种形式利益，即它通过和平的方式自我调整，以及在可能发生争议时可以获得一种中立的司法裁判，而且拥有这种实质利益，即通常要以内容上最佳地符合参与者之福祉的方式去塑造这些关系。如果对这些关系进一步的规整总的来说仍然要留给所参与之私人间的自由约定(以前在高得多的程度上被留给这种自由约定!),如果某种关系(尽管普遍存在与公共利益的关联)终归被当作私法关系来规定,那么不少时候,原因可能在于(过去就在于):

a) 没有明确意识到这些关系与公共利益之间的关联;

b) 人们假定,如果将这些关系留给最密切参与之私人的自由决定和约定去处理,那么对它们最符合目的之塑造对于这些最密切参与者和全体而言就都最容易被实现;

c) 个人的独立奋斗以及它对于全体公众的意义。

很容易可以发现,这些原因并没有提供关于这一问题的一般性回答:如何划定私法与公法的界线,但却说明了在下面的段落中被强调的现象。——"Über die soziale Aufgabe des Privatsrechts" vgl. Gierke, 89. Sohm, Über den Entw. Eines B. u. die arbeitenden Klassen, in JZ. 09, 23. Riezler, Arbeitskraft u. Freiheit in privatrechtl. Bedeutung, ArchBR. 27. de la Grasserie, Principes sociologique du de. Civil 06. ——Fleiner, Umbildung zivilrechtl. Institute durch das öffentl. R. 06.

§ 94

关于法的某些部分的混合性,在其他那些作为私法关系的关系秩序中,很多时候就具体问题而言,公共利益还是可以被视为直接参与了进来,并被当作其对待标准。涉及这些关系的法律规范的整体由此就具备了一种混合性。亲属法尤其具有这种性质(参见 § 195, § 697ff.)。

§ 95

关于私法与公法之间界限的可变性，关系的变迁以及仅仅是关于这些关系之观念的变迁都可能导致，直到那时为止都被当作私法关系来对待的关系如今受到公法的规范，因为根据已获得支配性地位的观点，共同利益被视为以显著的方式直接参与了进来；甚或相反，迄今为止的公法关系被置于私法的支配之下。

§ 96

故而在许多民族那里，对大量犯罪活动(如盗窃)的反作用一开始是在私法的意义上被调整的，直到后来才在公法的意义上被调整。

在这里，全体公众一开始并不被认为直接参与了进来，只有被侵害的个人才被视为相关利益之天然的和唯一的代言人，而现在全体公众认为(犯罪活动)直接与自身的利益相关，并认为自己是惩罚罪犯的主要受益者(§291ff.)。

§ 97

相反，在许多民族那里，在特定时期种植耕地被视为共同事务，故而要根据公法的原理来调整，但直到后来才留给私人去经营，并被置于私法原理的支配之下。

关于私法与公法之对立的相对性也可参见§195f.，§252—§259，§281，§287ff.，§305f.。

§98

我们将在分论中来描述公法的各部分(国家法和行政法、刑法、诉讼法、教会法、国际法),以及私法的诸部分(财产法、亲属法)的特性。

2. 补充性的法与强迫性的法

§99

人们区分了两种法条,一种只有在人们(它们调整着他们间的关系)没有做出不同的约定时,才意欲拘束他们——"补充性的、依从性的"法、"任意法"(ius dispositivum);另一种则意欲得到绝对的适用——狭义上的"强迫性的""绝对的"法、"强制法"(ius cogens)。

根据上文所谈及的特性,私法主要由"补充性的"法组成,而公法在根本上由强制法组成。

然而,这一分类绝非完全与公法和私法的分类相重合。虽然涉及买卖、交换、租赁以及一般来说涉及财产关系的法律规定都仅具有补充性(参见关于买卖的章节, §672ff.),但不少私法条文都要求得到无条件的适用,因为它们想要为个人参与者提供独立于其自身观点和意志的保护。如关于某些交易形式的规定(§248);关于恶意违法损害之损害赔偿请求权的规定;大量的亲属法条文(§710);《(德国)民法典》中关于服务合同的一些规定。另一方面,在公法(例如诉讼法)中同样有一些规定具有任意性。

Bülow und Stammler in YivPr. 64 und 69. Ehrlich, Zwingendes und nicht zwingendes R. im B. 99. Ehrenberg, Freiheit und Zwang auf dem Gebiete des Verkehrsrechts 05.

3. 命令性的法与允许性的法

§ 100

在对法条进行字面理解时，一会儿会片面凸显出法的要求性和命令性的功能，一会儿又会片面凸显出法的允许性、保障性、证立权限的功能。有鉴于此，可以区分出"命令性的"法条与"允许性的"法条。

但假如这里的语言表达方式并不是偶然的，那么做这种片面理解的原因仅仅在于，在这个或那个面向上存在着澄清与法相符之事的更紧迫的利益。甚或在于，借由有待满足之权限这一称呼，相比于相应之义务的称呼(或者相反，借由义务的称呼)可以更简洁和简单地概括出法律理解。

事实上，在此并不存在法条内容方面的对立。既不存在一种就"他被允许做什么"这一问题而言，对于任何人都没有意义的命令性条文，也不存在一种不为任何人引入直接或间接的限制、不对任何人具有一种命令性意义的允许性法条。

（1）但人们也经常会对这种决定性的过程进行简单描述，通过这一过程，一方面权限得以显现，另一方面则限制得以显现。一个例子是："侮辱他人将被……处以罚金。"

（2）很多时候人们可能会将命令的形式转变为允许（认可）的形式，或将允许的形式转变为命令的形式，但这种做法不具有任何意义。例如，除了"一切德国人（相对于外国）都同等地享有受帝国保护的请求权"，人们也同样可以说："一切德国人都要被确保同等地（相对于外国）受到帝国的保护。"

（3）想一想征税，对擅自损坏他人财物之人施加赔偿所有人的义务，警察对于道路交通的限行、对出售毒品的限制等等。在此，通常问题的关键在于，让那些被强加限制之人知道要这么做。

（4）例子："皇帝有权召集联邦参议院和帝国议会。""帝国议会有权……提出制定法。"如果人们在此想要用命令的形式来取代认可的模式，故而对与权限相对应的义务进行描述，那么这就会导致过于详尽和风格独特。此外，这里出现了前面所提到的视角。最后，常见的情形是，当人们尤其想要强调某项禁令不包括特定情形时，允许这一形式就会被适用。这要么可以被归入第 3 点中提及的视角，要么可以被归入第 4 点中提及的视角。

III. 根据法的形成形式的分类

§101

根据法条的形成形式或表现形式，可以区分出"制定法""习惯法"等等。对此更详细的论述见下一节。

这里不仅涉及(就像惯常所假定的那样)不同的形成方式。毋宁说,与不同形成过程相对应的是不同的特征,借此,我们可以来认识规范的存在及其成为有拘束力之法律规范的属性。故而通过立法产生的法条以制定法的形式继续存在,而这一形式对于其解释方法具有决定意义(参见§104)。

第三节 法的形成

I. 形成形式(法源学说)

§102

在今日之法律生活中,法条形成的通常方式是立法(Gesetzgebung)。

立法表达了在共同体中占支配地位的意志:借由特定的机关,以特定的形式,根据共同体之宪法的标准。

关于法源学说的概论可参见 Savigny, Vom Beruf unserer Zeit zur Gesetzgebung und R. wissenschaft 14. System des heut. Römischen R. I, 40. Bluhme, Übersicht der in D. geltenden R. quellen, 2. A. 54 (1. T. der in §2 zit. Enz.). Thöl, Einleitung in das d. Privatr. 51. Adickes, Zur Lehre von d. R. q. 72. E. Meier, Rechtsbildung in Staat und Kirche 61. Sturm, R. und R. quellen 83. Kohler, R. und Prozeß, GrünhZ. 13. Schultze, Privatr. u. Prozeß in ihrer Wechselbeziehung 83. Bergbohm，Naturrecht der Gegenwart 92（声称所有法在概念上都必然是无漏洞的；对此参见 Merkel，Sammlung 729）。相反的观点参见 Jung，Von der "logischen Geschlossenheit" des R. 00；"Positives R."07；Problem des natürlichen R. 12. Ehrlich，Beitr. z. Theorie der R. q. 02. Zitelmann，Lücken im R. 03. 关于立法学说，参见 Laband，Staatsrecht § 54ff. Zitelmann，Kunft der Gesetzgebung 04 und in GrünhZ. 33. Kohler，Technik der G.，ZivPr. 96. Wach，Legislative Technik 08. Hedemann，Die Kunft，gute Gestze zu machen 11. Eifele，Unverbindlicher Gesetzesinhalt，ZivPr. 69. ——S. § 418f.

§ 103

属于这种形式的通常有撰写和公布法条。

因此，据其根本的表现形式，如此形成的法——制定法（Gesetzesrecht）——是"成文法"（ius scriptum）。

§ 104

由上可知：

（1）只有能在以合乎宪法的方式形成并公布之文书中被（无论是充分还是不充分地）表达的，才是制定法或制定法的组成部分。

（2）通过被公布文书之语词表达出的东西，只有下述前提下才成为制定法，即它被用于表达立法者的意志思想，而不可——例如——因这一文书的纯粹疏忽而获得。

我们可以将制定法——就像将一切法律规定那样——区分
为外在的面向（corpus）与内在的面向（animus）。如果缺少了这些
要素中的一个，就不会出现制定法。据此就可以来评判编纂制
定法时所出现之疏忽的意义了。

要与如下情形——在其中立法者的意志思想没有被表达出
来，或没想要运用现有的语词——相区分的是另一种情形，在
其中所欲者与被正确表达者在运用时可能产生如下结果：它们
出乎计划之外，或其效果不符合立法者的预设、希望和最终意
图。这类缺陷不会使得制定法丧失拘束力，而只是包含着让立
法者对其作品进行修订的动机。参见作者关于类比和制定法解
释的这一"非常棒的反思"：Merkel, "Analogie und Auslegung des
Gesetzes, im Handb. des d. Strafrechts", hrsg. von Holtzdorff II,
65；IV，73（z. T. abgedr. in "Verbrechen" als §104）。

§105

但立法活动也会产生一类法条，它们本身并非制定法的组
成部分，被表达出的语句对于它们也没有任何效力，对于这类
法条的存在而言有决定意义的并非立法之意志表达的内容，而
是立法之意志表达的前提。

Merkel, l. c. Jhering, Gesit des röm R.（3. A.）I，28ff.，II，
334ff. v. Wächter, Gesetzes-u. Rechtsanalogie im Strafr.，
GoltArch. 44.

§106

从逻辑的角度看，制定法规定构成了（被预设为有效之）更

一般的判断对特殊关系的适用。如今这种更一般的判断——三段论中的大前提，它构成了那种规定的基础——在某些条件下可以自我主张具有法条或法条的某种渊源的意义。

§ 107

举个例子！《德国刑法典》中谋杀与杀人之间的差别（参见§772）是对这一更一般之判断的适用：在其他条件相同的前提下，有意实施的犯罪活动相比于没有预谋的（激情导致的）犯罪活动应具有更高程度的可罚性。

这一判断并没有在制定法上被一般性地表达出来；尽管它被赋予了一种一般性的意义。根据这一判断，被强调的要素也会在某些犯罪类型中被考量，就这些犯罪类型而言，只要法定量刑为此留有空间，立法者就不会想到这种一般性的意义。

§ 108

人们在此称之为对这些规定的"类推适用"（analoge Anwendung），它们是对那个更一般之判断的适用，故而在我们的例子中是关于谋杀和杀人之规定的类推适用。

§ 109

然而，这种对既定制定法的类推适用只有在以下情形下才被容许，即它不与其他制定法的内容和前提相对立，故而只涉及如下关系：它们没有以其他方式被法所规定，因而对它们而言缺乏这种适用就表明存在法律体系的漏洞。

§ 110

例如，构成了刑法关于故意违法损害他人财物之规定的基础的一般性判断，也可以将某些其他类型的故意违法损害他人财产的行为涵摄于其下。据此，这里就出现了将前述制定法类推适用于后述其他损害类型的条件，如果它并不与现行法的这一重要原则相对立的话(§758)：只有当制定法的内容宣告某类行为可罚时，它才能被处罚。*

§ 111

通过这种形式对既定制定法进行类推适用的法条，可从获得制定法或习惯法认可的一般原则中推导出其实在的有效性。

如果并不存在某个有效的特殊法条，那么它就可以产生自这样的原则，它们确定了其在法院中的客观法地位，据此，法院不得因为立法内容上的漏洞拒绝裁判法律问题，而应当尽可能地从现行法中抽取出关于这些问题的判断。如果缺乏制定法的内容，它们就可以通过上面提及的方式获得这些标准。

§ 112

此外，法条还可以通过习惯的形式，也即通过一种稳定和一致的对某个规则的遵循(由此出现了其赋予义务之力的事实)来形成(在古代，大多数时候是这样形成的)。

---

* 也即"罪行法定"原则。——译者

§ 113

只要这种习惯呈现出下述的特征：它们对于法的功效而言已被认为具有典型性，尤其是，只要它作为一种具有拘束力的规范可以被用来进行司法裁判，那么它就会变成法。

这就是"习惯法"（Gewohnheitsrecht）。

在此，法的形式特征（§79）总是以上文强调的那种方式被实现。但只要它出现，法的实质特征（§71ff.）就也会出现。

习惯法可以构成对制定法进行补充的平行法（praeter legum），但原则上也可以构成对它进行修正的相反法（contra legum）（［对制定法予以］部分废止的习惯法、废弃［desuetudo］；然而请参见§115）。

如果某个规则只对某个更有限的群体（市镇、阶层）有效，那么就会被称为惯例（Observanz）。

Puchta, Das Gewohnheitsrecht 28/37. Beseler, Volks-u. Juristenrecht 43. Zitelmann, G. und Irrtum in ZicPr. 66. Eisele, eod. 69. G. Rümelin, JherJ. 27. Schuppe, Das Gwoehnheitsrecht 90. Besprechung dieses Werkes von Merkel in den „Philosoph. Monatsheften" 27（Sammlung 648）. Gierke, D. Privatrecht § 20. Esser, Derogator. Kraft des G. 88. Danz, in JherJ. 38. Crome, eod. 39. Br. Schmidt, G. als Form des Gemeinwillens 99. Sturm, Revision der gemeinrechtl. L. 100. Ehrlich, Die Tatsachen des G. 07. Örtmann, Volks-und Gesetzesrecht 08. Brie, Geschichteliche Grundlagen 99; Stellung der d. R. gelehrten der Rezeptionszeit 05.

§114

制定法，尤其是习惯，及在其中起作用之确信的权力本身，可以承认某个习惯规则具有成为对司法裁判有拘束力之规范的意义。

从根本上说，习惯法与纯粹的习惯或纯粹的习俗之间的区分只对下述问题具有实践意义：相关规则是否包含着对于司法裁判具有拘束力的准则。如果为了可以诉诸法院来支持给小费的习惯，那么这就是习惯法。但对于上述问题可以通过本书中指出的双重方式来回答。

有一段时间，在德国和其他国家，只有法的可怜的断片残骸才以立法的形式存在，而习惯则是主要的支配生活的权力。在此，没有人会怀疑，这种习惯的某些部分对于法院同样具有拘束力，一旦有必要，法院就不得不将相关规则作为其裁判的基础。一旦现在存在这些确信，且能确保在法院的相应行为中发挥其赋予义务之力，这种习惯就是法。在这些情形中，习惯不仅包含着关于那些人的特定规则(这些规则在内容上与他们之间的关系相关)，而且也包括它们在法院中的适用。

习惯法长久以来就是众多争议的对象。有人(尤其是"历史法学派"§360)在其中发现了法的最完满的表现形式，其他人则质疑它终究能否被视为"法"。前者没有认清这一事实的意义：法的向前发展和(相对于其他伦理权力的)独立化通常导致了制定法对习惯法的挤压；后者则没有认清这一事实的意义：在许多民族，可能是所有民族那里，在很长的一段时期里，支配共同生活且决定共同体机关之行为的规范几乎，甚至完全是以习惯法的形式存在的。如果人们不想让它作为法起作用，那么就会产生以下问题：人们是否也不想让这些规范所支配的法律生活作为法律生活，不想让从这些规范中推导出的主观法作为法起作用？例如，人们是否想从根本上否认那些时期存在法律关系、主观法和法律义务（除非被司法判所确认）?! 只有下面这一点是真的：制定法的产生主要具有达致法的"实证化"，也即其技术面向以及一般而言这些要素——它们是法相对于其他伦理权力而言独特的要素——之更高成熟阶段的意义。

最后，有些人假定，习惯法规范通常只因为得到制定法或当局者的认可，才具有（及可能具有）赋予义务之力的法律规范的性质。但即便是这种观点也与历史事实不符。在对法律生活进行治理时，习惯法一般而言要优于制定法。除此之外，没有历史证明支持，当广泛的制定法作品在诸民族那里出现之前，它们的习惯法的拘束力是从立法或当局者的认可行为中推导出来的。毋宁说，当局者的权威与习惯的权威之间的通常关系原本就是倚重于前者的依赖关系，而非倚重于后者。即便对于今日之法律生活而言，这种理论也只能借由没有进行过任何证立的虚构——"立法者的默示认可"——来主张。

此外，就习惯法理论而言，分清如下问题是重要的：（1）什么是习惯，习惯如何形成？（2）它必须具备哪些特征才能成为习惯法？（3）什么是习惯和习惯法的赋予义务之力，它们的正当性基础何在？这里不去管问题（1）。（2）在本书中可以找到答案。我们通过其功能来认识法。通过法的方式——从这种法中可以推导出与源自制定法的相同类型的权限和义务——来影响生活关系的习惯就是法。而当它赋予某人以权限或请求权,后者又可以被诉诸法院来主张时,通常就出现了这种情形。对于(3),要注意的是,就习惯法赋予义务之力而言,在§49中关于一般意义上之法所阐述的内容全都适用。但习惯的赋予义务之力与后者是近似的:当习惯被提升为习惯法时,它只是经历了积累(的过程)。

§115

正如对习惯的那种援用以及法院对它的考量可以被某部制定法所认可或要求,它们同样可以被这部制定法在一般意义上或针对特定的(尤其是由这部制定法本身所调整的)法律领域所排除。

后一种情形在晚近的制定法中经常发生,要么是以绝对的方式(如在萨克森的法典,以及根本上也在法国的法典之中),要么通过拒绝(习惯)对于制定法的部分废止性效果(如普鲁士邦法)。毕竟习惯法这一形式越来越丧失了对于法的续造的意义。

人们曾对于制定法对习惯法的这种排除提出过原则上的质疑,也曾主张过习惯法与制定法具有同等拘束力。这是不对的。对于共同体中最具决定力的意志而言,事先就表明它想要产出之法条的形式,并确认其机关在何种条件下必须或可以将某个规范视为对其具有拘束力,这可能并无增益。如此它要么在此排除了习惯,要么创造了某种障碍去阻止将后者提升为习惯法——当然,只要相关制定法主张其效力,且例如其本身并没有屈从于习惯的权力。(例如，普鲁士邦法的许多规定都被习惯法排除于适用之外。)但如果从习惯具有一种革命性的力量也可能产生某个针对这一力量的制定法条款之意义丧失(的后果)，那么人们仍不能由此就推出，每个制定法条款对于法院的行为习惯和法律生活的习惯都丧失了意义，就像也几乎不能从这一事实——新的制定法有时无法被施行——推出：颁布制定法总体上就丧失了意义！(Besprechung von Schuppe "G." 662f.)

与第一稿草案(它使得习惯法只能在制定法本身所指涉的范围内发挥效力)相反，《(德国)民法典》包含所有与此相关的规定(而民事诉讼法明确提及了它)。为了获得相对于其条款的部分废止力，无论如何都必须形成针对整个帝国的习惯法规范，因为仅仅靠特殊的(§83)习惯法几乎不能改变帝国法，就像特殊的制定法所能做的那样(§468)。

§116

对当代习惯法意义的这种限制与国家组织权力的增强与完善相关。后一事实表现为，在共同体中起决定作用的意志，通常借由它所为此而创设的组织，通过事先就为它所确认的形式来活动。在我们的共同生活中重新强调习惯法会使得后者退回到一个较低的组织阶段。

关于制定法与习惯法的历史关系，参见 Jhering, Geist des römischen R. II，§25。

§117

如果不存在一个拘束法官的、可适用于既定情形的法律规范,那么法官就有权从法的一般渊源中——从与立法者所汲取(知识)之处相同的地方——直接抽取出作为其裁判基础的规范。

通过司法裁判,相关规范就获得了相对于个案(主要也只针对个案)之法律规范的意义。

现行《奥地利民法典》(1803年)在自然法的影响下(§3)指示法官通过"自然法原则"去填补漏洞(类似的是《巴登邦法》),而随后被删除的《(德国)民法典》第一稿草案第1条指示法官只能去援引现行法秩序的内容或"精神",而新的《瑞士民法典》则授权他,如果最终从制定法中根据"文义或解释"无法抽取出任何规定,同时又不存在习惯法,那就"依据他如作为立法者应提出的规则裁判",然而在此他"应当遵从公认的学说与实务惯例,也即不能仅遵从其主观判断"。(关于这一被不断谈及的第1条,参见 Gemür, 08 以及一份很好的评论:Egger, Komm. XXXff.)——§120.

§118

但如果同一个规范稳定地成为司法裁判的基础,那么就会形成所谓"司法惯例"(Gerichtsgebrauch),它可以获得习惯法的意义,或者通过制定法也可以附加获得一种在未来赋予义务的意义。

§119

在现代国家中,上面提及的那种司法造法活动只具有有限空间。在此,这种活动与一种成熟的、存在于广泛的制定法作品(法典化)中的法相对，后者的赓续交由立法者而非法院来完成。法院属于适用法条而非"制定"(创设)法条的机关。

参见§342ff.——法律制定与法律适用的这种鲜明分离，以及将法院(的任务)限于后者，在我们的领域中标识着历史进步的一个重要方面。它以客观法和国家机构的高度发展，尤其是立法者的出现为前提，后者有能力并乐意去迎合例如完善或改革现行法的突出需求。凡是缺少这些条件的地方，看起来法院就会被授权除了适用现行法之外，同时也在或宽或窄的范围内去对它进行完善和改革。它们在必要时不得不去构造出作为其裁判基础的规则。但这些规则借由每个它们对其起到决定作用的裁判获得了更大的意义，并以此方式轻易获得了同样拘束法院本身之习惯法的力量。在这些情形中，对它所包含之规则的适用优于对法条的创制。对具体法律问题的裁判在此标识着构造抽象法的方式，而法官在两个面向上都是法律形成最主要的工具，即"正义的声音"(viva vox juris)。德国法律史以及罗马法律史都包含着对此重要的证明。

§120

但即便在今天，立法活动也需通过司法活动来得到不断补充。法院对立法所创设之法的适用不会了无痕迹地掠过法本身，毋宁说，很多时候只有通过司法的功效，它才获得了它的确定性及其内容的充分展开——主要通过类推适用的形式(§105ff.和348ff.)。

§120a

晚近所谓的"自由法"运动拥护去重新塑造法律科学的方法，
对于司法在不同程度上拥护"将法官从制定法规范中解放出来"，
并根据其自由裁量来进行深入的司法创新。

但由于打开了法官之主观性的大门，所以它低估了一种有
规律之法律适用对于法的安定性和对司法中立性之信赖所具有
的极高价值。

关于那些还以"利益"和"社会"法学的标语引入的针对迄今
为止所谓的纯粹"概念和建构法学"的激烈争议(对这一争议正确
的观察参见 Spitzer im ÖstAGZ. 57 Nr. 15：建构是法律发现的形
式，而利益权衡则是法律发现的动因!)，参见 Gnäus Flavius
(Kantorowicz)，Kampf um die R. wissenschaft 06；aber auch in
DRichtZ. III；R. wissenschaft u. Soziologie 11. Ehrlich, Freie R.
findung u. freie R. wissenschaft 03；SchmollersJ. 35. Stampe，in JZ.
05；Unsere R.-und Begriffsbildung 07；Die Freirechtsbewegung a.
11(要求将某些改变既存法的权限[例如引入《民法典》所摒弃的
家具抵押权]还给法官! 同样可参见对于 GBG 第 1 条的解释!)。
Rumpf, Gesetz u. Richter 06；in JherJ. 49；Volk u. Recht 09.
Müller-Erzbach，Grd. sätze der mittelb. Stellvertretung aus d. Interes-
senlage entwickelt 05；JZ. 06；JehrJ. 53. Sinzheimer，Soziolog.
Methode in d. Privatr. wissensch. 09. Gmelin，Quousque? 10. Stern-
berg，Einführung §12. 最粗暴和最生硬的观点参见 Fuchs，R.
und Wahrheit in unserer heut. Justiz 08；Gemeinschädlichkeit der

konstruktiven Jurisprudenz. 09；in JZ. 10；Jurist. Kulturkampf 12。

　　相反的主张参见 Unger in JZ. 06，GrünhZ. 31 u. 36 （"法官必须去发现法，而非创造法"——"他必须根据法律去发现法，而不得进行反于法律的司法裁判"）。Klein in ÖstAGZ. 57 Nr. 34 （"法官的法律创新是一种反社会的法律人傲慢，是反宪法的、废黜了合乎宪法之立法要素的学说"）。Dernburg im Vorwort des "Bürgerl. R." I 3 A. Sohm in JZ. 09 u. 10；Mitteis 09；Bierhaus 09 und Methode der R. sprechung 11 （"'自由的'裁判所带来的无意识之不法行为的危险，要比一次因形式主义产生的不当裁判大得多"）。Örtmann，Gesetzeszwang u. Richterfreiheit 09；Komm. zum B. Allg. T. XVII；JLBl. 24，4 （关于 Börngen 的"法律生活改革努力"）。Neukamp，JLBl. 20 u. JZ. 1912. Gareis，Münch. Rekt. rede 12（"学说上正确的就不再是新的，学说上曾是新的就不再是正确的"）。1911 年的德国第二届国会也同样明确支持维系迄今为止的法律适用方法（参见 Beschluß u. Referat von Staffel in DRichtZ. III）——M. Rümelin，ZivPr. 98 und 103 （通过尽可能地援引制定法已规定之利益权衡进行续造）。Heck，JZ. 05 und 09，das Problem der R. gewinnung 12 （对于"目的论式的，但忠于制定法的法学，它同样要尊重间接的制定法内容，并且在对其进行补充时要取向于制定法的价值"）。黑克有节制地主张的"利益法学"被下面这位学者所抗争：Berolzheimer，Gefahren einer Gefühlsjurisprudenz.，ArchRPhilof. 4 （因为"利益权衡"通常产生于感觉，尤其很容易产生于情绪感）。Regelsberger，BayRpflZ. 04 und JherJ. 58（区分了"严格的"制定法规范与能够通过法学"扩建的"制定法规范)。对于法律创新型司法之认可的深入讨论，参见 Danz, Auslegung der R. geschäfte 3. A. 11; JherJ. 54: R. sprechung nach Volksansch. u. Gesetz; JZ. 1911; Richterrecht 12。(法官必须通过构造"法官法条文"来填补制定法漏洞，故而是"具体案件的立法者"，对此他尤其是得到了《(德国)民法典》第157条和242条的授权，也被其施加了这种义务。但例如在第128页谈论"解释"时，丹茨(Danz)更正确地谈及了"被制定法(民法典)所赞成的习惯法条文"。)Ähnlich Düringer, Richter u. Rechtsprechung 09 (insb. gegen Fuchs). Kiß, Gesetzesauslegung u. "ungeschriebenes R." in JherJ. 58; ArchRPhilof. 3; ArchBürgR. 38. 也可见 Hedemann in "Civilist. Rundschau" im ArchBürgR. 31 u. 34; Werden u. Wachsen im bürggerl. R. 1913. Dass auch Th. u. Pr. der Antike vor Eins. eines „Souv. Richterkönigtums" warnen: Wenger in österr. Festschr. I.

关于上面所讨论之问题的一般讨论(有的远早于"自由法学派"出现之前)参见耶林关于"法中之目的的雅歌"(参见§21)，他对"法学的概念天国"的嘲讽，以及他对作为"受法律保护之利益"的权利的强调。Bülow, Gesetz u. Richteramt 85; Heitere u. ernste Betrachungen über die R. wissensch. 01; Berh. Der R. sprechung zum Gesetzesr., im "Recht" 1910. G. Rümelin, Werturteile u. Willensentscheidungen im Civilr. 91 (2. A. 12). Zitelmann, Lücken im R. 03. Ferner Hellwig, Lehrb. Des Zivilprozeßr. II, §93. Rich Schmidt, Die Richtervereine 11, insb. S. 70ff. Auch Jellinek, Staatslehre 2. A. 347. Anschütz, Lücken in den Verfassgs.

a. Ges. , Verw. Arch. 14. Stier Somlo, Freies Ermessen in R. sprechung u. Verwaltg. 08. Triepel, Kompetenzen des Bundesstaats 08 S. 316 (Zulässigkeit der Analogie auch im Verfassgsr.). Köhne, Freie R. findung u. Sozialpolitik, Soz. Pr. 9, 257(Gegner).

§ 121

最后，从约定——自主和彼此独立之主体间的契约，尤其是国家间的条约——中也可能产生法条。

例子有国际条约，从中产生了以前的德国邦联及其法（权利）（§449）；还有那些进一步确定了战时中立国的权利的条约。

在此要区分的是相关法条对于相关国家之成员的有效性，以及它们对于缔约国自身的有效性。对于前者而言，条约被相关国家之立法权所公布是关键。相反，对于这些国家自身而言，它们之间所缔结之条约的拘束力（是关键）。因而它们就构成了上述提及之法条的形成形式或渊源，只要它们的存在被国家所考虑到。

契约施加义务之力本身当然要预设某个规范的存在（这种力量是从这个规范中推导出来的）。在此，这一规范只可能具有习惯法的性质，因为并没有任何立法权凌驾于诸国家之上。进一步的阐述参见国际法部分。

II. 参与的因素

§ 122

人类生活的所有方面都包含着个人、党派、社会阶层等等之间的争执和相互攻击的萌芽，其最终原因在于人以及环境——人们在其中才有可能自我主张、发展，并依照其特性去塑造生活——间的差异。

参见§40。在科学研究(它们与第 II 和第 III 部分讨论的内容相关)的不同范畴中，代表性的有：Merkel, Über den Begriff der Entwicklung in f. Anwendung auf R. und Gesellschaft, in GrühZ. III, 626, IV, 1 (aufgenommen u. ergänzt in den „Fragmenten" S. 36ff.). Recht und Macht (S. §40). Zitate zu § 144. Jhering, Gesit des röm. R.; das Schuldmoment im röm. Privatrecht 67 (auch in "Vermischte Schriften" 79); aus dem Nachlaß hrsgeg.: Vorgesch. der Indoeuropäer 94 und Entwicklungsgesch. d. röm. R. 94. Arnold, Kultur u. Rechtsleben 65; Kultur u. R. d. Römer 68. Bernhöst, Grd. lagen der R. entwicklung bei d. indogerm. Völkern, ZVglR. 2; Staat u. R. der röm. Königszeit. Leist, Gräko-italische R. geschichte 84. Altarisches ius gentium und i. civile 89/96. Schrader. Sprachbgleichg. u. Urgesch. 2. A. 90. Post, Bausteine (§21). Ursprung des R. 76. Anfänge des St. -u. -R. lebens 78. Grd. lagen d. R. u. Grd. züge f. Entwicklungsgesch. 84. Aufgaben e. allgem. R. wissenchaft 91. (Dazu Merkel, DlittZtg. 12, 1652) Grd. riß d. ethnol. Jurisprudenz 94. Harum, Von d. Entstehg. d. R. 63. Tylor, Primitive culture 71, d. 75. Morgan, Ancient society, d. 91. Maine, Ancient Law etc. 11 ed. 87. Bachofen, Mutterrecht 61. Dargun, M. u. Vaterrecht 92. Ursprung u. Entwicklung des Eigentums, ZVgllR. 5. Laveleye, Ureigentum, deutsch von Bücher, 79. Zum ältesten Strafr. Der

Kulturvölker, Fragen zur R. verglecihung von Mommsen, Brunner u. a. 05. Makarewicz, Einf. in die Philos. des Straf. auf entiwicklgsgesch. Grd. lage 06. Meili, Institutionen d. verlgeich. R. wissenschaft 98. Kohler, R. philos. u. Unibersalr. In f. Enz. ; R. philos. u. R. vergleichung in ArchRphil. 1; R. u. Kulturgesch. In GrünhZ. 12; R., Glaube u. Sitte eod. 19; Ideale im R., im ArchBR. 5; Shakespeare vor dem Forum der Jurisprudenz 83f. ; Zahlr. Aufsätze in ZVglR. Wenger, Ergebnisse der Papyruskunde f. R. vergleichung u. R. geschichte, ArchKulturgesch. X.——Lotze, Mikrokosmus, Ideen zur Naturgesch. u. Gesch. Der Menschheit III, 78. Lecky, Sittengesch. Europas, deutsch von Jolowicz 70. Comte, Cours de philos. Positive, VI, 42. Laurent, Etudes sur l'histoire de l'humanité, 51ff. Du Boys, Histoire du dr. Crim. Des peuples anciens 45, modernes 54/74. Lambert, La fonction du dr. Civil comparé 03. Taylor, the science of Jurisprudence 08.——Stammler, Wirschaft und R. (§ 21). Biermann, Staat u. Wirtschaft I, 05. Roscher, Gesch. d. Nationalökonomik 2. A. 91. Schäffle, Bau u. Leben des sozialen Körpers 2. A. 96. Inama-Sternegg, Deutsche Wirtschaftsgeschichte 2. A. 09. Schmoller, Grd. riß der allgem. Volkswirtschaftslehre I, 2. A. 09, II, 04.—— Lehrbücher der R. geschichte, § 571f.—— Zeitschrift für vergleichende R. wissenschaft, seit 77.

§ 123

但凡人类之间存在恒常关系之处，就会激起这些力量，出现这些努力：它们旨在避免或调解冲突，提升共同体的权威，针对凸显出之分界与争议问题孕育和实施超越党派的裁判标准，并树立和主张中立的精神领域。

§124

这些努力从相关争议之恶，以及从补充人的人格的需要中汲取其力量。人的人格条件只存在于某种和平统一之共同生活的关联中，一开始是在其向充分人性之发展过程中，继而是对已发展出之人的最高利益的满足过程中。

§125

最初的权力——它依赖于上述力量和努力，在其意义上表达出了一种功效——是习惯或习俗。它的支配性影响力最初以祖先以及被视为习俗之代表和守护者的诸神的权威为基础，并且在一切时代都以习惯为基础。

§126

在其特定要素之固有发展的意义上，从习俗中一方面析分出了宗教和道德，另一方面析分出了法。

前者代表着主要是被设立之规范的内容的固有发展，后者代表着主要是这些规范形成与发挥作用之形式的固有发展（§69ff.）。

后一种发展与国家组织，尤其是国家法官职务的形成密切相关（§64，§79，§112ff.）。

§ 127

根据其内容的面向，法受到异质利益和权力，以及存在于它们之间的冲突的影响（§40，§121，§122）。

在此特别要强调的对立属于此情形。

§ 128

一方面，法普遍受到意志——习惯、信念、既定状态或优势权力确保其拥有更高的效力，没有它，从既有对立中生发出来的阻碍就总是只能通过一而再、再而三的斗争被克服——的影响。有鉴于此，我们可称之为一切法的"权威"要素。

§ 129

另一方面，法也受到受其支配之因素（以契约、认可或赞同、选举立法团体的成员的形式或以类似的形式表达出来的影响），也就是说是这样一种影响，据此，上述因素的内容依赖于那些它所限制其权力领域之人的意志。

有鉴于此，我们可以称之为法的自治要素，或者，如果我们坚守那种形式（这种影响可以在其中找到最成熟的表达），也可以称之为合乎契约的要素。

§ 130

在不同民族那里，法虽然在终极目的上是相同的，但就其功效之内容和形式而言却显现出大量的和深刻的差异。

这些差异主要可以回溯到后文将要确定的那些原因上去。

§ 131

首先,外部生活条件(民族生活于其下)的特性通常对法的内容发生着广泛影响,因为它们影响着对于法而言具有决定性的利益、关系和价值判断。

例如,农耕和定居民族的法必然在许多方面有别于游牧民族的法。

§ 132

其次,民族的特性及其历史和它为这一特性所打下烙印之文化整体构成了法的内容方面之独特性的条件。因此,土耳其人或中国人与德国人和法国人从来就不生活在同一种法之下。

§ 133

再次,民族在其全部发展过程中所处的阶段,尤其是法自身所达到的阶段给法的内容与形式打下了烙印。(对此更专门的论述参见第 III 部分)

III. 法的通史

§ 134

高度发达之民族的法具有不那么发达之民族的法所不具备

的属性。例如，现代"文化民族"的法就显现出所谓自然民族的法所不具备的属性。

§ 135

此外，文化生活处于相同发展阶段之民族的法，可能拥有不同的特殊形成过程和作用能力。

例如，罗马民族的法相比于起源于希腊的法在这种能力上就达到了更高的阶段。

§ 136

从不发达之民族的法向发达之民族的法的进步，以及从不完全成熟的法向完全成熟的法的进步，加上构成其条件与其具有因果联系的过程，就构成了法的普遍历史的内容。

这种进步不能被理解为，更发达的法相对于既有的关系，相比于不发达的法对于它所面临的关系，总是能提供更多和更好的东西。不如说，这种进步在重要的方面只是匹配了一种更复杂的生活关系。对法所承担之任务的解决，预设了比相对简单的关系所必需的更大的作用能力，以及某种绝对作用的更高标准，而有鉴于那种能力的增强，我们就可以称之为进步，而无需同时去回答这一问题：它是能为既有的共同生活提供相对更多的东西，还是只能提供相同的东西。——Vgl. Gierke，Über Jugend und Alter des Rechts，in der D. Rundschau 1879.

§ 137

对于这种进步，我们可以区分出：

（1）外在方面，也即作为法的特性的对于民族共同生活之作用程度的提升，由此也在某些程度上是作为其外在存在形式之（部分作为条件，部分作为结果而相关联之）变迁。

（2）内在发展，即在正义的视角下对那些作用之价值的提高。（§142ff.）

这里所区分的法的进步的两个方面彼此间具有逻辑和实践的关系，它在前文涉及法的合目的性与正义的部分已被阐述过了。（§24ff.）

§138

属于这一进步的外在方面的有：

关系的领域的拓展。这种关系在社会生活的相互依存和彼此相续的过程中参与了某个法秩序，从而被提升为法律关系。比如，这一领域缓慢地扩展至国际关系。

只有在耶稣纪元中，某个国家及其国民与外国人之间的关系才以更广泛的方式参与了某种法律意义上的秩序。国家与国家之间的关系在整体上与嗣后具有相同的目标，这一目标直至今天也终归没有完全实现（参见国际法）。从同一个国家的国民以及各个民族间的关系中，可能产生出基于谋杀、抢劫和其他罪行的关系，它们只是逐渐地才被纳入法的权力领域。——参见§144 a点之下关于"法治国"的内容。

§139

属于外在方面的还有：

那些功能——由此，那些关系就获得了法律关系的属性——的形成，以及与此相关的这一属性之意义的提升。

§ 140

属于后一种视角的有：

就法律制定而言，从习惯法到制定法的发展（§116），第一性命令与第二性命令体系的形成（§54ff.），通过立法活动进行的确保法律生活之连续性意义上的调整；

就法律适用而言，这些意义——"凡存在法律规范之处，就同样应当具备诉诸法院来实现这些规范的可能"这一原理；对于此运用有待遵守之程序的广泛调整；以及对法院之权力和独立性的提升——上的司法活动的形成；

另外还有所谓的立法职能与法官的法律适用职能之间的明确分离（§119）；以及对这一活动的组织化：对抵抗者施加强制，以便（使其）屈从于法律条款或基于此产生的司法判决；以及作为这一进步之结果的法的公力救济对私力救济的取代。（§169f.）

在这种视角下，当人们去比较国际法与国内法，尤其是私法和民事诉讼法时，就可以直观地阐明这一进步的意义。参见相关章节。也可参见§318ff.，§411，第 b 点。

§ 141

下述现象与被如此刻画的进步在两个方面相关：

专门的法律人阶层的出现，他们被委任为法律解释者，以及赓续法律的最主要的担当者；以及法律科学的发展。

§ 142

就内在发展而言，与在第 1 点中刻画的发展过程存在紧密关联的是法的那种伦理面向。

它包含着：(1)向这种泛在理念的趋近，据此，法应当被证明是一种对既有对立而言陌生的，但却受到参与者欢迎的权力，并应当适用这样一种标准，它符合在事实上和伦理上被认为是真的东西，故而可以对他们主张一种同等的有效性；

(2)作为真理起作用者以及被法作为真理预设者向这一方向的发展，它(按照最发达之民族和个人的洞见与确信的标准来衡量)构成了一种进步的方向。

就前一种因素而言，我们可以指出我们的社会阶层在不同时代所体验的对待法的不同方式。——与此密切相关的是在§138 中提及的内容。处于法的支配之下的生活关系的进步和拓展依赖于，通过法律规定来表达所有人都能拥护的观点。例如，在罗马法的支配下，那时一个包容了诸多民族的法律共同体只有在此条件下才能形成与存续：对这种法进行上述方向上的改造，也即在所参与之民族的领域中，吸纳和贯彻普遍可理解的、与普遍的判断和感受方式相适应的原理。(将市民法[ius civile]改造为万民法[ius gentium]。)

就第二个因素而言，首先要尊重刑法及其领域中出现的错误(神明判决、运用刑讯的前提)与其对立面(巫术犯罪、凭借异端侮辱神明)的历史。

§ 143

这一进步降低了在那些人（他们的关系受到法的调整）之间分配实质性权力手段的意义，也动摇了这种分配，动摇了对这种权力手段发生作用时所拥有之优势的测试，以及通过它的运用创设出的针对这一问题——对那些关系如何进行法律调整——的事实状态。法在更高程度上变成了弱者的避难所。

一个富有教益的例子是那些涉及两性之间关系的法律规范的历史（§722）。还有财产的不平等对于个人的法律地位所施加之影响的历史（§560）。另外，人们还可以比较不同民族之间为了塑造它们的法律关系而进行自然斗争时所做裁判所拥有的意义，以及在某个文化国家内部邻人之间纯粹的权力斗争和权力决断所拥有的意义。参见 §221—226，§241f.，以及国际法。——关于这种进步在此一视角中理所当然会受到的限制，参见 §40，§127 以及 Merkel, Recht und Macht。

§ 144

与法的双重进步相关的是：

向处于相近发展阶段之不同民族的法律体系的趋近；

法与其他文化因素之关系在此意义上——法更清晰地界分其权力领域，以及这一领域的部分扩张和部分紧缩——的改变；

法的各个部分（如刑法与私法）彼此间关系在（发生了）进步性的分殊这一意义上的改变；以及源自它的强制性在此意义上——它在形式上的改善，并受到制定法确定之措施以及（以越来越谨慎的方式)与其目的相匹配之措施的拘束——的改变。

Vgl. Merkel, Zur Reform der Strafgesetze 68 (Sammlung 130) ; Der Begriff der Strafe in seinen geschichtl. Beziehungen 72 (Sammlung 236) ; Über Akkreszenz und Dekreszenz des Strafrechts und deren Bedingungen 73 (Sammlung 269) ; Über den Zusammenhang zwichen der Entwicklung des Strafr. und der Gesamtentwicklung der öffenl. Zustände u. des geistigen Lebens der Völker, Straßburger Rektoratsrede 89 (Sammlung 556) ; Vergeltungsidee und Zweckgedanke im Strafrecht, Straßb. Festschrift für Jhering 92 (Sammlung 687) ; Lehrbuch § 11 u. 72, " Verbrechen u. Strafe " § 8 u. 70. ——Ferner hins. des ersterwähnten Punktes Jhering, Geist S. 5ff. ; hins. deranderen Punkte Jhering, Schuldmoment. Löning, Geschichtl. u. ungeschichtl. Behandlung des Strafr. , ZStB. 3.

第二章
法律关系

§145

我们根据下述方面来对法律关系进行考察:

(1) 法律关系的特征;

(2) 法律关系的分类;

(3) 法律关系的形成。

第一节　法律关系的特征

I. 概论

§146

法律关系(§5, §18ff.)最简单的形式体现为一个积极的面向和一个消极的面向:法律权力的面向与法律拘束力的面向。

前者对应于法的保护性和保障性功能,后者对应于法的命令性和限制性功能。

Element §20. Jhering, Geist III und in JherJ. 10, 387 (Pas-

sive Wirkungen der R.), auch 10, 245 (Reflexwirkungen). Thon,
R. norm u. subj. R. Neuner, Wesen u. Arten der
Privarechtsverhältnisse 66. Gierke, D. Privatr. § 27ff. Die Lehrb. des
Pandektenrechts (bes. Regelsberger, § 13ff.) und des B. Hellwig,
Lehrb. d. Zivilprozeßr. § 30ff.

§ 147

举个例子: A 欠了 B 一笔钱,这笔钱是 B 作为借款给 A 的。
A 在此就呈现出拘束力和义务这种消极面向,因为法向他施加
了特定的行为,即偿还借款; B 呈现出这一关系的积极面向,
因为法赋予他这种权力和授权,即可以在特定时间要求归还
借款。

§ 148

在大量法律关系中同时存在法律权力和法律拘束力这两个
面向。

§ 149

属于这种情形的有房屋的出租人与承租人之间的法律关系,
或者通过某个社会契约来证立的法律关系。在这里,每个人相
对于另一人都有为特定给付的义务,且每个人同时有权自己要
求另一人为特定给付。

§ 150

法律关系根据它们所保护之利益的性质在不同程度上存在

判断余地，以及使客观法发挥调整性和个别化效果的动机。据此，我们可以区分出处于个别化和法律改善之较低阶段的法律关系，与处于个别化和法律改善之较高阶段的法律关系。

§ 151

在被个别塑造的法律关系中，法律权力通常总是与特定主体的利益或意志之间存在联系（然而请参见 § 179ff.），且就其形成、赓续、界分和主张而言看起来是专门化规定的对象。

§ 151

例如，在房屋承租人与出租人之间的法律关系中，在每个面向上都存在的法律权力看起来就总是与这两个主体的利益和意志（这一权力的活动标准在其中被给定）之间存在联系。同时，通过关于其形成、赓续、界分和主张的客观法规定，这一权力就获得了一种个别的印记。

§ 153

这种被个别化的法律权力就被称为"权利/主观法"（subjektives Recht）。

§ 154

与这种被个别塑造之法律关系相对立的情形是，客观法只是以此方式来处理人类利益，即它对人类利益提供一般性的保护。

§ 155

这些情形主要涉及个人的利益：从事研究、维系社会交往、去郊游、能够在特定时刻用午餐。

这些利益同样分享着法律的保护，只要根据具有更一般之内容(因为侮辱、剥夺自由等等)的某些刑法规定，对满足这些利益的任意干扰应被处罚。故而就其活动而言，它也是一种法律上的可以和能够。

但从这一利益中生发出来的法律权力与其特殊内容无关，而是与它和许多其他权力所共有的特征相关。因此，那些条件和情况(某人在这些条件和情况之下恰恰可以致力于去满足这种利益)并不构成法律规定的特殊对象。

§ 156

那种被个别化的法律权力同样缺乏对这种社会利益，即确保我们的文明、我们的司法和有序的财产交易之特定基础的考量。客观法部分地通过具有公共安全性质的一般规定，部分地通过针对某些行为(如乱伦、鸡奸、伪证、伪造文书和货币)的刑法规定来确保这些社会利益得到保护。但从它们中生发出来的法律权力并没有与特定主体发生关系，也不是专门化规定的对象。这里缺少对这些条件和情况(这些利益在这些条件和情况下发挥作用)进行特殊规范的动机。

刑法针对虐待动物的规定所保护的利益提供了另一个例子。

§ 157

在此，通常只有在被保护之利益被侵害后才会显现出权利的特征，因为从这类侵害行为中生发出了对国家，或许还有所参与之个人的授权（它们具有这些特征），尤其是对债务人施加特定类型和量度之惩罚的权限。

§ 158

就法律权力（它是客观法为了特定利益所赋予的）的这种个别化而言，存在着大量的差异和层次。

这一事实体现为，就此——称法律权力为"主观意义上的法"之界限——而言，相关语言用法是不确定的，也是有门槛的；也体现为，就这些界限而言在科学研究中经常发生争议。

例如，人们是否有充分理由将所谓"基本权利和自由权"称作权利有争议；对此参见§442。——要坚持的是：（1）一切法条都与法律关系有关，或者会引起法律关系。（2）对于一切法律关系而言，都可以区分出法律权力的面向与拘束力的面向。没有任何法律关系（就像一些人假定的那样）只有积极的面向或只有消极的面向。这两个面向彼此不可分，就像客观法的命令性面向和允许性面向之间不可分那般（§100）。（3）那种法律权力可以具有一种或多或少被个别化的形式。（4）权利的概念与名称与这一个别化的过程的某个阶段相关。如何更精确地界分这一阶段的问题，不具有人们通常赋予它的那种科学意义。

II. 主观法(权利)专论

§ 159

如上所说，主观法(权利)就如同客观法一般是权力，也即这样一种权力，它为了特定的——客观法所预设的——利益被赋予，并根据它们被塑造为满足它们的工具。

例如，借贷债权人(§147)的法(权利)就是这样一种权力，它从客观法中获得了及时要求偿还借出的那笔钱的利益。——有争议的是，权利究竟是权力还是利益。在运用这个词时要同时思考这两者：思考对实施特定的作为或不作为、实现或享有的权力，以及思考特定的利益(这一权力为这些特定利益而存在，从其中推导出它的价值，并以这些利益为考量来确定它的形式，以及对这些利益加以保护)。但法自身属于权力。它与利益的关系就好比是堡垒与被保护之国土之间的关系。——Elemente § 21. Merkel, Rechtsnorm u. subj. R., Sammlg. 373. Bespr. von Schuppe „Begriff des subj. R.", Sammlg. 537. Bespr. von Schuppe „Gewohnheitsrecht", Sammlg. 675. Über subj. Rechte im Gebiete des öffent. R. (Wahlrechte u.) § 197, 442.

§ 160

被预设的利益既可以是个人的利益，也可以是(无论以何种名义联结起来之)许多人的利益(§186ff.)。

§ 161

进而，这种利益既可以通过实质特征被刻画为对特定对象、状态或关系之获得、主张或享用的利益，也可以将自由意志活动和对人的权力主张作为其对象。通常可以通过同一个法来保护这两种类型的利益。

例如，财产法一方面赋予所有人享用物的可能，另一方面赋予所有人对该物和借助该物进行自由意志活动的可能。——在对法进行分类时，不应运用被强调过的利益差异。尽管如此，它具有重要意义，因为在塑造法律关系时，对实质上被确定之利益的考量，与对自由的自决和权力主张之利益的考量总是彼此依存的，很多时候也是相互主张的。

§ 162

但法通常只是在此范围内关心这些利益，即当对它的满足被认为依赖于第三方的行为时。

§ 163

据此，每个权利都涉及第三方，后者被要求去实施特定的作为、容忍或不作为。这就是主观法（权利）所包含的法的拥有者关于这类行为的"请求权"（Anspruch），而这类行为对于其他人而言则是义务的对象。

§ 164

故而对于某物的支配只有在涉及第三方——他被要求尊重

这种支配——时才是"权利"。

据此,对于财产法而言,该物与其所有人之间的关系,以及他的利益本身对于法而言是无所谓的。法并不关心,某人的狗是否走失了,或某人的马将它的主人摔了下来。与财产法所赋予的权力相对的,并不是对物的拘束力,而是对非所有人的拘束力。因而对我们之物的享用或使用的干扰,通常只有如下范围内才有法律意义,即它们可以回溯到应由第三方负责的行为上去。——正如这种对于物的支配那样,对于法律保护的其他对象(如我们的荣誉、我们的健康)而言也是一样的。只有涉及第三方对这些财富或它们所保护之利益的可能侵害时,才能称之为荣誉权和身体的完整权。

§165

主观法权力的正当性基础在于,客观法对他人施加了实施那种行为的义务,并确保对这种义务的履行,以及在它被违反时通过其固有的权力主张(伦理的与物质的权力主张,见§43ff.)来确保予以补偿。

因此,对于每一种主观法(权利),都有任一其他主体的法律义务与之相对应。这属于其概念内之事。相反,并非对于每一种法律义务,都有某个主观法(权利)与之相对应,但却有每一个无论以何种方式确定的法律权力与之相对应。——以前关于这一问题存在很大的争议:究竟是权利优先还是义务优先,是要将前者视为从后者中推导出来,还是后者从前者中推导出来。一个颠倒了的问题!人们同样可以问，在三角形中是角优先还是与它们相对应而存在的面优先，或者，在君主制中，君主的统治抑或臣民的被统治才是第一位的。借贷债务人的义务既不优先于、也非劣后于借贷债权人之相应的权利，两者同时作为某个通过针对同一事实且通过同一法律规范相联系之法律关系的要素出现。

§ 166

属于这一权力之个别塑造的情形有，给予权利人某种手段，借此，他可以启动已被预告之法律途径，尤其是可以对此施加影响，也即去实现侵害其权利的直接法律后果。属于这些手段的有"起诉"（Klage）和"申诉"（Beschwerde）。

§ 167

在这些手段中最重要的是"起诉"：因遭受或担心发生违法侵害而通过法院（以诉诸法院的形式）去主张主观法（权利）的力量。

配备完整的权利包括对这种诉求的授权，故而是一种"可诉的"（klagbares）或"司法可循的"（gerichtlich verfolgbares）权利。

然而参见 § 665——就从可罚行为中产生的刑罚权而言，我们不说"起诉"，而代之以"控诉"（Anklage，参见 § 809）。关于罗马的起诉概念参见 Savigny，System V. Windscheid，Die actio；Das röm. Zivilr. v. Standp. des heut. R. 56；Pand. § 46ff.；Bekker，Die Aktionen 71f. 其他参见关于诉讼法的文献部分。

§168

"申诉"是在当某种权利受到共同体机关侵害时的一种对它的防护手段。它是指诉诸更高的机关去寻求帮助。

§169

今天，只有在严格的界限之内，权利人才能相对于义务人去擅自和强制性地主张其权利，也即通过一种被客观法所赞成的"私力救济"(Selbsthilfe)使得国家的法律救济变得多余。

§170

在现代国家中，区分防御型私力救济(对违法侵害的纯粹防御)与指向贯彻法律请求权的攻击型私力救济是重要的。

前者被普遍认可，只要它为防御所必须("正当防卫"；§764)；后者原则上只有在紧急情况下，当危险临近且不能及时获得国家救济时才被允许。

进攻型私力救济的一个例子：债权人设法以此来满足其债权，也即他从其债务人那里拿走了有价值的东西，变卖了它，并自行留下了收益。这一行为一般而言是可罚的；但如果(例如)债务人正想要登上去往美洲的船，以至于不立刻采取行动就会大大增加实现债权的难度，而国家救济也难以到位，情形就有所不同了。

占有人拥有一种广泛的私力救济权，他可以再次强占被违法剥夺的占有物(参见§611)。

III. 主观法(权利)的行使专论

§ 171

就法律关系的积极面向(§146ff.)而言,通常可以提出如下问题:

(1)谁的利益构成了法律保护的对象?

(2)谁有义务来采取行动(对这些利益的满足依赖于这些行动,而保障它们的法律权力也通过这些行动显现出来)?

§ 172

通常情形是,那些其利益构成保护对象的人自己同时来采取上述行动,故而成为这些利益的代言人。

属于此的情形有,某物的所有人(他对于该物享有权利)同时也实施那些行为,借此该物服务于其利益,并使得法的权力面向显现出来。

在此我们说,权利及其"行使"同时发生于同一个人身上。

§ 173

在这种情形中,对权利在其界限内的行使通常是自由的(然而请参见§193ff.)。权利人根据其裁量来确定如何(行使权利)。

例如,在此所有人可以根据其裁量来行使其权利中存在的权力,或者也可以不行使。

§ 174

然而，利益人和代言人并非总是同一，(权利的)行使行为可能会不同程度地落在他人利益之代言人的身上。在此，他与利益人的关系可能具有不同的特性。

§ 175

当权利人是儿童或精神病人时，就属于这种情形。在此，落入权利行使这一概念之下的重要行为要由权利人的代理人来采取。

§ 176

另外，被保护的利益可以是很多人(例如某个市镇的居民)的利益，而权利的行使却落在了个人的身上，如市镇官员。

§ 177

凡被保护之利益与为此构成之权利的行使相分离之处，后者通常不会处于行动者的专断任意之下，而是要受到针对他的客观措施的拘束。

这种措施可以是因为受那些人(它涉及这些人的利益和权利)的委托而存在。但它也可以直接存在于有待保障的利益或法律规范(它们对这些利益做出了一种有拘束力的表达)之中。在许多情形中，对于特定权利的行使而言，一会儿可以观察到这些措施中的这一个，一会儿又可以观察到这些措施中的那一个。

例如,当市镇官员行使权利(他是这种权利的机关)时, 一会儿直接是有待他探究的市镇利益, 一会儿是任一法律条款(它确认了在特定情境中要将什么视为市镇利益)。

§ 178

行使他人权利的使命又可以在行动者自身那里被塑造为一项权利。在此位于利益人的权利之旁的, 是其代言人行使那种权利的权利。

例如, 一位被合法任命的市长有权行使市镇的特定权利。例如, 被任命的法官有权行使特定的国家权利。

§ 179

那类关系在所谓"基金会"(Stiftungen)中显现其特性, 这类机构拥有为法所承认的规定, 即通过一种持续的、剥夺个人任意的方式来增加特定的利益。

§ 180

美茵河畔法兰克福的"斯泰德尔施研究所"(Städel'sch Institute)就是一例。这家研究所就是这类机构, 它们以一种持续的方式使用特定财产来促进艺术的增益。

§ 181

在此, 这些利益(这类基金会满足、保护和代理这些利益)只是客观上被确定的(在§155和§156中被提及的那些理由也一样）。它们并不是这个或那个特定的个别主体的利益，而是在特定领域中以特定形式被主张之艺术的、科学的或人文的利益。

在此，很明显存在利益人与代言人之间的分离。

§ 182

特殊之处在于，在这些基金会中存在着对权利（主观法）的行使，但看起来又不存在（权利的）主体，因为被保护的利益只是客观上被确定的。

这里的权利人是谁？谁才是这些财产权——在斯泰德尔施研究所那里，它们被用于使数量不特定和不受限制人的利益有所增益——的主体？

是那些无形的利益人（用耶林的话来说，全体"受益人"）？抑或是行使这些权利的人？还是说在此权利的主体要在这些利益（它们对这些权利来说是既有的）和行动（这些权利通过它们发挥作用）的领域之外去寻找？对此参见§189—§190。

虽然仅仅是对被考虑之利益的一般性规定，但权利仍拥有前文所确定的那种个别化的法律权力的特征。例如，基金会的财产权构成了与特定个人之财产权相同的个别化规定的对象。如果在此缺少对利益人的特别规定，那么借此来行使权利的机构就具有愈加个别性的烙印。

IV. 法律主体专论

§ 183

根据现代法，每个人类个体都能成为权利和法律义务的主体：每个人都拥有"权利能力"（Rechtsfähigkeit），都是法律意义上的"人"（Person）。（民法典所说的"自然人"。）

现代法不再承认无权利能力人（奴隶、农奴、依附农）。同样也不能通过作为严重犯罪行为之结果的司法判决来剥夺权利能力了（《法国民法典》说的"民事死亡"）。权利能力始自出生的完成——尤其是在刑事法律关系和继承法律关系中，法同样已考虑到了胎儿——并一直持续到死亡为止。如果某人长时间下落不明，因而生死未卜，那么他可以被法院宣告死亡，其效果在于，他的生命及其权利能力直到判决所确定的时刻为止被推测在持续。

§ 184

在古代法中，特定国家、阶层或教会团体的成员资格、姓名、年龄或其他属性都可以成为对权利能力进行重要的和一般性的修正的基础。相反，在今天，私法领域中的权利能力（§192ff.）原则上独立于所有这些要素，而公法领域中的权利能力现在还起着分层的作用（例如对选举权就是如此）。

在私法领域可以发现这种区别，例如在州法中，外国人购买房地产需要国家批准。

§ 185

就特定法而言,被视为权利主体的通常是利益的承载者,这
部法所包含的权力就是为了确保那些利益,那些利益也构成了法
律践行的准则;无论这种践行是由利益相关方自己来践行还是由
其他人来进行(§ 172ff.)。

Mit dem Folgenden vgl. Jhering, Geist III § 55 u. 60f. (Die Re-
chte ständen den Genießern zu). Zittelmann, Begriff und Wesen der
sog. Juristischen Personen 73. Brinz, Pand. 2. A. § 59ff. (Theorie
des „Zweckvermögeus"). Regelsberger, Pand. § 75ff. Demelius in
JherJ. 4. Bekker, Z. L. v. Rechtssubjekt, eod. 12. v. Lindgren, Grd.
begriff des Staatsrechts 69. Bierling, Kritik II, 74ff. u. Prinzipienle-
hre I. Gierke (gegenüber der älteren romanist. Th. der „fingierten" Per-
sonens. § 188A.——Auffassung als „ reak " personen), Das deut-
sche Genossenschaftsrecht, 3Bde. 68/81. Die Genossenschaftstheorie
u. die d. R. sprechung 87. Personengemeinschaften u.
Vermögensinbegriffe 89. D. Privatrecht § 58ff. Wesen der menschl.
Verbände, Rek. rede 02. Veieine ohne R. fähigkeit, 2. A. 02. Laband
in ZHR. 30. Rosin, R. der öffentl. Genossenschaft 86. Sohm, Die
deutsche Genossenschaft 89. Karlowa, in GrünhZ. 15. Burckhard,
eod. 28. G. Rümelin, Methodisches über j. P. 91. Zweckvermögen u.
Genossenschaft 92. Bernatzick im ArchÖffR. 5. Meurer, Die j. P.
nach d. Reichsrecht 01. Hölder, Natürliche u. j. P. 05 und in JherJ.
53. Binder, Problem der j. Persönlichkeit 07 (Die beiden letzteren

verwerfen die Rechtsform der j. P. überhaupt). Stammler, Un-
bestimmtheit des R. subjektis 07. Schwarz, R. subjekti u. R. zweck,
e. Revis. d. L. v. den Person, ArchBürgR. 32 u. 35. 对此参见 Ennec-
cerus, Lehrb. §96. O. Mayer, Die j. P. u. ihre Verwertbarkeit im
öff. R. 06.

§ 186

国家(§368)、市镇、被认可之教会共同体(§866),还有
行会、职业协会以及大量其他"社团"(团体)也都是权利和法律
义务的主体。

对于私法上的社团而言并不存在"自由结社"原则,它们要
么需要国家对于结社权的特别授权,并因此需要独立的权利能
力(罗马-日耳曼法上的"特许制度"),要么要满足某些制定法
上的(必要的和充分的)规范性规定,尤其是通过登记于公共登
记册来公示。晚近的德意志帝国立法主要采取了后一种立场。例
如,《商法典》对于股份有限公司就是如此。再如,《民法典》对于
所谓追求理想目的(其根本性活动不在经济领域之内的所有事物,
如体操或艺术协会、大学生社团)之社团也是如此。这些社团通过
登记于法院的社团名册而获得权利能力,但在某些情形(即政治
的、社会政策的和宗教的情形)中可以向行政机关提出申诉。

§ 187

在此,保护的对象是共同利益,它们通过社团及其运作得
到满足。

§ 188

这些利益的承载者是通过社团章程被进一步确定之统一体的成员整体。当社团被命名且被认可拥有这种权利时,它就被认为(存在了)。

由于国家中人们之间的联系并不是纯粹被臆想出来的,而是在现实中被联合在一起的力量,在上下秩序和对幸福与不幸之相同来源的共同依赖关系中,拥有一种每个人都可感受到的现实,所以将国家视为是一种纯粹的抽象物(就像很多时候所认为的那样),一种纯粹被虚构出来的存在者,是愚蠢的。另外,由于这种联系使得被法所认可且以无数主观法(权利)的形式被个别化的权力不断以最有效的方式被实现,所以将它称为纯粹"拟制的"法律主体同样是颠倒是非的。——同样地,所有其他社团都不是被虚构出来的,而是真实的法律主体。

§ 189

这类人类团体(它们是权利和法律义务的主体)因这一属性被称为"法人"(juristische Personen)(与§183 中的"自然人"相对)。

人们将相同的表达用于"基金会"(§179ff.),后者因国家的批准获得了权利能力。

§ 190

因为在社团中，利益人既非通过社团联结起来的人，也非事先就可以以人格化的方式被确定，因而隐藏在服务于他们利益的机构的背后，所以人们就干脆将权利授予这些机构。

在此，在语言习惯中，人们用组织（通过它们权利变成了现实）来指代利益人（权利为他们而存在）。

这种表达方式可以在前述强调的情形中找到足够多的依据。相比于说"这些财富属于现在和未来的穷人，在此他们符合条件，且为了他们这些财富应当通过圣·马克斯贫困基金会（Armenstift St. Marx）根据其规章确立的标准来增益"，我们可以径直说："这些财富归属于圣·马克斯贫困基金。"由此，这一法律关系的积极面向就被充分地刻画了出来。在此方面，对法律关系的标记通常所需的不外乎是，我们要告知被保护的利益，以及告知，通过谁以及如何激活这些利益和归于它们的法律权力。尤其多余的是，这里在利益人和代言人之外想再去查明另一类主体，来作为权利的可能承载者。但人们就曾这么做过，由于在现实中找不到这类主体，所以就认为必须虚构出这类主体。但在此，这种虚构（拟制）就如同在社团那里一样，都不会提升我们关于所形成之关系以及调整它们的制定法之本质的洞见。

第二节　法律关系的分类

I. 私法关系/公法关系与私权利/公权利

§ 191

与法条的分类(§81ff.)相对应的是法律关系的分类。

它们中最重要的分类是:

(1) 私法关系,即与私法规范相对应的关系,以及

(2) 公法关系,即与公法规范相对应的关系。对(两者的)区分性特征已在 §85— §97 中进行了一般意义上的阐述,但在这里要对其特定方面进行专门的论述。

§ 192

(1) 在典型的私法关系中,私人彼此相对,而对其彼此关系利益的保障被留给他们通过自由支配和约定来进行。

属于这种情形的有私人间的租赁关系(它们由这些私人通过自由约定来安排),同样还有相同前提下的买方和卖方间的关系、出借方与借入方间的关系。

§ 193

然而也存在对于这种类型的偏离,但这些偏离并没有将私法关系的概念排除在外。这些偏离在双重面向上发生:

a）有可能在这类关系中，私人在特定情形中受制于他们间关系秩序方面的限制；

b）也有可能国家、市镇等参与了私法关系。

§194

关于 a），相关者可能会因此受到限制：

因为考虑到年龄、性别、限制其自由的困境或其他情形，他们并不被视为其自身法律利益的可靠代言人。在此，后者对其利益的保护独立于其自身意志，甚至有违其自身意志，因为对他们来说不利的支配和约定缺乏法律效果，或者这种效果要受制于特别条件。属于此情形的主要包括未成年人就其承担私法义务方面所受的限制（§238）。

§195

另外，他们在这类关系中也受到限制：公共利益看起来直接参与了这些关系秩序。属于这种情形的例如有配偶就其解除婚姻方面所受的限制（§94，§719）。

§196

关于 b），在私法关系中，国家、市镇、教会团体可以被视为享有权利和承担义务的主体，例如特定房间的买方或卖方、特定物的买方或卖方。

这些关系的私法特性并不会由此被摒弃，因为（只要）参与主体（如买方和卖方）之间的关系在此根据相同的原则被对待，它们占据了原本只有私人彼此对立的位置。

至于上述那些主体的代理人，§176及以下所说的也适用于他们。

§197

(1)在公法关系中，法所保障的权力大多数情况下同样具有主观法(权利)的形式。

很多时候，这类关系之性质造就的结果是：就同一个法以持续的方式呈现出两类主体，也即相关权利的承载者和有权行使这种权利的人。(§174ff.)

一些人曾主张，公法领域不可能存在权利(主观法)。这一法律部门的特殊性——前文对此有过论述(§87ff.，参见关于国家法的详述)——误导他们得出了这种假定。但实际上这些特殊性并没有在任何地方与权利(主观法)的性质相冲突。——§442。

§198

在此情形中，对权利的行使通常由特殊法律规范来规定，且被提升为对于被托付者的一项义务。由此这种视角就构成了占优势的视角：相关者有权采取行使(权利的)行为，因为他有义务去这样做。

例如，司法官员、陪审团成员、陪审员(§846)有权行使国家权利，因为(只要)他看起来有义务这么做。他的权利是其义务的反面。

§ 199

即便在公法领域中权利与(权利的)行使聚集于同一主体，由于在此普遍可以被观察到公共利益，权利人的支配权也是受限的。

属于这种情况的例如有被告人在刑事诉讼中的权利。它们不得被放弃，且其自身部分地悖于被告人的意志而获得行使(参见刑事诉讼部分)。

II. 绝对权(尤其是对物权)与相对权(对人权)

§ 200

私法关系与公法关系可以根据受保障之请求权的指向而被区分为两类。

在一种类型中，权利人与被个别确定的主体或多个被确定的主体相对，他们被要求实施构成请求权之对象的特定行为。

在另一种类型中，权利人与其他所有人相对，只要保护性的法律规定能够对他们表达出一种施加义务之力。

§ 201

属于前者的情形例如有，借贷债权人相对于某个特定的个人拥有偿还某笔他借出之钱款的请求权(对人诉讼，actio in personam)。

这种类型的权利被称为"相对的"或"对人的"权利,因为在具体情形中,如果不指向承担义务的人,终究就没法概括出它们的特性。(§544f.)

§202

属于后者的情形例如有,作为某物所有人之权利的请求权针对的是所有人;所有人都有义务尊重他对于该物的支配(对物诉讼,actio in rem)。

这种类型的权利被称为"绝对的"或"非对人的"权利,而只要关涉的是对物的支配,也可被称为"对物的"权利、"物权"(§542, §46, §88)。这类权利可以具体在不指涉义务人的前提下被概括出特性。

近来,某些人想在相对权("法律上应当的"权利)和绝对权("法律上可以的"权利)之外,区分出作为第三类权利的所谓"法律上能够的"权利、"能够权"(Kannrechte)。(例如撤销权或抵消权,§669 u. 674。)Zitelmann, Allgem. T. des B. S. 22. Internat. Privatr. II, 32. Hellwig, Lehrb. §34ff. Seckel, „Gestaltungsrechte" 03. Biermann, Bürgerl. R. §35.

III. 可转让的权利与不可转让的权利

§203

另外,无论是私法关系还是公法关系都可以据此进行分类,即属于此种关系的权利或义务是可转让的还是不可转让的。

§204

也就是说，某些权利是与这样的主体——权利是为了他们而形成的——不可分割地联系在一起的。

这样的权利有，父母与子女相互之间的权利，以及配偶之间的权利（如，在经营共同体中，丈夫对于妻子所赚取之财物的使用权，§724）。

这同样适用于某些义务。例如，刚提到的那些人之间的相互义务就是不可转让的。再如犯罪人要受到制定法对于其犯罪行为所施加之刑罚的义务（也是不可转让的）。

§205

与此相反，大多数权利可以被转让给其他主体。例如，一般而言对于某物的所有权可以被转让给他人（§601）。债权同样如此（§651）。

另一方面，一般而言义务也可以被继承。例如，借贷人偿还借款的义务可以被转移到他的继承人那里。但即便是在债务人在世时，（根据今日之法）也可以由其他人承担他的义务（§653）。

第三节 法律关系的形成

I. 概论

§ 206

如果要形成特定类型之法律关系，那么就必须要出现某些客观法所指称的事实——"法律事实"(juristische Tatsachen)。

这种对于特定类型之法律关系的形成具有决定性的事实的整体被称为"法律事实构成"(juristische Tatbestand)，形成的法律关系被称为它的"法律后果"或"法律效果"。

Elemente § 22f. Jhering, Geist III § 53. Zitelmann, Irrtum u. Rechtsgeschäft, e. phychol. -jur. Untersuchung 79. Bekker, Syst. des Pandektenr. II, 89. Bierling, Kritik II, 256. Eltzbacher, Handlungsfähigkeit I: Das rechtswirksame Verhalten 03 (dazu Gierke, in ZHR. 55). Manigk, Willenserklärung u. W. geschäft, e. Syst. der jur. Handlgen. 07.

§ 207

法律事实可以分为两个主要的类别：

1. 法律行为(juristische Handlungen)；

2. 其他法律事实。

§ 208

1. 属于"法律行为"类别的行为又可以分为主要的两类，即：

（1）那些在形成之法律关系中作为利益人（或其代理人）参与进来的人的行为，以及

（2）国家行为——居于参与者之上的权威者的行为。

§ 209

参与者的行为可分为：

（1）表意行为（Rechtsgeschäfte）*；

（2）违法行为（Rechtsverletzungen）；

（3）其他行为。

§ 210

a）表意行为是参与者的这样一些行为，它们指向于且适合于来形成（或者废止、变更）与客观法相符的特定法律关系。

对于表意行为以及违法行为，我们主要考虑的是这些人——在他们的人格中形成了法律义务或权利——的特定行为。然而，这种形成过程总是要受到某些上述意志活动之外的其他前提的拘束。例如，买卖行为的前提是存在可供出售的对象（参见§677）。对于相关表意行为或相关违法行为的"事实构成"

---

　　* "Rechtsgeschäfte"在我国法学文献中一般被译为"法律行为"，但由于该译法会与对"juristische Handlungen"的翻译相混淆，考虑到私法中的法律行为指的是与意思表示相关的行为，故而本书中译为"表意行为"。——译者

(§206)来说也同样如此。因此,严格说来,在本书所提出的关于表意行为的定义中必须添上如下的话:"以及适合于此的行为所依赖的事实。"但语言习惯容许我们以上文所使用的方式,仅仅用"表意行为"来指涉行为自身。

§211

一个例子是承租人与出租人之间的约定(租赁契约)。它构成了这样的行为,后者通过与客观法相符的方式引起特定类型之法律关系的产生,并在法的意义上也适合于表达出这种效果。

§212

违法行为是这样一些行为,它们违反了法的命令(以及它所保护的利益),且因为这一属性而引起法律关系的发生。

一般而言,它们处在表意行为的双重对立面上,因为它们遵循了行为者的目的(这些目的与法相矛盾),但又使得与其目的相矛盾之法律效果发生。

后半句话不适用于出于纯粹过失的违法行为。——关于违法行为参见§260ff.,§669;关于可惩罚之违法行为的专论,参见§758ff.。

§213

例如,盗窃就通过一种违法的方式去实现行为者的目的,但它所引起的法律关系(它的"法律后果")却要被视为通过与窃贼之意图相矛盾的方式来实现法的目的(§53)。

§ 214

有一些对于他人之利益有意义的行为会引起这一他人与行为者之间的法律关系的产生，尽管这里既没有出现表意行为的特征，也没有出现违法行为的特征。

例如经营一家工厂或铁路，或者航海危险中的轮船超载(参见§ 701—§ 708)；寻得遗失物。这一类(雷格尔贝格所谓的"准表意行为")行为与表意行为的界分在细节上有诸多争议。Vgl. Manigk，Anwendungsgebiet der Vorschriften für R. geschäfte 01 und zu § 206. Eltzbacher zu § 206. Biermann, Bürgerliches R. § 38. Klein, Die Rechtshandlungen im e. Sinne 12.

§ 215

国家行为可以分为主要的两类，即：

（1）政府行为；

（2）司法裁判。

§ 216

属于此类政府行为的一个例子是将法官职务授予特定的人。由此，一方面在他与国家之间，另一方面在他与特定的私人之间就产生了法律关系。

§ 217

司法裁判通常只与迄今为止提到的那类行为相关，因为它们对由这类行为引起的法律关系进行确认，或给予它们稳定的型式。

§218

例如，由侮辱、抢劫、纵火引起的法律关系，只有通过司法裁判和判决才能获得其稳定的型式(§342ff.)。

§219

在其他法律事实之中，首先要提及的是出生和死亡，它们是法律关系世界中的一种恒常运动。

人从出生始成为权利的主体。如，新生儿相对于其父母拥有被抚养权和继承权。死亡摧毁了他的一部分权利，但它将大部分权利都转移给了存世者(参见§733)。

§220

另外，对某些关系的特定事实塑造(只要它存续特定的时间)在此也具有重大意义。

§221

在不同的法律领域，占有和权力关系可以就其自身所呈现的特征而获得保护，而与其形成的方式无关。

法合乎其任务地给予它们这种保护，即将既有状态提升为和平秩序之要素(只要这些状态看起来适合被如此对待)。

参见关于占有的章节§610ff.，尤其是§619。

§ 222

如果既有的权力和占有关系长时间不受妨碍地存在，且以此方式与全部关系相联系，即它们在不受广泛干扰的前提下就不会消灭，那么它们在上述视角下所拥有的价值就将得到提升。

§ 223

故而在所有民族的公法之中，事实上的权力和占有关系（也包括那些明显是通过暴力行为而形成的关系）必然被提升为法律关系，且随着时间的流逝已经获得法律关系所可能获得的一切神圣性。

所有民族的私法关系史都同样包含着那类过程。

§ 224

但在一种稳固的和平秩序内部，导致证立新的、改变旧有权力和占有关系之关系的过程，以及两者之间存在的价值差异，都更被重视。法相对于这些过程获得了更加自主的地位和更大的权力，一会儿以拒绝和抗争的方式，一会儿又以助益和增强的方式提出了一种批判性的适用标准。

即便在这里，它看起来也不是一种固有地具有创造性的权力。它并不创造生命运动，而只是调整着生命运动。但它在发展进步的过程中增强了能力和使命，即以与普遍利益和伦理确信相符（§243）的形式和趋向来维系（甚或以此来强迫）这种运动。

§225

例如，在国际领域(在那里并不存在一种稳固的和平秩序)，即便是当代的法也只显现出相对于既有权力和占有关系及其证立形式的有限自主性。它与篡权者之间的关系无异于它与合法统治者之间的关系，它对于通过各类战争创设出之关系的评价也并无二致，无论这种战争对于战胜者而言具有强盗战争还是具有合法自卫战争的特性。

相反，在具体的国家生活领域中，法普遍区分了事实上的掌权者和合法统治者、抢劫和基于其他滥用暴力行为的收益与基于工作或契约的收益：前者会被不断增加的力量所镇压，而后者则会受到保护。

Merkel, Recht und Macht 1. c.

§226

在后一种具体国家的领域中，那些只能为自身利益去主张事实上之权力地位的人，必然屈服于那些人，他们从根据法的标准来衡量代表着更高的价值的事实出发，可以为自己推导出关于这一地位的请求权。

但如果不针对他主张这类事实，那么事实上的掌权者或占有者在此就同样是法所保护的对象。

§227

但即便是正当性基础最牢固的法也可能会消亡，因为它所包含的权力可能长期以来没有得到过运用。

§228

时间经过对于法和法律关系之证立（§222ff.）和消亡（§227）的意义体现在"时效"（Verjährung）学说之中。

它可以分为获得性的（取得时效、占有时效）与毁灭性的（消灭时效）。

关于前者的主要类型（财产的时效取得），参见§617ff。在制定法规定的特定时限内不起诉（§167，大多数情况下最长30年）原则上就会丧失仍能成功地主张请求权的可能（§163）。关于刑事诉讼的时效，参见§786。属于这种情形的还有在国外停留10年就会丧失国籍。

规定时效和事实上之权力和占有关系之法律效果的法律规范，只是表达出了法律事实相对于法所要完成之任务的相对价值。

II. 表意行为与违法行为的共同点

§229

表意行为与违法行为在重要的方面可以根据相同的视角来处理，也即：

1. 根据它们的构成要件；
2. 根据它们的法律效果或法律后果。

1. 关于构成要件

§ 230

两者的构成要件都包括这样一种行为，它涉及法所保护的第三方的或全体的利益。

§ 231

据此，在这一领域中，思想和故意、意图和态度是无关紧要的，只要它们没有通过他人之重要行为的某种特定外部的、为法所保护的利益表达出来。

§ 232

相对地，只有当对这些利益的影响与人的内在行为相关，并且可以回溯到其意志上去时，它才在此被考虑。

表意行为与违法行为是"行为"。不以某人的意志为转移的事件——想一想被机械力迫使的身体运动（§675）——不是这个人的行为，也不是这一行为的组成部分。

人们偶尔也会将违法行为一词不当地适用于这样的过程，它不以某人的意志为转移，因而不存在任何行为。对此参见§260中的注释。

§ 233

另外，人在行为时必须能认识到行为的事实和法律意义：他必须要有一般意义上的，以及就特殊事件而言的"法律上的区分能力"（rechtliche Unterscheidungsfähigkeit）。

§ 234

一般来说，儿童就没有这种区分能力。在一般情形中存在的区分能力可能在特定情形中因为完全的醉酒或其他情况而丧失。

§ 235

此外，人必须是其精神力的主人，因而有能力实现其特性；换言之，他必须拥有"自决能力"（Fähigkeit der Selbstbestimmung）或"意志自由"。

儿童同样缺乏这一前提。这一前提同样可能因为特殊情况（醉酒、精神病等）而丧失。

当我们对某人说，他以"自由的自决"或"意志自由"的方式行为，那么由此就主张：（1）对于他所固有之力量的活动，没有任何外部和内部的障碍；（2）在行为中存在对这种个性的权力表述，对它的说明可以在其精神特质中被找到。

§ 236

如果上述前提在某人那里出现，那么法就会将已发生之事作为其行为，它连同后果都要被考虑到，无论被"归责"（zurechnen）的是功绩还罪责。

关于归责能力的汗牛充栋的文献，可参见 Merkel, Element § 22. Lehrbuch § 19ff.（"某人据其自身标准来实现之权力"）；

Verbrechen u. Strafe § 16ff. ; Gutachten für d. 9. Juristentag 71 (Sammlung 205; 尤其是关于"减等之归责能力"的特别对待; hierüber auch in Holtz. Handb. II, 567 u. ZStW. I). ZStW. I, 580 (Sammlung. 430) 。 "Rechtliche Verantwortlichkeit", in der "Aula" 98 (Sammlg. 873). Binding, Normen II. Liepmann, Einleitung in das Strafr. 00, 87ff. Berner, Erd. linien d. kriminal. Imputationslehre 43. Wahlberg, Strafrechtl. Z. lehre, Ges. Schr. I. u. III, 75f. Göring, Menschl. Freiheit u. Zf. 76. Hrehorowicz, Erd. lagen u. Erd. begriffe d. Strafr. 2. A. 82 (dazu Merkel, D. LittZtg. 2, 1454). Rée, Illusion der Willensfreiheit (Wfr.) 85. Glaser, Zf. , Wfr. , Gewissen, Strafe 87 (dazu Merkel, Sammlg. 554). Bünger, Vorstellung, Wille, Handlung 88. Pfenninger, Grenzbestimmungen zur krim. Imputationslehre 92. v. Liszt, Strafrechtl. Zf. In ZStW. 17 u. 18 (dazu Calker JZ. 2, 25. Stooß, ZSchweizStrafr. 9. Lammasch, JZ. 3, 92. Höfler, 7 Thesen zu Liszts Vortrag 97/9. Liepmann, S. 99). Gretener, Zf. Als Gesetzgebungsfrage 97/9; Die neuen Horizonte im Strafr. 09; Zf. Im BG. Zum Strafgesb. 10. v. Hippel (Det.), Wfr. u. Strafr. 23; Zur Begriffsbestimmung d. Zf. , eod. 32. v. Rohland (Ind.), Wfr. u. ihre Gegner 05 (gegen M.); Soziolog. Strafr. lehre 11 (§ 9ff. Gegen Listzt). Joël (Ind.), Der freie Wille, e. Entwicklg. In Gesprächen 08 (gegen M.). Petersen (Det.), Wfr. Moral u. Strafr. 05, ZStW. 27; MSchKrimPsych. 2(zu Rohland), 3 (Det. U. Relig.); Kausalität, D. , Fatalismus 09. Tarde, philos. Pénale 8 ed. 04; l'idée de culpabilité 94 („ Similitude sociale") . v. Bar, Ge-

setz u. Schuld im Strafr. II, 07. Kahl, Geminderte Zf. , Gutachten f.
27 DJT. I; JZ. 1910 über d. BG. ; in Vergl. Darst. d. Strafr. Allg. T.
I. v. Lilienthal eod. V. Frank, in "Reform d. Strafgesb. " 10. Kohl-
rausch, Sollen u. Können las Erd. lagen d. strafrechtl. Zf. 10——
Stammler, R. der Shulgverh. 97 S. 15. Eltzbacher, Handlungsfähigkeit
03. Endemann, Lehrb. des B. (bes. 7. A. § 28ff.). Rümelin, Die
Geisteskranken im Rechtsgeschäftsverker 12. ——Herbart, Z. L. v.
d. Freiheit d. menschl. Willens, Werke 9, 243. Sigwart, Begriff des
Wollens u. f. Verh. zum Begriff der Ursache 79 (D.). Laas,
Kausalität des Jch, Vergeltung u. Zf. , in BJSchr. f. wissensch. Phi-
los. 4, 1. -5, 80(D.). K. Fischer, Die menschliche Freiheit 3. A.
05. Müsselmann, Problem der Wfr. in d. neuesten Phil. (D.) 02.
Pfister, Wfr. (theolog. Det.) 03. Windelbrand (D.), Wfr. 12 Vor-
lesungen 05; Norm u. Normalität in MSchrKrimPsych. 3. Gutberlet,
Wfr. 2. A. 07. Messer, Problem d. Wfr. 11. ——Jodl, Lehrb. d. Psy-
chologie 3. A. 08. Wundt, Erd. züge III 6. A. 11. Lipmann, Erd. riß
f. Juristen 08. Groß, Kriminal-Psych. 2. A. 05. Krafft-Ebing, desgl.
82; Zweifelh. Geisteszustände vor d. Zivilrechter 00. Hoche, Handb.
d. gerichtl. Psychiatrie 2. A. 09; Wfr. v. Standp. d. gerichtl. Psycho-
pathologie 02 (D.). Bischoff, Lehrb. f. Med. u. Jutisten 12. Schmidt-
mann, Handb. d. getichtl. Medizin 05/7. Wharton, a treatise on
mental unsoundness, Philad. 73. Maudsley, Zf. d. Geisteskranken
75. Jolly, Geminderte Zf. , ZPsychiatrie 44. Forel, Hypnotismus 5.
A. 07.

§237

拥有上文所提及之属性的人拥有法律意义上的"行为能力"(handlungsfähig),也即这样的能力,借此他的行为可以合乎目的地引发法律效果;或"责任能力",也即这样一个主体,特定过程可以在法律意义上被"归责"于他。

行为能力主要是就表意行为(根据对它的确定)而言的(这就是为什么《民法典》一般而言只称之为"表意能力"[Geschäftsfähigkeit])。责任能力主要是就违法行为而言的(§212,§260)(根据与之相对立而存在的利益)。人们在此同样称之为"不法能力"(Deliktsfähigkeit),也即可归责地(应负责地)做出违法行为(Rechtsverletzung, unerlaubte Handlung, Delikt)的能力。

行为能力与责任能力都要区别于权利能力(§183)。儿童(直至年满7周岁为止)和精神病人虽然具有权利能力——因为他们可以是权利和法律义务的拥有者,但却不具有行为能力和责任能力。因而他们所拥有的权利必须由法定代理人(父亲、监护人,§175、§727)来行使,而侵害他人利益不可归责于他们。(尽管如此,当《(德国)民法典》第829条授权法官根据个案的特殊情形,例如对一位富有的精神病人施加对因其颠狂症发作给一位穷人带来的损失进行赔偿[的义务]时,这看起来就是一种纯粹实证的矫正性规定[参见§260,Akg.]——不同观点参见 Pfaff in Bespr. der 3. A. im ÖstAGZ. 04。)

§238

对法律生活的理解（§233f.）和自决力（§235）在青年时期会得到发展，这一发展过程可以被区分为不同阶段。

在此必须达到何种阶段才能够说具备了行为能力或责任能力，这没法以统一的方式来确定。就表意行为而言，在此很多时候要提出有别于违法行为情形中的其他前提，就某种类型的表示而言要提出有别其他类型之表示情形中的其他前提。

例如，根据《（德国）民法典》，完全"行为能力"始自成年（年满21周岁，§728），而从7周岁到21周岁之间只被承认具有限制行为能力，因为在这段时期一般而言必须要得到未成年人之法定代理人的同意。相反，完全的私法责任对于违法行为的后果（损害赔偿义务）而言在年满18周岁时就已经要承担，而对于7—18周岁的人来说要进行司法鉴定，来确定他们是否具备为认识到其责任所必需的理智。最后，根据德国刑法，刑事责任始自年满12周岁（未来可能要将下限提高到14周岁，参见§792），而在12到18周岁之间同样需要在个案中对行为者的成熟度进行鉴定。

2. 关于法律后果

§239

表意行为与违法行为的法律后果显现出共同特征，只要它们指向行为人自身并针对其意志来主张。

§240

对于两者而言，这些后果的划分都在相同意义上取决于法所体现的共同利益(或伦理性价值判断§41)。

§241

就合乎这些利益的要求是什么这一问题而言，立法者就表意行为和违法行为承担着相同的任务。

对他来说，两者涉及的主要不是新的发现或创新性活动；毋宁说是，使得提供这类行为的个人和社会力量的自由活动，得到那种共同利益意义上之选择性、界分性和调整性的处理(参见§224)。

§242

因此，被观察之行为与其针对行为人之后果之间的联系，并不是通过纯粹的任意专断联结起来的，其存在也不依赖于立法者的干预。

立法的选择性和标准确定性影响不能放弃与那些个人的和社会的力量之间的心理学关联，因为它本身依赖于它们。

例如，如果在某个国家，在任意事件的影响下刑事司法停止了运作，那么也不会带来这样的后果，即现在谋杀、纵火等等终归不再对犯罪人有反作用，而只会有这样的结果，即以前是规则化的、均衡的、与普遍利益和伦理观点相匹配的并由中立之司法机关为中介的反作用，现在继之以无规则的、不均衡的，一会儿是逾越一切标准的，一会儿又是无力的且从一方出发的反作用。在一些情形中，法官会践行各种粗糙形式的"私刑"，在其他情形中，受害人及其家属的"私人复仇"或武力自卫将帮助犯罪人赎罪。在此视角下，公共生活史毫无疑问是存在的(Kriminalist. Abhdlgn. I. , 111；Sammlg. S. 9)。

引人瞩目的是，人们就犯罪而言对于行为与行为结果之间的那种自然关联存在争议，虽然普遍经验恰恰在此将它呈现在眼前。只有通过立法者的意志，才会在此形成这种关联。

但在刑事立法出现之前，犯罪就会引发特定类型和量度的反作用，而正在形成之立法的影响主要只涉及形式，而非它的本质。没有比下述方式更清晰地凸显出法的赋予形式的、选择性的和改进性的功能了：最初基于自力救济的对于犯罪的反作用形式转变为有序之法律实现的形式的，又通过缓慢进展的作业一再更充分地与四处蔓延、不断深入的共同利益相匹配。即便到了今天，无论是社会对于犯罪之反作用的事实还是它的活力都依然没有受立法者喜好的左右。

人们会受下述观察的误导：与特定的盗窃、抢劫等行为相匹配的刑罚无法从任一抽象原则出发得以确认。人们从中得出了错误的推论，即对于犯罪的惩罚不可能存在任何自然的标准，因而犯罪与刑罚之间的全部关联都是一种人为的关联。假如真的如此，那么就难以回答下面的问题：为什么人们从来就不去贯彻最接近这一前提的思想，即同等处罚所有的犯罪行为？为什么通常相比于侮辱和对他人财产的损害，人们要对谋杀和叛国进行更严厉的惩罚？终究如何来说明刑罚的普遍事实(鉴于仍未了结的关于其目的的争议[§797])? 在整个这一领域中将行为与行为后果联结起来的自然联系，当然并不由任一理论在原则上给定，而是存在于真实因素、重大利益和依赖于它们之情感的影响之中。

就表意行为而言，大多数人都承认，法律后果的发生与性质不仅仅可以在那不可再回溯至立法意志行为中得到说明。如果立法者在此从不受基于所参与之利益和力量之阻碍性实质标准的拘束，那么私法之宏大构造的内在关联就是不可理解的。

例如，如果关于买卖和交换的法律规范被无可替代地废除了，那么这肯定不会导致下面的结果，即突然之间就取消商贸和变革以及迄今为止一切与相关过程相关的效果，毋宁说，这些效果只会获得更加不确定和更加不完善的显现。当然会有一些人主张这样的观点：即便在此，制定法也是固有地和唯一地发挥作用的，只有它才能将行为与后果彼此相联结。让我们来看看这说得对不对。

使得某项表意或违法行为之后果成为法律后果的，理所当然是客观法。正如后者本身使得某项行为成为表意行为那样，它也赋予某项恶行以违法行为的属性。如果人们思考这一点时指的只是前面这些原理，那么它就不外乎是对同义反复的错误表达。相反，如果人们考虑的是那些后果的实质内容(而不仅仅是其被法所规范和保障，也即作为法律后果的属性)，那么它们就包含着一个错误。制定法，以及一般意义上的法律规范，都属于这类形式，借此，共同发生之心理力量的总和以统一的方式发挥作用。如果制定法被废除，那么这些力量的效果一般并不会由此就被消除，而只是（就像已经强调过的那样）变得不那么确定和不那么均衡，并受到其他表达形式的限制。进而，这些力量从来就不仅仅以制定法的形式，而通常也同时以各种其他形式发挥作用。想一想借贷行为或买卖行为的拘束力、赠与承诺的拘束力、婚约的拘束力。显然，它在所有人那里产生的荣誉感都不依赖于制定法。它们将制定法所要求的后果与那些行为相联结，而这一点是受到了这种命令的影响，后者在制定法中虽然得到强化、认可和补充，但并非起源于制定法。因此，说制定法对于这种联结是唯一起作用的因素，是错误的。Element §23, Lehrbuch §66 und die zu §144 zit. Abhandlungen Merkels.

§243

就源自表意行为和违法行为之义务的内容而言，上述因素之效果所提供的支配性原则是：

每个行为者和受侵害者都应去实现这样的条件，在这些条件下，对其利益及其全部行为的主张要与他人的福祉相容，并且在这些条件下，法可以主张其支配地位并可以满足其规定。

在这一原则中存在着一切民族之法律思想的基本要素，并可以将我们现行法中不计其数的规定归置于其下。（如刑法规范；规定对他人之财产利益进行损害赔偿的规范；也包括涉及契约的施加义务之力的规范，§257。）——它同时也指明了一条准则，后者相对于共同利益的立场，如同相对于伦理立场（§41）一般有效。

III. 关于表意行为的特殊考察

1. 特征与类型

§244

法知晓：

（1）单向表意行为，属于这类行为的只是基于被企图之法律关系的一个面向（积极的或消极的面向）上的意思表示。

（2）双向表意行为或契约，属于这类行为的是积极面向和消极面向、两方或多方"当事人"之间相互吻合的意思表示。

关于表意行为的一般学说，参见 Savigny, System III. Karlowa, Das Rg. u. seine Wirkung 77. Zitelmann, Irrtum u. Rg. 79; Die Rg. im i. Entwurf B. 89f. ; in JherJ. 16。Windscheid, Wille u. Willenserklärung, ZivPr. 63. Pernice, Rg. u. R. ordnung, GrünhZ. 7. Bechmann, Der Kauf 84/08. Enneccerus, Rg., Bedingung, Termin 89. Schloßmann, D. Vertrag 76（dagegen Eisele, KrBJSchr. 20）; Willenserklärg. u. Rg. 07. Schall, Parteiwille im Rg. 77. Thon, R. norm 355. Jhreing, JherJ. 4; Bär, eod. 14; Kohler 16, 18, 28; Lenel 19 u. 44; Hartmann 20; Eisele 25; Mitteis 28; Jacobi 35; Helmann 42; Jocobsohn 58. Jsay, D. Willenserkl. im Tatbestand des Rg. 99 u. in JherJ. 44. Bülow, Geständnisrecht 99. Maningk, f. §206 u. 214, auch JZ. 02, 279, JherJ. 49, ZHR. 09. Eltzbacher,

f. § 206. Breit, Geschäftsfähigkeit 03; im SächfArch. 13 u. 15.
Hölder, Komm. z. Allg. T. des B.; Z. Theorie d. Willenserkl. 05; Z.
L. von ihrer Auslegung a. 07; in JherJ. 55. Jacobi, Die Th. d.
Willenserklärungen 10. Henle, Vorstellungs-u. Willenstheorie a.
(Gegner der „Erklärungsth."; dagegen Hölder in JherJ. 58). Titze,
Die L. v. Mißverständnis 10. Binder, Wille u. Willenserkl., im
ArchRPhilof. V. Hellwig, Prozeßhandlung u. Rg. 10. Danz, Ausle-
gung der Rg. 3. A. 11.

§ 245

(1) 单向表意行为的例子有订立遗嘱(§ 747)以及继承人对遗产的接受(§ 739)。

在其他情形中，单向意思表示必须向某个特定的他人发出，而无需(这一点与契约相反)接收者接受这一表示。如，只有当出租人的通知向其承租人宣告或到达承租人时，它才有效。或者，只有当向某个机关发出时表示才有效。故而拒绝接受某笔遗产只能向遗产法庭(发出)。在这类情形中，人们可以恰如其分地称之为"需接收的"单向表意行为。

§ 246

(2) 契约是更重要的表意行为形式。它们又可以被区分为大量的类型和亚类型，在此处尤其要被主张为分类依据的是：

a) 作为契约之证立基础的法律关系间的差异；

b) 它们的法律效果所依赖的行为和行为形式间的差异。

§247

a) 根据前一个分类依据, 人们主要区分出(尽管契约据其本质总是双向的)单务契约与双务契约, 即根据它们是仅基于单方就可形成义务(如借贷契约带来了偿还被借出之钱款的义务)还是需基于双方才能形成义务(如买卖契约或租赁契约)。

关于债权契约与物权契约的区别, 参见§659。除此之外还有亲属法契约(如收养契约, §730)与继承契约。

§248

b) 根据第二个分类依据, 人们主要区分出要式契约与非要式契约。前者之行为的法律效果取决于缔约时对特殊形式的遵守, 而后者则不需要。根据《(德国)民法典》, 属于前者的有出售地产的契约, 属于后者的有出售动产的契约。

§664.——单方表意行为也可能要受到特定形式要件的拘束, 如设立遗嘱(参见§748)。

§249

表意行为的形式要件部分地对行为人的意图本身具有意义, 因为它们以一种更加确定的、尽可能避免未来发生争议的方式表达出了行为人的意图及其严肃性; 部分地同时或完全对公共利益具有直接意义。

前一种情形主要有一些契约所要求的亲笔书写契约内容, 后者的情形主要有婚姻成立的形式要件。

此外，表意行为之形式要件的意义并未由此就被穷尽，它只是强调出了对于今天来说最重要的东西。形式要件也可以被用来主张证明某些实质上相关的过程甚或这些过程本身。对于它们的这种替代性意义（它在法律生活史中扮演着值得一提的角色），在此不再做深入探究。关于表意行为之形式的意义，参见 Jhering, Geist, 3. A. II, 470ff.（"任意专断被宣誓的敌人，自由的孪生姐妹"）。关于对其不断变化的评价，尤其是它在晚近法律中的"复活"，参见 v. Mayr, Entwicklungen u. Rückschläge in d. R. geschichte 11。

2. 法律后果

§ 250

表意行为在客观法意义上的用途在于，确保法律主体的意志有对法律关系之存续和内容发挥与其目的相符之影响的可能。

§ 251

据此，表意行为的效果在某些界限内和特定前提下被如此规定，就像其合乎被表述出之参与者的意志或根据一般经验所期待之参与者的意志那般。

现代法在根本上立足于对"契约自由"的认可，尤其是在债法领域。（§647ff.）

§ 252

然而，（法）却可能会以各种方式提出某个与参与者的意图相对的客观原则。法只有在此范围内才会确保法律主体的意志具有一种符合其目的的法律效果，即当它看起来与它所保护的实质(§161)利益相容时，也只有在这些条件下才是如此。

§253

属于这类情形的有：

(1) 当行为人所意图的效果不被法律认可时；

(2) 当与其行为相联系之效果独立于行为人的目的时。

§254

关于情形(1) 有时，被意图之效果会因为行为人自身的实质利益、有时因为第三人的利益或公共利益而不被认可。当某个意思表示由于未遵守被规定之形式而不具有法律效果时(§248f.)，它就会同时落入这两种视角之下。

还要强调的是，高利贷契约(利用对此予以允诺者的轻率、无经验或身处困境提出不成比例之财产增益的条件)是无效的。一般而言还有这类试图引发不道德之行为或关系的契约也是如此(《(德国)民法典》："违反善良风俗")。例如这样的契约，据此，职员在任何时候、任何地方都不得从事竞业行为，在此他的自由和职业能力显然因某种违背善良风俗的方式受到了限制。对契约自由的限制是为了相对于处于经济优势地位的雇主来对雇员进行保护，参见§383。——Lotmar, D. unmoral. Vertrag 96. Steinbach, Moral als Schranke ders R. erwerbs a. 98 u. JZ. 4, 47. Vogel, Begriff d. gegen die guten Sitten verstoßenden Rg. 06. Leonhard, D. Verstoß gegen die g. S. 07. Hölder, JZ. 08, 46. 关于德国的实践参见 Dick in ArchBR. 33。

§ 255

关于情形(2)不考虑行为人的目的时，通常要将某类后果与表意行为相联结。而借由表意行为得以实现的功效与相关的、受法律保护的实质利益相容，这似乎依赖于那类后果。

对这里所主张之客观原则的一般性概括，参见 § 243。

§ 256

例如，婚姻的缔结会伴有重要的法律效果，这独立于它们是否符合步入婚姻关系之双方的目的（被联结之纽带的不可解除性，参见 § 719；与可能出现的后代相关的义务；等等）。它们指出了这么做的条件，即对这类法律关系的证立要与受其保护之利益相符。

§ 257

但首先，法在特定前提下赋予某个被接受之承诺以赋予义务之力，这可以回溯到上述客观原则上去。因此，这种拘束力不依赖于这一承诺的履行是否符合承诺者的意图。

设想某物的买方从一开始就不打算去履行其承诺：在特定时间支付约定的价款。这样一种对于卖方来说被隐藏的保留意图——不想要履行曾说过的话（reservatio mentalis）——并不排除，法将会拘束买方遵守其承诺，并且在必要时强迫他履行这一承诺。因而对于支付义务的形成而言，起决定作用的并不是作为支付承诺之基础的意图，而是承诺的客观特征及其由此得以证立的对于他人——承诺对其做出，其行为通过承诺被确定——的意义。

§258

进而，属于这种情形的有，从被接受之承诺中成长出之义务的赓续不受有义务履行者之嗣后可能的意义变迁的影响。

如果像许多人所假定的那样，义务的基础在于"订立契约者之自我承担义务的自由意志"，那么与这种自由意志相反对的表述就必然会废除这种义务！但这是不对的。如果意志是起决定作用的因素，那么就无法说明，为什么随后相反对的意愿几乎没有如同前者那般的效力，为什么对一开始被意愿者(或作为被意愿来表示者)的坚守被当作了法律义务的内容。法律意义上的每一种义务都是某人对于他人的客观拘束力，是一种部分的不自由，其基础不能到前者自身的意愿中去寻找。但个人自由确实会使我们拥有形成那种拘束力的能力，只是相对于其自身之意愿，得以坚守的不可能是这种意愿本身！就像某人不可能是其自身——将自己以反于其意志的方式囚禁在某个小室中——的看守那样。不是意愿拘束着个人，而是其行为，之所以是行为，是因为(也仅因为)它涉及他人之福祉的条件(§243)。

对于契约而言，在这一方面没有什么特殊之处。我们同样可以自由地来建造房屋、经营企业、照顾病患，但要受到补充性行为的拘束，而下面这点合乎经验地依赖于上述行为：他人生命、健康、财产的完整性相对于上述行为而存在。

对于违法行为所包含的义务而言，也没有什么两样。就像犯罪人就其行为而言是自由的，但就其所承担的后果（刑罚）而言是不自由的，某笔借款的接收者就其借贷行为而言是自由的，而就源于此的义务，即偿还借款而言则是不自由的。就像在前者那里，是行为而非其法律后果，可以通过行为者的自由意志得到充分的说明，在后者这里也一样。主流理论跳过行为，转向了意志，而后者只能发挥那种相对于自身具有独立意义之功效。

§ 259

进而，（根据同一个原则）义务可以获得一种被扩展的新内容，而这独立于义务人的意志。

例如，在违反义务之行为的情形中就是如此，因为它在履行原初契约义务之外还可能引起支付滞纳金的义务，或用损害赔偿来替代对原初契约义务的履行。

关于这种法律义务在其被违反之情形中的转变，特别参见§671 i.f.，688f. 至于违法行为所产生的后果请参见下一节。

IV. 关于违法行为的特殊考察

1. 特征与类型

§ 260

每种违法行为都包含着违反法律要求的行为，也即违反义务的行为。

　　许多人同样将违法行为一词运用于这样的情形，在其中无法来谈论对某项法律义务的违反。如无责任能力人对他人利益之侵害就是如此。想象一下这种情形：一个精神错乱者杀了某人。不言自明的是，在这里不能说是违背了施加义务的法律条款，因为这里根本就不存在行为，更不用说违反义务的行为了。虽然如此，人们在这里还是经常谈论违法行为，因为他们用这个词来指涉精神错乱与谋杀和杀人所共有的外部特征(也可参见§237及以下)。虽然有这种共性，但其过程的法律意义全然有别。给予有责任能力者之行为对于法秩序的固有意义，以及包含与此行为相关之反作用的基础和标准(对此参见§275ff.)，在精神错乱者的行为那里并不存在。因而如果人们对此进行法学上的观察，指称的就是具有相同法学之名的极尽不同的事物，而这只有在此前提下才能被容忍，即人们在此已经意识到了它们间的差别。但更好的做法是，对概念上有别者在语言上亦作区别对待。迄今为止，至少语言的混同已经为致力于澄清差异之概念作业设置了障碍。——在本书中，总是仅在本章所提出的意义上来运用"违法行为"一词。

　　关于违法行为的一般学说，参见 Merkel, Lehrb. §4ff. Kriminalist. Abhandlungen I (不法及其法律后果的基本分类) 67。Über d. gemeine d. Strafr. v. Hälschner u. den "Idealismus" in d. Strafr. wissensch. (ZStW. 1 u. Sammlg. 430). Binding, Normen; Handb. des Strafr. ; D. objektive Verbrechenstatbestand in f. rechtl. Bedeutung, GS. 76. Jhering, Schuldmoment. Hälschner, Lehre v. Unrecht

u. f. versch. Formen, GS. 1869 u. 76. v. Bar, Grdlagen des Strafr. 69; Z. L. v. der culpa a. in GrünhZ. 4; Gesetz u. Schuld Ii 07. Absolutes u, relatives Unrecht (eod. 151). Heyßler, Zivilunrecht u. seine Formen 70 und in GrünhZ. 6 u. 9. Löning, Vertragsbruch u. f. Rechtsfolgen 79. Herz, Das Unrecht u. d. allgem. Lehren des Strafr. 80. Pernice, Labeo II, 2. A. 95. Liszt, Deliktsobligationen im Syst. Des B. 98. Leipmann, Einleitung in d. Strafr. 00. M. Rümelin, Verwendung der Kausalbegriffe im Straf-u. Zivilr. 00; Der Zufall im R. 96. Träger, Kausalbegriff im Straf-u. Zivilr. 04. Eltzbacher, handlungsfähigkeit 262ff. Kißinger, Rechtswidrigkeit im Strafr. , GS. 55. M. E. Mayer, Die schuldhafte Handlung u. ihre Arten 01; ZStW. 32. Hold v. Ferneck, Die Rechtswidrigkeit I 03. (Gegen den Begriff der objektiven R. W. Dazu Thon, in JherJ. 50.) Graf zu Dohna, Die R. widrigkeit a. 05 und ZStW. 24 u. 27. Bierling, Prinzipienlehre III, 05 S. 170. Beling, L. v. Verbrechen 06. Zitelmann, Ausschluß der R. widrigkeit, in ZivPr. 99 und "Recht des B." 00 S. 151. Thyrén, Abhandlgen. Aus Strafr. U. R. phil. II (dolus u. culpa) 96. v. Hippel, Die Grenze von Vorsatz u. Fahrlässigkeit 03. Weyl, System d. Verschuldensbegriff im B. 05. Kipp, Über d. Begriff der R. verletzung 10. H. A. Fischer, Die R. wirdrigkeit mit besond. Berückf. des Privatr. 11. Nagler, Der heut. Stand der L. v. d. R. widrigkeit 11.

§ 261

根据其外在面向，这一行为可以由此得到刻画，即做了根据法律禁令不应当去做之事，或没有做根据法律命令应当发生之事（参见§768）。

§262

根据其内在面向，这一行为可以通过故意（Vorsatz/dolus）或过失（Fahrlässigkeit/culpa）的特征来刻画。

当属于外在行为面向的特征明知地和有意地被实现时，违法行为就是故意犯下的；相反，当尽管是不明知和无意的，但却是基于违反义务的、未尽在生活和交易中必要之注意（根据罗马法的标准：勤谨善良家父的注意[diligentia boni patrisfamilias]）的粗心大意或疏失时，违法行为就是过失地犯下的。（参见§771）。

§263

前者主要出现在盗贼、谋杀犯、诽谤者以及债务人（他试图通过逃亡来躲避债务）的情形中。在此，违法行为是明知和有意地被实施的。

§264

后者主要出现在那些人的情形中，他们通过运用毒药、火或易爆物质的草率举动给他人的身体、生命或财产造成了损害。

在此发生的事同样给行为人的意志施加了负担，因为它尽管并不意图给他人造成损害，但也没有（如它应当做的那样）试图避免这么做。

故意与过失的区别类似于外在行为面向上之违法的作为与违法的不作为之间的区别（§261），只要有责者的意志在故意的情形中要为自身意识领域中的某种积极行为负责，而在过失的情形中则要为某种消极行为负责。

§265

过失的假定预设了，合乎义务的行为已经避免了与法的要求相矛盾。

假如后者并非如此，那么就出现了法律意义上的意外（casus）。

§266

属于这种情形的有，某人被不可抗力阻碍去履行其义务，或某人的行为因为纯粹不可预见的情况引发了损害性后果。

在此，后者不可以回溯到人的意志上去，且无法通过意志特征来对其予以说明。因而它不会对他施加负担，不会"归责"于他。

参见§703。

§267

每种违法行为都对主张要受法律保护的利益具有意义。

让我们首先来考察这些利益，然而再来考察违法行为对于这些利益所具有的意义。

§268

就这些利益而言，要区分：

（1）被具体违法行为所触及的特殊的公共利益和私人利益，以及（2）法的权威以及个人服从其规定的一般利益。

§269

关于情况（1）：每个违法行为都涉及某种特殊利益，前者现实地或被假定侵害了它们，且有鉴于相关的行为要被禁止。

§270

它们可能属于纯粹客观上被保护之利益（后者在§156中已经被考虑过了）或已经以主观法（权利）的形式得到了保护。

在后一情形中，违法行为同时包含着一种对主观法（权利）的侵害，而在前一情形中则缺乏这一特征。例如，盗窃侵害了（被窃者的所有权），而乱伦则没有（侵害任何权利）。

§271

我们通常可以将这些利益分为直接卷入的和间接卷入的利益。相关类型的违法行为涉及的是前者，它们对应于在这类违法行为中可以被观察到的主观法（权利）。

例如，侮辱行为直接侵害了以主观法（权利）的形式被保护的荣誉利益（§540）。这种利益在此构成了这一类型之违法行为概念的最直接的侵害对象。这类行为间接侵害了市民和平之存续这一利益。再如，通奸行为直接侵害了被侮辱之配偶要求其妻子/丈夫保持忠诚的利益，间接侵害了关于婚姻纽带之力量的社会利益；欺诈直接侵害了被欺诈者的财产利益，间接侵害了关于交易诚信的公共利益；谋杀直接侵害了被害人的生命利益，间接侵害了其家属的利益，以及关于身体和生命安全的公共利益。

§ 272

关于情况(2)：每个违法行为都包含着不服从客观法这一要素，由此，从特定方面看质疑了法的统治，故而触及了关于这种支配之存续的一般利益。违反私法契约义务和违反公法义务都是如此。

§ 273

违法行为可能对于上述利益具有双重意义，

(1) 只要它们会引发相同的恶和危险，并在此条件下发挥影响，即法能够相对于这些利益完成其任务并主张其自身的统治；

(2) 只要它们让人们识别出了威胁那些利益的不良状况和危险，或使之更加清晰。

违法行为的这种双重(真实的和征兆性的)意义的力量可以被用以确定自身的双重措施。

2. 法律后果

(1) 总论

§274

　　法致力于相对于违法行为来保障其统治的条件，以及它为之而存在的利益。

　　只有当这种功效以它为出发点时，它才被证明是保护性和保障性的，确保秩序和和平的力量（它已被如此刻画）。

　　Lehrbuch　§64ff. Kriminal. Abhandlungen I bes. S. 57ff.

§275

　　一般而言这种功效具有两种类型（§273），因为：

　　首先，法可以对违法行为所引发之恶和危险起到反作用，这种反作用可以被用来阻止这些恶和危险的扩散，并消除或弥补已经发生的恶和危险（只要事情的本质允许这么做）。

　　其次，法可以与已通过违法行为被识别出之恶和危险进行抗争。

§276

　　上面被提及的前一种反作用的根基在于违法效果本身，并根据它来对此进行衡量。这是狭义上之不法的"法律后果"，对此前文已经考虑过了（§51—56）。

　　对于第二种类型的措施而言，那种有责功效只构成一种偶然的肇因。

属于这第二种类型的措施的，例如有这类制定法，它们由于被犯下之特定类型的违法行为而被颁布，为的是预防再次犯下这类行为，因为它们在特定方向上扩张了警察的权限，使得生产特定对象的行为（它们在犯下这类行为时扮演着一定的角色，例如生产易爆物质、武器、毒药等），甚或使得陌生人间的交易受到更严格的审查，等等。

这两类范畴的措施尽管彼此间存在对立，但也有一种共同的意义，也即预防性意义。违法行为的法律后果（例如想一想盗窃、侮辱、谋杀的法律后果）同样能起到预防作用，这并非偶然，而是合乎其规定。它们能起到预防作用，因为它们防止了与违法行为相联系之恶的自我主张和扩散，因为它们消除甚或减少了对被违法行为直接或间接侵害者的和平进行干扰的诱惑，消除甚或减少了让有责者继续实施不法行为的诱惑，因为它们确保了有待适用之第二性法律规定（§55）的预防性力量，并通过所有这一切终结了未来之危险和恶的来源。

在外在方面结束恶行并不意味着同时也实现了其因果性的终结。毋宁说，这种因果性是渗入生活中的一个要素，它继续发挥着作用，且对于社会躯体而言拥有一种类似于有毒物质对于人的有机体的那种意义（它渗入了这种有机体中）。法律后果就好比是后一种情形中的解毒剂。它们也同样保障了后者的未来，因为它们与在过去出现并在当下继续的恶相抗争。

但由此也就同时表明了（两者的）差异。法律后果在被犯下之行为的内在终结中发挥着预防作用，它们根据其因果意义被衡量并在其中找到根据。相反,就那另一种措施而言,被犯下之违法行为只是提供了外在动机,它也可能以别的形式(如,通过科学作业)被给出。如果可以将法律后果的实现比作与火灾相抗争,那么这另一种措施就好比是准备向火堆上喷水。

然而,两类范畴的措施并不总是泾渭分明。不如说,不少时候两者的特征以固有的方式显现出彼此间的联系。属于这种情形的例如有,在执行自由刑时,考虑到囚犯已显露出精神荒芜,教导给他有益的知识。一般而言,有待进一步阐释的刑罚的本质(§292ff.)容许通过它们将针对通过犯罪行为产生之恶的反作用与这样一种效果相联系,它指向了通过犯罪行为单纯被识别出的恶。据此,不少刑罚同时也属于那第二类范畴。例如,警方对罪犯进行监控、将犯罪的外国人驱逐出境、将被判处刑罚的流浪者进行劳改、没收犯罪所得和工具等等。只要这些措施对于犯罪者而言具有刑罚的意义,它们的根据就在犯罪者有责的效力之中。但它们并不仅仅是刑罚,而也同时是对于危险——就此而言,违法行为包含的不是原因,而仅仅是认知基础——的预防措施。

§277

不法的"法律后果"(它们应当是唯一使我们忙碌之事)具有证立新的法律关系或修正既有法律关系之形式,或者迫使履行属于这些关系之义务的形式。

债务人试图通过欺诈来躲避他的义务。这种行为之可能结果为:1. 对债务人与其债权人之间存在的法律关系进行修正,

因为债务人除了一开始应为的给付外，还有义务向债权人提供
因可能之不利(这是从债务人的违法行为中生发出来的)而产生
的赔偿；2.形成新的法律关系，因为债务人对于国家负有忍受
特定惩罚的义务；3.强制实现债务人的旧的和新的义务。

§ 278

这些法律后果将落在犯下违法行为之人的身上，因为它们
向他施加义务或使他承受履行这些义务的强制。

它们之所以落在他身上，是因为他的功效就在于，相对于
他提出关于权利以及它所保护之利益的主张。

为我们的行为负责的一般理由仅在于，它是我们的行为，
这些行为引起了兴趣或漠然、尊重或蔑视，并相对于它们引起
他人去确保其福祉和自我尊重的条件与一般价值判断相一致。
一切法都立基于这一前提之上：某人的行为是其本质的结果，
故而通过因果法则与后者相联系。否则法又怎么能将特定行为
的法律价值传递给行为人，怎么能在将来将这些人考虑进来并
要求对他们进行清算，假如没有根据因果法则通过这些行为指
出行为人的特征，假如在行为人身上不存在那些通过这些行为
标识出的固有要素，以及假如行为人不能基于这些事实通过这
些行为重新认出自己，并因此感到为这些行为负有责任。与这
种决定论的立场(人类行为之必然性学说)相反，非决定论学说
质疑因果法则在人类行为领域的有效性，并认为负责任的前提
恰恰在于，人类行为免于这一法则的支配。

如果出现这一行为——它违反了伦理上的价值判断，并侵

害过错性地涉入了受到法或其他伦理力量保护的利益领域，那么我们就可以谈及违法行为人的"过错（罪责）"。在此，有时可以在更为特殊的意义上用这个词来指涉要为上述属性负责的行为本身（"过错［罪责］"等同于"违法规范的因果性"），或者更正确地说，指涉通过这一行为证立的责任和拘束力（"过错［罪责］"等同于"就符合那种因果性之行为或容忍而言的伦理拘束力"）。——关于默克尔之决定论立场的证立，尤其参见 Element §23；Lehrbuch §28；Rechtliche Verantwortlichkeit（Sammlg. 873）；ZStW. 1, 580（Sammlg. 430ff.："自由意味着根据自身的标准起作用"）。关于决定论与（哪怕是）"报应观"之责任的相容性，参见 56ff.（Sammlg. 717）。ferner KrB. JSchr. 13, 158f. und Fragmente 9ff. Vgl. ferner Liepmann, Einleitung in das Strafr. 163 和 ZStW. 14, 446-17, 689-22, 72-28, 1. van Calker, Straft. u. Ethik 97；Eth. Werte im Strafr. 04. v. Hippel, Willensfreiheit u. Strafr. 03. Träger, Wille, Det. , Strafr. 95. Finger, Lehrb. 230；Begründung des Trafr. v. detrm. Standp. 87. Graf Dohna, Wfr. u. B. lichkeit, MSchrKrimPhych. 07f. Auch Windelband, Wfr. 04. Lipps, Ethische Grundfragen 99. Wundet, Ethik II. Paulsen, E. I（§80）. Als Vertreter des Indeterm. etwa：Birkmayer, Normen II. H. Meyer, Wfr. u. Strafr. 90（dazu Merkel, D. LittZtg. 12, 135）；Lehrb.（anders Allfeld in 6. A.）. v. Rohland, Wfr. 05. Bierling, Prizipienlehre III, 253. Berner, Wie kommt es, daß M. den Det. vertritt? 00. Gucken, Geistige Strömungen d. Gegenwart 4. A. 09 S. 363.——Köhler, Vergeltgsgedanke S. 152ff.（Zus. stellg. ）

§279

同一个违法行为可能会引发成多个法律后果；例如，诽谤会引发这样的义务，即对造成的财产损害进行矫正，或向被侵害者进行"赔偿"（§791），强制履行这一义务，承认和执行监禁刑，公布所做的刑事判决，强加承担签发支持被侵害者之判决的费用和承担诉讼费用的义务。

§280

正如对于违法行为而言，对法的统治和权力之存续这一一般利益的指涉与要区分于对特定的特殊利益的指涉（§268—§272），对于法律后果而言也一样。

§281

所有法律后果都对那种一般利益具有意义。因为所有法律后果都相对于被犯下之违法行为增强了效力以及对被侵害之条款的尊重；所有法律后果都发挥着有利于确保或重建这种状态——它与这种尊重及其赓续的条件相符——的作用。

§282

每个法律后果都同时被用来服务于某些特殊的利益（相关违法行为侵害了这些利益），并在一种与违法行为之意义相对立的意义上使其发挥作用。

法律后果间的差异对应于这些特殊利益间的差异以及这类

条件的差异,在这些条件下,这些特殊利益能够相对于相敌对的功效进行自我主张。

(2) 类型

§283

法律后果可分为:

a) 私法上的法律后果与公法上的法律后果;

b) 属于刑罚概念(刑法上的不法后果)的法律后果与不属于这一概念的法律后果。

在文献中,这两种对立不少时候以下述方式相混合,即人们将公法上的不法后果等同于刑罚,将与前者的对立等同于与后者的对立。但由此也就切断了这种可能性,即获得关于不同不法后果之特殊性的正确观念。既非所有公法上的不法后果都是刑罚(例如想一想涉及公共义务时的强制履行,§292),也非所有刑罚都具有公法的性质。这两个概念彼此之间完全没有关系。现代法上的刑罚大多数时候通过刑罚的概念特征将那些公共的不法后果统一起来,这一事实并不能说明对这两个概念的混用就不存在错误和混淆性影响。

a) 私法上的法律后果的与公法上的法律后果

§284

私法上的不法后果体现为对既有私法关系的修正,或对新的私法关系的证立,或强制履行属于此的私法义务。

公法上的不法后果体现为对既有公法关系的修正,或对新的公法关系的证立，或强制履行属于此的公法义务。

一个私法上的不法后果：强制支付欠债。一个公法上的不法后果：强制履行国民义务，即在诉讼过程中作为证人到庭并作证。

§ 285

私法上的不法后果直接根据违法行为对于所涉及之私人利益的意义来衡量，公法上的不法后果直接根据违法行为对于所涉及之公共利益的意义来衡量。

§ 286

一些违法行为只与私法后果相关。例如，过失损害他人财物、违反义务迟延履行财产法上的给付就是如此。

人们在此称之为"纯粹的民事不法"，纯粹的"私法上的不法"。

相对于刚刚提到的过失行为，故意损害行为（我们的《刑法典》对之施以公共刑罚）有所不同，参见§293。

§ 287

这些违法行为同样涉及的公共利益（§271f.）在此并没有得到独立的表述。

但私法上的后果对于自身同样有意义。因为法通过它们所保护的私人利益相对于债务人赢得了胜利，它就同时保障了预告保护性条款的权威，并由此满足了依赖于这些条款之权威的公共利益。

例如,如果通过合法途径让所有人再次设法获得他被违法剥夺之物(私法上的不法后果),那么就由此维系了调整所有权和对其进行预告保护之法律规范的力量。而这对于这两类利益而言就有了意义:1.那些特殊的公共利益,它们被表述在这些法律规范之中,对于它们的形成具有决定性,奠定了维系它们的基础并依赖于后者;以及2.那些最一般的公共利益:法终究自我维系为权力,并非徒劳地预告保护,并且具有界限。——这种私法上之不法后果的意义经常被误识。它产生于以下简单的考量,即法就其所有的组成部分及其所有的功能而言看起来都是共同利益或公共利益的机关(参见§93),据此,这些功能中的每一个,以及私法上不法后果的实现也都必然对这些利益有意义。

§ 288

相反,在一些违法行为中,(它们所包含的)对私人利益和私人权利的侵害在法律后果中没有得到独立的表述。

一般而言,根据现代法,谋杀和杀人的情形就是如此。只要在此不涉及被害人家属的财产利益,就只有存在有罪者与国家之间的公法关系(作为犯罪行为之法律后果)。

§ 289

根据现代观念,在这些犯罪行为中,被侵害的私人(家庭成员)利益退居于一般利益之后,并通过法律后果(一般利益对于它们来说是决定性的）一并求得对自身的满足，只要涉及这种满足。

关于上述观念的发展以及与此相应的公共刑法的发展，参见 Merkel，Straßb. Rektoratsrede 89（参见 §144）；Lehrbuch §11 和 §72。

§290

对于大量其他违法行为而言，这两种利益都通过法律后果得到了独立的表述。属此情形的主要有盗窃、抢劫和欺诈。它们一方面产生了有罪者与其权利被侵害之私人之间的私法关系，另一方面又产生了有罪者与国家之间的公法关系。

b）刑法上的法律后果与其他法律后果

§291

刑法上的后果体现为，形成了有罪者与国家或者某个私人或某家公司之间的法律关系，据此，前者必须遭受某种刑罚（或数个刑罚），并基于这种法律关系去现实地遭受刑罚。

如果那种关系属于私法类型，那么刑罚就是"私人刑罚"（Privatstrafe）；如果它具有公法性质，那么就是"公共刑罚"（öffentliche Strafe）。据此，前者是私人请求权的对象，而后者则是公共刑罚请求权的对象。

一些人终归不想让私人刑罚（它在刑罚史上扮演着重要角色，§300）作为刑罚起作用。但刑罚的一般本质本身与下面的问题无关：承认和执行它的权利掌握在谁的手里。

§ 292

刑罚的概念包含着很多不法后果,它们之间尽管存在差异,但却构成了所有其他不法后果的对立面。

在此要作为刑罚被提及的是死刑、自由刑和罚金、剥夺公职、没收违法行为的工具和所得、警方监控、驱逐出境(参见§788ff.)。

属于其他那类(对此我们没有合适的共同名称)的有:

必要时通过强制实现归还违法所得之对象的义务,以及剥夺被妄称的尊严、地位等等;

强制履行私法或公法上的未自愿得到满足的义务;

担负义务和强迫人们通过违法方式对他人财产造成之损害进行赔偿;

这两类不法后果的差别何在?

Lehrbuch §67(法律上的刑罚及其与其他不法后果之间的关系)。

§ 293

想一想故意违法损毁他人的财产。

这种违法行为证立了对财产所有人进行赔偿的义务以及最终的强迫,并证立了公共刑罚。

这些后果可能代表着§292中所区分的那些类型。

§ 294

赔偿与刑罚的区分在于:

aa）它们与罪责效果之不同方面的关系；一方面对赔偿直接起到决定作用，而另一方面则对刑罚起到决定作用（§295ff.）；

bb）它们本身所凸显出的特征（§307ff.）。

上述法律后果之间有待进一步查明的差异只是逐步才在法律规范中获得某种更确定和特定的表述，并得到全面的考量。参见 Merkel, Über den Begriff der Strafe in seinen geschichtlichen Beziehung（s. §144）。Jhering, Schuldmoment.

§ 295

对于赔偿而言具有直接决定作用的是对他人财产之可归责的侵害，也即在此与法律条款及从中推导出之义务发生直接矛盾。

在此涉及这样一种成效，据其本质，它容许通过赔偿进行特殊矫正。

人们假定，所有人的财产已被违法行为降低了100马克的数额，而现在将通过上述法律后果再次提高相同的数额。

§ 296

对此——它刻画出了违法行为的主要特征——所做的这种特殊矫正体现了关于法律后果之全部类型的特别规定，而赔偿作为其代表适用于我们。

§ 297

但是，被考察之违法行为（§293）对于通过法被承认之利益的因果意义并没有被那种最最密切的效果(它构成了赔偿的对象)所穷尽,其遗留部分涉及的是刑罚。

§ 298

也即是说,这种违法行为的效果——就像一般意义上违法行为的效果一样——将超越直接侵害的时刻,并具有这样一种趋势,即逾越具体法律关系的领域,并扩展至私人利益和公共利益的其他范围。在这一点上,它们就好比是一团火焰,在易燃的物质中间首先攫住了某个具体的对象,但同时也显现出越来越扩散地去征服周遭的趋势。

§ 299

对于直接涉及的人格来说,行为的意义已不能在金钱数额——它吻合所遭受的财产损失并构成赔偿的对象——中获得穷尽性的表述。

因为这一行为已经打下了不尊重这一人格及其权利的烙印,不论它是否为此目的被实施,也即让他能感到一种敌对态度,抑或犯罪人是为了达到任意其他之目的而将这一人格及其权利视若无物。由此,后者的效力就存疑,并暴露于同一种态度之更新活动的风险之中。

§ 300

这些要素在古代法的私人刑罚中找到了独立表述。据此,它们有以下特殊的规定,即对被侵害者提供因其遭受之损害的赔偿,并增强其人格及其权利的效力。

在现代国家中,这种私人刑罚不再扮演任何角色。

§ 301

进而,上述被考察之违法行为同样涉及其他每一种公共利益。它侵害了财产安全和公共和平之存续这些公共利益,以及法的统治这种最为一般的利益(§272)。

这些要素在与那种违法行为相联系之公共刑罚中获得了独立表述。

公共刑罚间接地对§230ff. 中所指称的具体人格的利益亦有意义(参见§289)。——

关于私人刑罚对于古代法律生活的意义及其被公共刑罚的挤压,参见 Lehrbuch S. 201f。S. ferner Jhering, Geist §11f.; Schuldmoment S. 17ff. Binding, Entstehung der öffentl. Str. im germ. -deutschen R. 09.

§ 302

正如前文所说已经表明的,对于刑罚而言,行为最直接的效果,也即损毁他人财产,具有赔偿之外的其他意义。

对于后者而言,这一成效可直接被视为具有决定性;相反,对于刑罚而言,只有当特定类型的心理效果基于这一成效与某人意志的关联而与它(成效)相联结时,才被视为具有决定性。

§ 303

据此,就更宽泛意义上之刑罚而言,而非就赔偿而言,这种意志的加入具有意义。

在后者的情形中，对这种意志的兴趣只在于其作为那种最直接之成效的肇因；在刑罚的情形中为的是从这种起源中发展出对这种成效的深远意义。

§ 304

据此，赔偿义务问题只取决于，当其意志及这种意志参与这种更为特殊的状态看起来无所谓时，这一成效是否可被归责于行为人。故而就这一义务之存在和范围而言，是出于恶意还是恶作剧，行为是出于故意还是过失，是否可以在年轻、公正感或其他情境中找到减轻(责任的)理由，都是不相干的。

相反，这些差异和情境对于刑罚问题是重要的。因为，如果行为出于故意而非过失(参见 § 771)，出于恶意而非恶作剧，那么超出那种最直接成效之外且对于刑罚具有决定性的行为意义就要来得更大，且通常在与依赖于外部行为面向构造之相同的程度上依赖于内部行为面向的构造。

§ 305

确定和评估赔偿与刑罚时的特殊性并不排除这一点，即根据所有法律后果的共同性质，两者的某些效果会在同一个利益领域中重合。

赔偿毋宁会超出最直接的，与其特殊规定相符之效果之外，既对于居于不利地位的人格，也对于所有人都有一种一般性意义，这种意义与刑罚的意义属于相同的类型。

赔偿(无论它是自愿提供的还是被强制提供的)为受害人的自我感(Selbstgefühl)提供了补偿,并适合于在它那里通过法的权力来减轻不法行为产生的情感和由此生长出的不信任,并由此与和私人刑罚相关的效果发生共鸣。在公共利益方面,赔偿具有这种意义,它在上文中被附加于一般意义之法律后果(§281),尤其被附加于私法上的法律后果(赔偿属于这种后果)(§287)。但这种意义使得它与公共刑罚(尽管不是根据措施,而是概念特征)具有了共同性。

例如,为了由此获得一种洞见,想象一下现在废除了刑罚——根据法律,它们与对生命和身体完整性的侵害相联系。毫无疑问,其结果将会是减损被考察之规范的意义和价值,降低那些利益的安定性,导致私力救济以及松动秩序与和平的纽带。相反,想象一下现在取消赔偿,以及彻底取消属于第二种类型的法律后果(§292)——根据法律,它们与对财产权和契约义务的侵害相联系。在此同样毫无疑问,其结果将会是减损相关法律规范的价值与意义,降低它们所保护之利益的安定性,导致私力救济以及松动公民秩序的纽带。故而取消这两种不同之不法后果的意义可能在某些范围内是一样的。因此,它们在相同范围内出现的意义也是一样的。

§306

上文所述说明了这一事实:刑罚的适用领域在为其他法律后果留有余地之处,看起来就像在没有留有余地之处那样,也是有限的。

　　凡对于其他法律后果来说不存在余地之处，刑罚威胁就构成规则。假如在此例外被除外(例如想一想主权者犯下的违法行为)，那么这是因为考虑到了这些情形，它们使得运用一般意义上的强制措施(故而也包括刑罚强制)看起来是行不通的，或者看起来与压倒性的损害联系在一起。

　　相反，假如其他法律后果(根据不法类型的性质)存在适用的余地，那么那种规则就不适用。如财产关系领域就是如此。契约关系内部和外部的各种类型的违法行为在此并不会引发刑罚，而只会导致去履行赔偿义务或强制措施。在亲属法领域和公法的不同部分中，一些违反义务的行为也只会引发强制措施。参见 Merkel, Kriminal. Abhandlungen I。

　　与今日这种对不同法律后果之适用领域的界分相伴而生的是这样的认识："每种刑罚都要在社会的损失账户中记上一笔，海员在心里都有这笔账，他们认为，为了其航船能继续行驶，有必要将有价值的物品从甲板上丢出去。"(Merkel, Gutachten z. Entw. e. nordd. Strafgesetzb., Sammlg. 169.) Jhering, Schuldmoment: wie mit der wachsenden Idee des Rechts die Strafen absterben und das Schadensersatzprinzip die Oberhand gewinnt über das Strafprinzip.

§ 307

　　违法行为的法律后果作为法的权力表述(它们指向有责者)对其具有一种恶的性质。

　　然而，这一要素在刑罚那里要比在其他法律后果那里具有更大的意义。

不法的所有法律后果都具有限制有责者之自由的特征，因而根据人类价值判断的一般标准对于它们所关涉者都具有一种恶的意义。这也适用对赔偿义务之确证及其强制履行，以及施加罚金和自由刑。

§ 308

赔偿义务及其强制，以及与其相近的法律后果都满足了其特殊的规定（§295f.），而这无关于，它们被所关涉者感受为恶，而在刑罚的情形中恰好相反。

在被侵害者之财产利益领域中应通过赔偿发挥作用的矫正，肯定不依赖于这一法律后果对于赔偿义务人之利益所具有的意义。

相反，这样的监禁刑——它们并不被惯犯感受为恶，在糟糕的情况下甚至是被他们所盼的能提供食宿的方式——绝不与其规定相符。倒不如说，它们适合于将犯罪的权力作为法的权力和受其保护的利益来保障和提升。当人们主张说，恶的属性相对于刑罚的本质来说是一种偶然时，后者的本质也就由此被误识了，就像当人们将此宣告为某种对于奖赏的本质而言是异质的事物，即奖赏是被用来产生且通常也产生了喜悦时，对有成就之行为进行奖赏的本质也就被误识了。

然而，这种对立不仅涉及对这些法律后果的特殊规定。除了对其最直接之目的所具有的意义外，赔偿以及与之相伴的法律后果对于法秩序意味着什么，它们与刑罚的重合之处何在

（§305f.），就像刑罚之意义那样依赖于恶的属性。

§309

另一种对立存在于赔偿与刑罚的形式方面。

就赔偿的形式而言，其最直接之目的——对财产损失进行特殊矫正（§296）——提供了更为特定的特征，而就刑罚的形式而言，这些特征是从其目的中被提炼出来的。

契约中的一笔100马克的财产损失总是只能通过一种财产法上的给付（它代表着100马克的价值）来清偿。

相反，一般而言刑罚所涉及的那些罪责效果的面向，就其形式而言并没有给出什么确定的标准。财物损坏、侮辱、干扰公共和平等的（正被考察的）意义无法让人认清它们与任一刑罚类型之特征的进一步关系，就像发烧的状态与有待运用之医疗手段形式间的关系不那么容易让人认清那般。因此，刑罚的形式具有极大的不稳定性。

后者当然不是说，就刑罚类型之选择而言，立法者的任意是且可能是唯一起决定作用的要素！毋宁说，在既定社会中，刑罚能够合乎规定地起作用的条件在此会遇到某些门槛：就某种犯罪类型而言，这种刑罚类型看起来更加合乎目的或更符合正义，就另一种犯罪类型而言，那种刑罚类型看起来更加合乎目的或更符合正义。例如，当我们的制定法将荣誉刑联结于源自蔑视之态度的犯罪行为时，这就不是任意的。故而一般而言，对应于私法立场的惩罚类型（§300）有别于对应于公法立场的刑罚类型（§301）。如对于童年期的民族和对于处于更高发展阶段

（的民族）来说就有所不同（§310，关于3）。例如，绝非偶然的是，主流的刑罚类型在康斯坦丁时代的罗马有别于格拉古时代，在17世纪的德国就有别于今日。联系某个时代之固有刑罚体系与这一时代可罚之行为体系的纽带，将通过社会政策关系和这一时代的文化得以塑造。参见格拉古242——Merkel，Rektoratsrede（参见§144）。

相对地，赔偿和强制履行本身也容许某种形式变迁，特别是就后者而言，这一点在罗马法律史和德国法律史上都是众所周知的。因而，这里所指称的对立就像在§307和§308中所谈及的那样，并非是一种绝对的对立。

§310

关于赔偿及其相近法律后果的内容将在关于私法和民事诉讼的章节中得到补充，而关于刑罚的内容将在关于刑法和刑事诉讼的章节中得到补充。

就这里所区分的诸类法律后果之间的基本关系而言，有一系列相对立的理论与书中所表明的观点，它们的基本性质可以回溯到如下被确定的观念方式上去。赔偿在此也同样可能代表着它们所属的类型：

（1）人们发现在此通常不存在任何关联和任何一致性，而只存在对立。只有赔偿才应根据有责行为的因果性来衡量，并通过对它的矫正来体现其目的，相反，刑罚的措施和规定应当与此无关。因而根据这一观点，对于刑罚而言，被犯下之违法行为以及源自它们的恶和危险只具有一种偶然肇因的意义，等同于在§276中被提到并在该处与法律后果相对立的措施。

此外，这里存在两种可能性：

a) 人们用刑罚来指涉通过违法行为已可识别的需求(无论它们来自于哪里)，例如指涉一种已可识别的对有责者进行矫正的需求，或指涉这样一种被凸显出的需求，即以恐惧的方式展现法的权力，在此，为了树立样本，有责者会被视为最容易获得的客体。刑罚同样属于那类并非由违法行为创设，而只是可能服务于明显需求的事物，这一点已在§276中被阐述过了。

b) 人们也可能不考虑a)中标明的那种违法行为与刑罚之间的关联。据此，前者只拥有被任意选择之关键词的意义，是国家授权特定的个人去运用它们，为的是将它们作为实现其目的的手段来使用。例如，据此，一个谋杀犯被处以死刑，不是因为这合乎其行为对于法以及由法看护之利益的真实意义，也没有考虑通过这一行为已可识别之需求，而是例如因为死刑被视为一种有用的制度，而立法者在谋杀者那里找到了一个恶的躯体(corpus vile)，对此他认为这一制度应毫无疑问地发挥作用。

(2) 人们就像用赔偿那样来用刑罚指涉这种被犯下的违法行为，两者*都可以在其中得到证立，但这一行为被拆分为外部特征与内部特征，并认为，对于赔偿而言只有外部特征起到决定作用，而对于刑罚而言只有内部特征起到决定作用。(因而人们发现，违法行为的既遂与未遂是等值的，参见§773 Z.1。)就此而言，人们在两个方面都错了，因为，一方面，某种外部现象——它不可回溯到某人的意志上去，不可归责于他——无法

　＊　指的是赔偿和刑罚。——译者

证立赔偿义务，而另一方面，恶的意愿——它无法以一种与法及受其保护之利益相关的方式起作用——无法证立刑罚。这两类法律后果都同等程度地受到违法行为之外部特征与内部特征的拘束（§260ff.）。

（3）人们忽略了本书所阐明的那些差异，因为他们不仅用这两种法律后果来指涉罪责效果（就像与真理相符那样），而且也用它们来一般性地指涉后者的相同面向。也即，人们在刑罚那里就像在赔偿那里一样去考虑最直接的、通常该考虑到的行为效果（后者已经直接违反了法律条款）（§295）；如在谋杀和杀人、身体伤害、毁坏他人财物的情形中考虑这些违法行为的名称和概念所指向的结果。（因而在既遂的违法行为与未遂之间树立起一种原则性的对立，在后者这里，只存在一种有过错的意愿，参见§778 Z.2）。这种观点所导致的结论是，人们就刑罚而言要提出那些只就赔偿而言才具备内在正当性的要求。首先是这些：刑罚应当尽可能地去匹配行为的那种最直接的效果，用一种特殊的同等的恶去对抗违法行为的最直接的恶。"以血还血"，"以眼还眼"，"以牙还牙"，"你怎么对我，我就怎么对你"。在古代民族的法中，这一要求很多时候在特定类型之违法行为方面获得了承认（同态复仇原则［Talionsprinzip］）。——全部这些观点都与某种童年时代相吻合，对其判断和行为而言，是落入感官的东西起到了决定性作用。那种最直接的恶，如在谋杀情形中的受害人死亡，在这里由此代表与犯罪行为相关的深远效果，法必须相对于此确保其统治并确保它所看护的利益，而刑罚与这种恶之间的平等则支持那些犯罪效果与法的反作用

(法的关键就在于这些反作用)力量保持合比例性。通过恶行(malum actionis)与恶害(malum passionis,或者译为"痛苦")之间的这种特殊平等,矫正正义原则获得了其对于处于青年期之民族的(就像对于儿童那般的)最容易的理解,因而也得到了被最大限度满足的表述。

对此参见§797。—— Lehrbuch §10, 65ff., und die bei §144 zit. Schriften Merkels, insbes. „Vergeltungsidee und Zweckgedanke". Zitate zu §260, 797.

第三章
法的适用与法律科学

第一节　法的适用

§311

接下去我们来考察适用既定法条和法律体系的某些条件和形式，也即这类具有一般性的，而非限于具体法律部门之意义的条件和形式。

I. 法条的适用领域（制定法的冲突）

1. 概论

§312

每个法条在相继而生、相伴而行的法律生活中都只拥有有限的适用领域，在其另一边为其他法条所支配。如果它要适用于某个既定的法律案件，那么就必须说明，后者根据其具体特征落入了这一适用领域。

§313

有可能的是，有不同的法条或者说(如果要限于最重要的部分的话)不同制定法根据其实质前提都适合于在审案件，并仿佛围绕对这一案件的支配权展开争议。如，就买卖行为而言就存在旧的制定法与新的制定法、共同的制定法与特殊的制定法、德国制定法与法国制定法。

这类案件需要这样的规则，据此要来决定，在相互冲突或竞合的制定法中应当适用的是哪一个。

通过更准确的考察可以发现，这里压根就不存在什么真正的"冲突"，而只是涉及下面这种调查：多个相竞合之制定法中，应将哪个适用于既定案件。

§314

要区分制定法的这类竞合或冲突的两种主要形式，即：

（1）在时间上前后相续的诸法条——时间冲突；

（2）同时有效的诸法条——空间冲突。

2. 时间冲突

§315

在多个涉及同一调整对象且在时间上前后相续的法条中，最迟获得效力者优先，即"后法优于前法"（lex posterior derogat legi priori）。

例外，"一般的后法并不优于特殊的前法"。

§ 316

然而，这一原理并不能决定这样的案件，在其中某个表意（行为）完成时或某个违法行为被犯下时有效的仍然是旧的制定法，但当新的制定法已然生效后这一表意（行为）或违法行为才成为司法诉讼的对象。

在此，法官必须要适用的是哪部制定法？是旧的吗？因为有待判断的事件是在其支配下发生的。还是新的呢？因为它现在包含着有效的法律指示，包含着对现在起决定作用的确信和利益的表述。

Lehrb. § 101. Savigny, System, VIII 49. Berner, Wirkungskreis des Strafgesetzes 53. Lassalle, System der erworbenen Rechte, I. 2. A. 80. Seeger, Rückwirkende Kraft neuer Strafgesetze, 62. R. Schmid, Herrschaft d. Gesetze nach räuml. u. zeitl. Grenzen, 63. Meynne, Essai sur la rétroactivité des lois répressives, Bruxelles 63. Gabba, della retroattività delle leggi, 3. ed. 91ff. Göppert, „Gesetze haben keine rückwirkende Kraft", in JHerZ. 22. Pfaffe, Exkurse zum Komm. z. österr. bürgerl. Gesetzb. I 89. Affolter, Intertemporales Privatr. 02f. Träger, Zeitl. Herrschaft des Strafges., in Vergl. Darstellung des Strafr. Allg. T. VI. 08.

§ 317

对于法官而言，在此具有普遍决定意义的是立法者自身就这一问题所做的决定。如果立法者想要将新的制定法同样适用于已经完成的表意(行为)或犯下的违法行为,他就在此意义上明确赋予其"溯及力",故而(法官)也要采取相应的处理办法。但制定法与我们的问题实际上的关系为何呢?

《民法典施行法》为具体法律关系规定了详细的"过渡性条款"。Habicht, Einwirkung des B. auf zuvor entstandene R. verhältnisse, 3. A. 01.

§ 318

一般而言,就这一问题而言,制定法为我们提供了一个受例外限制的规则。

但这个规则说的是,旧的制定法,也即在其支配下表意(行为)被完成、违法行为被犯下的制定法,要求得到适用,故而不赋予新的制定法以溯及力。

这一规则与对旧制定法进行的所谓"真意解释"的情形(也即关于如何解释那部制定法的制定法规定)无关,在有疑问时,这一规定会被赋予溯及力。

§ 319

当制定法并没有对这一问题做出特殊回答时,这一规则同样被视作有效,因为一般而言,相比于其对立面,它更加吻合法律规定的意义和司法功能,以及通过法表述出之意志的要被预设的意图。

但这一点在此要做进一步的阐述。

§ 320

　　表意行为与违法行为以合乎既有法的方式引起法律关系的产生。但法官（他被置于涉及法律关系的活动中）的功能通常在于，确认，而非例如去创造将要形成的法律关系（§119）。

　　现在，通过那些行为形成何种法律关系这一问题表明，法对于这种形成具有决定性，也即，行为是在法的支配下进行的。

§ 321

　　如果行为应当根据新法来作判断，那么这就不会导致对它们当时所引发之法律后果的确认，而是会导致为了合乎新制定法的行为而去废除这些后果。

　　这种做法同样是可以得到辩护的，且可以被立法者所规定。只是一种对此——立法者在其进行改革时有意这么做——的期待是没有根据的，因为如果法将迄今为止在其支配下形成的法律关系视作无效，故而总是一再去摧毁自身的功效，这是不合乎法的续造的普遍意义的。

　　法越是获得支配前后相续和彼此并立之共同生活的能力，它越是试图更加全面地去合乎这种生活所设定的任务——就塑造其关系及其行为的后果而言，向所有人提供一种客观的、不考虑具体情形而从共同之确信和价值判断中提炼出的可靠标准，改革的意义就越少。据此，本书提出的规则以及在被强调之方面的法的进步赢得了一种被提升之意义。就对有责行为的刑罚而言，长久以来就有人主张这种观念，即制定法只是向法官，而非公民给定的，为的是在必要时处理其义务。相对于它们悬而未决的是，哪些刑法性质的法律关系将被联结于可能发生之真实的或猜想的恶行。超越这一观念及其后果，以及就刑法关系而言也要去符合这一要求(它一般而言是向现代国家就法律关系的安排提出的)，属于现代国家的特征。

§ 322

被提出的这个规则不仅适用于表意行为和违法行为，也适用于其他法律事实构成(主观法[权利]及相应的义务之形成与它们相关)。

例如，想一想下面这个问题：某份司法判决是否合乎秩序地形成并具有既判力，或者，任一其他官方行为是否以具有法律实效的方式被采取。或者想一想，某人是否获得了成年人的权利。——相反，这一规则与下面的情形无关：在旧法的支配下，只有法律事实构成的某些要素获得了实现。例如，某人已接近旧的制定法所划定的成年人的界线，但当新的制定法生效时还没有达到这条界线；或者，某个司法程序已经根据旧的制定法启动，但当新的程序法生效时，还没有被具有既判力的判决终结。在这里，就法律事实构成的完成及其法律效果而言，一般来说只有新的制定法是决定性的。但在例外情况下，即便在那类情形中旧的制定法也被假定具有优先性。

§ 323

但是，当在旧制定法下形成之法律关系的存续被证明与作为新制定法之基础的，现在获得支配地位的伦理观念和利益不相容时，这一规则的例外看起来就得到了证立，也就被完成了。

想一想那类废除农奴制度的改革。通过它们设法获得的观念在于，这种关系在伦理上是可谴责的，也是有公害的。这种观念只有在这些制定法——它们不仅压制对那类关系的新构造，而且压制已经形成之关系的存续——中才会获得一种令人满意的表述。

在这类情形中，对早先的法以及基于其形成之主观法（权利）的尊重，经常会通过这类规定——它们担保这类对具有财产法性质之法所进行的改革所涉及的那些人可以获得赔偿，无论是通过公共手段，还是通过那些其利益直接借由改革获得提升之人的手段——得到表述。

§ 324

属于上文所确立之视角下的例外的情形的有，最宽泛的例外包含着现代刑法，因为它赋予新的制定法以溯及力，只要后者比它所排斥的（旧制定法）更加宽和。

然而，这种溯及力通常不会（根据现行德国法绝不能）延展至这种刑法关系，它们已经通过司法判决获得了其确定的型式。

3. 同时存在之法条间的空间冲突

§ 325

这里要区分：

(1) 不同国家之法条间的冲突;

(2) 同一国家之法条间的冲突。

就这种空间冲突而言,人们习惯上称之为"法规冲突"(Statutenkollisionen)。之所以使用这一表述,是因为这类冲突首先在同一国家之不同特殊法和地方法(旧的语言用法称之为"法规")之间的关系中获得了实践意义。只是到了后来,针对这类法规冲突提出的原则才被转用于不同国家彼此间的法条冲突,但在此保留了更早的名称。人们将裁决这类冲突的法条整体称为"国际的"法(国际私法、国际公法等)。

§ 326

(1) 两个或多个国家的法条之间的冲突可能产生于,某个法律事实构成或其法律后果的实现对于这些国家中的每一个的秩序来说都有意义。

v. Bar, Theorie und Praxis des internat. Privatrechts 89; Lehrb. d. int. Privat-und Strafr. 92; Int. Privatr. In Holtzend. Enz. Zitelmann, Int. Privatr. 97/03. Meili, Geschichte u. Syst. d. int. Privatr. 92; Int. Zivil-u. Strafr., Zvölkerr. 1; Hauptfragen d. int. Privatr. 10; Lehrb. des int. Straf-u. Strafprozeßr. 10; Das int. Privat-u. Zivilprozeßr. auf Erd. der Haager Konventionen (§ 709f.) 11. Riemeyer, Int. Privatr. des B. 01. Habicht, Int. Privatr. nach d. Einführungsges. zum B. 07. Laurent, Le droit civil int. 80f. Weiß, Traité th. et pr. de dr. int. Privé 90ff. Audinet, Principes élément. 06. Wharton, A treatise on the conflict of laws, 3. A. Roch. 05. Kahn,

Inhalt, Natur, Wert des int. Privatr. 99; in JherJ. 30 u. 39; Z. f.
int. R. 12f. , 15. ——v. Mohl, Völkerrechtl. Lehre vom Asyl in f.
Staatsr. a. I. Lammasch, Auslieferungs-u. Asylrecht 87. v. Rohland,
Int. Strafrecht 77. Hegler, Prizipien deselben 06. v. Martitz, Int. Re-
chtshilfe in Strafs. 88. Wendelssohn-Bartholdy, Räuml. Herrschaftsge-
biet d. Strafgesetzes 08. Merkel, Lehrb. § 102ff. —— Zeitschrift für
int. Ptivat-u. öffentl. R. , seit 91. Revue de dr. int. Privé et de dr.
pénal int. 05ff. Quellen zum int. Privatr. Hrsg. v. Zitelmann a. 08.

§ 327

表意行为与违法行为（它们也是在此主要考察的对象）可能
对于某个国家的法秩序而言是重要的：

a）因为其事实构成已在其领域内实现，或者（在表意行为
的情形中）因为被意图之法律后果应当在那里获得实现，也即由
于这些事情的属地方面；

b）因为参与的主体属于它，也即由于这些事情的属人
方面；

c）由于法律关系之内容的特殊性质，独立于上述关系。

§ 328

作为参与主体的是这样一些人，他们的行为或他们受法律
保护的利益在这一事情中要被考虑。

§ 329

例如，结婚可能会触及我们国家的法秩序：

关于 a) 因为结婚行为是在德国领土上发生的，或因为被意图的法律后果(婚姻)应当在德国领土上实现；

关于 b) 因为夫妻双方都是德国人。

§ 330

再如，伪造货币罪可能会触及我们国家的法秩序：

关于 a) 因为这一违法行为是在德国领土上犯下的；

关于 b) 因为伪造者是德国人，或因为这一犯罪侵害了此间货币流通的基础(想一想伪造德国纸币的行为)，从而侵害了属于我们国家所保护之领域的利益和主体。

§ 331

从上述所说可知，同一个表意(行为)和同一个违法行为可能(且如何可能)对于多个国家的法秩序而言都是重要的。这些事情的属地方面可以证立它们对于国家 A 的意义，其属人方面又可以证立它们对于国家 B 的意义。

但有可能的是，属地方面本身就已然指向多个国家(在法国结婚，在德国存续婚姻关系)，而对于属人方面而言也可能如此(违法行为的肇事者是法国人，受害人是德国人；某批货物的买方是法国人，卖方是德国人)。

§ 332

就表意行为与违法行为所说的，也准用于其他法律事实构成。——

那么，在这些情形中，法院应当适用哪个国家的制定法呢？

除了表意行为和违法行为之外，在此可能被考虑的法律事实构成中，要强调的是国家行为（obrigkeitliche Akte）。例如德国领事在东方的司法行为[*]对于居住国的法秩序以及这一国家（领事是这一国家的机关，或消极参与其司法行为之人属于这一国家）的法秩序都有意义。——某个国家之法院的判决通常不能毫无疑问地在其他国家得到执行。

§ 333

对于特定国家的法院而言，对上面被抛出的那个问题具有决定性的自然是，这个国家的制定法对此提供的回答是什么。

Reichsstrafgesetzbuch § 3–8. Einführungsgesetz zum B. a. 7–31.

§ 334

但文明国家的立法就这些冲突所提供的规则，在形成时要考虑这些国家间的关系，要与对其法秩序之相互承认以及与获得国际法认可的平等原则相一致（§875）。

§ 335

根据这些规则，一般而言（依据属地原则，参见§63），就表意行为与违法行为而言，那些事情之属地方面所指向之国家的制定法，将被当作关系最密切的和要被适用的制定法。

但除这些属地方面外，属人方面也同样在某些并非同等程

---

[*]　也即运用"领事裁判权"的行为。——译者

度上被确定之范围内被顾及了。

并非在所有情况下都会伴随这一问题——要适用哪个国家的私法或刑法——一并来决定要由哪个国家的法院来解决相关事情的问题。就后一个问题而言，毋宁要部分地适用特殊规则。

§336

例如，根据德国法，可罚的行为(它们在德国领土上被犯下，无论是本国人还是外国人实施的)要基于并依照德国刑法的标准被处罚。

但此外，这些制定法还适用于许多行为，它们发生于德国领土之外，无论是由德国人实施的，还是针对德国的基础和生活条件或是针对重要的德国公共利益犯下的。

在被提到的后一类情形中，也即当外国人在国外犯下那类行为时(想一想，一个外国人从外国出发针对德意志帝国所实施的叛逆罪或这类钱币罪)，基于德国制定法进行的惩罚具有一种(合法的)私力救济的特性，因为要受惩罚的外国人并不臣属于德国国家权力，因而他们的活动相对于它不具有国家行为的特性。

§337

就表意行为而言，属地方面更为重要。

如，就某个表意行为(如立遗嘱)之形式而言，通常遵守国家——这一表意行为在其领土上被完成("行为依行为地法"[locus regit actum])——的法就足矣；就某个表意行为之后果而言，起决定作用的有时是同一个法，有时则是这一国家——它应当在其领土上被践行——的法。

对于物权法上的表意行为（§542，例如，转移某块地产的所有权）而言，物之所在地，故而是法律后果应当得以践行之地的法，通常具有决定性（"物之所在地法"[lex rei sitae]）。（根据《民法典施行法》，这一点甚至适用于这类表意行为的形式。）

§338

就其他法律事实构成而言，无法指出任何支配性的规则。但在许多情形中，属人方面有着最重要的意义。在官方行为中就是如此，只要对于采取此行为的官员而言起决定作用的是其国家的法（他作为其国家的机关起作用），而无论这一行为发生在哪里。例如对某人的一般法律地位（成年、国籍等）起决定作用的事实就是如此。

在近代，国际私法领域（有时占支配地位）的属地原则很多时候会受到对国籍之强调的遏制。如《民法典施行法》在人法、亲属法和继承法方面都规定当事人所属之国家的法起决定作用（"国籍原则"）。

§339

（2）在同一国家的共存法条之间可能存在着类似于不同国家法条之间的冲突。

例如，当国家的不同省份或其他部分适用不同的法律体系时，就是如此。

参见§325 Akg.。

§340

在解决这类冲突时,对它们来说具有决定性的是属地和属人的要素,就像在解决前文所谈及的国际冲突时一样。

§341

就某个国家的"共同"法与在这个国家之任意部分有效的"特殊"法之间存在的冲突(§83)而言,可以提出不同的视角。它们通常存在一种等级关系,据此,要么是共同法,要么是特殊法具有优先性(关于这一关系在德国的情形,参见§468,§567)。

II. 法院对法的适用

1. 司法判决

§342

在无数案件中,法的适用要通过一种为它本身所调整的程序,即"诉讼性的"程序来进行。

一般而言,这里要完成的任务体现为:

从个案到个案(被承认之利益为此在其中呈现),以决定性的方式来确认,什么是合法之事;以及通过共同体的权力手段来贯彻实现合法之事(对被确认之犯罪人进行惩罚;索回被确认的债务)。

Jhering, Zweck im R. I, 377ff. Degenkolb, Einlassungszwang u. Urteilsnorm 77. Hellwig, Anspruch u. Klagrecht 00；ehrb. I. Bülow, Klage u. Urteil 03. Heim，Die Feststellungswirkung d. Zivilurteils 12. Litt. Zu § 801，825. Gierke, Stellg. u. Aufg. d. R. sprechg. , im „Recht" 06，418.

§ 343

这种确认体现了特殊的司法功能（同样可参见 § 320，§ 427，§ 803）。

这种确认的基础程序，将在处理诉讼法的章节中再来被刻画，相反，这里只是阐明这种功能的一般意义。

§ 344

立法者确认，应当将特定类型和量度的法律后果联结于某种类型的事实构成。例如，他规定："侮辱将被处以……不高于 600 马克的罚金。"

相反，法院在既定案件中确认，某个相关类型之事实构成——A 侮辱了 B——是否已被实现，假如是的话，根据《（德国）制定法》要将何种特定的法律后果——A 必须支付 100 马克作为罚金——联结于这一事实构成。

§ 345

对于这种司法确认，可以更为特殊地区分为如下要素：

1. 对被考量之事实过程的确认——A 曾对 B 说，他是一个酒鬼(决定事实问题，quaestio facti)；

2. 将相关法律概念运用于这一被确证之事实构成或将这一事实过程涵摄于相关法条之下(ius in thesi)——A 的表述包含着侮辱这一法律概念的特征(决定法律问题，quaestio iuris)；

3. 对法律后果的确认，在此案件中什么是合法的(ius in hypothesi)——根据《(德国)刑法典》，A 因侮辱罪被判处 100 马克的罚金。

§346

因为法院在前述被强调的方面消除了不确定性和争议，并用司法判决的具体规范来取代了制定法的抽象规范，它就在具体案件方面帮助法获得了对它来说具有根本性的确定性，故而通过发展法所具有的属性对立法工作进行了补充。

§347

这种司法的功绩对于具体案件具有权威的意义。将终局性的司法判决说成是法，对于这一诉讼过程的双方当事人而言具有那种——与立法者之言对于其领域所普遍具有的实在有效性一样的——实在有效性。在司法判决中，法的处置权在一种尽管有限，但在此却具有典型性之特征整体的倾向中被表述出来。

参见 §117ff.；§822. 司法判决在特定时刻建构完成法秩序，因为在此它通过其精神延续着立法者的工作。在此意义上，人们可以恰如其分地将判决称为"特殊法"(lex specialis)，因为判决在当事人之间具有既判力(res judicata jus facit inter partes)，但这只针对具体案件。根据它与制定法的内在亲缘性，可以在其特征及其起源方面做类似于制定法之特征和起源方面的区分（内容和命令、要求和保障、伦理权力与物质权力、发现与发布），并就其制作采取劳动分工的形式，后者与立法所获得的意义相近（参见§58）。

2. 解释

§348

法院对法律问题的决定是依据对法的解释，也即对其内容的研究和发展来进行的。

这里要解决的任务可以展现为三重样式。

Merkel, Analogie u. Auslegung des Gesetzes, Holtzend. Handb. II u. IV; Strafanwendung durch den Richter eod. Savigny, System §32ff. Schaffrath, Th. der Auslegung konstitut. Gesetze 42. Bierling, Jurist. Prinzipienlehre IV; ZfKirchr. Bd. 10. Pfaff-Hofmann, Komm. z. öfterr. bürg. Gesetzb. I, 166. Binding, handb. §46f. , 95ff. Wach, Zivilprozeßr. §20ff. Regelsberger, Pandekten §35ff. Kohler in GrünhZ. 13; in JherJ 25 („ Schöpferische Kraft der Jurisprudenz"; bes. der französ. !). Saleilles, Einf. in d. Studium des B. 05 S. 91. Gény, Méthode d'interprét et sources en dr pr. Posit. 99. van der Eycken, Méth. Posit. de l'interprét. jurid. (Betonung des Zweck-und Wertgesichtsp.) 07. Danz, Auslegung der R. geschäft 3. A. 11 und die anderen zu §120a zit. Schriften, ferner Einführung in die Rechtsprechung 12. Laband, R. pflege u. Volkstüml R. bewußtsein, JZ. 05, 15 ("如果人们这样来要求司法活动, 即它要让每个新凸显的瞬间需求都设法获得即刻的救济, 那么就误识了它的任务和法的本质, 后者需要一种在某种程度上与易碎性与僵化性相关的专门知识"). Wurzel, D jurist. Denken 04. Brütt, Kunst der R. anwendung 07. Kraus, Gesetzesinterpretation, GrünhhZ. 32. Radbruch, R. wissenschaft als R. schöpfung, ArchSozialw. 22. Schloßmann, Irrtum über wes. Eigenschaften, Beitr. z. Th. d. Ges. auslegung. v. Bluhm in JherJ. 51.——Litt. zu § 102, 105, 120a 中所列文献。

§ 349

就既定关系而言, 所要做的可能是去寻找对其具有效力的法条。

特别有意义的是这种情形, 在此, 制定法据其内容对这种关系没有做出任何规定, 就此而言甚至也不存在什么习惯法。

此时法官自认为要运用类比, 对此已在关于法条之形成的章节中进行了处理(§105—111)。

近代的一个重要例子是, 根据对(履行)迟延条款的类比来处理双务契约中"积极债权侵害"的法律后果(参见§688): Staub 04 (2. A. 13). RGZ. 54, 98-57, 113-67, 5 a. Lehmann, Unterlassungspflicht 06 S. 271. Kiff, ArchBürgR. 07. Enneccerus, Lehrb. § 278.——

RGZ. 24, 50: 司法(和法学)的任务在于, "使得制定法的基本原则显露出来，并将其适用于生活中突显出来的、在制定法中没有被特别强调的、落入这一原则的情形"。关于司法如何"通过类比使得既有的制定法与新形成的生活现象相匹配"的例子，参见 RGZ. 27, 66.

§350

就既定原则而言，所要做的可能是去探究，它们是否具有有效之法条的意义，无论是对一般意义上的某类关系而言，还是对在时间、地点和属人方面确定的某类关系而言。

对于解决这一任务而言，具有决定意义的是前文关于法的形成和显现形式（§102ff.，尤其是§104），以及关于法条之适用领域（§313ff.）所说的内容。

§351

就既定原则（它们被承认为在时间、地点和属人方面确定之领域有效的法条）而言，可能涉及事实构成——它们被涵摄于这些原则之下——以及与它们相联结之法律后果的界分。

§352

狭义上的解释被称为"语法"解释，只要它试图以此来解决上述任务，即对于某部制定法，根据（一般的以及可能存在之特殊专业的）语言用法来探究被使用之语词的意义；也可被称为"逻辑"解释，只要它去考量这部制定法与其他制定法的关系，及其形成的条件和基础。

§353

然而，语法解释和逻辑解释通常是联系在一起的，只要对制定法的诠释(它被词义绝对排除在外)看起来与这种诠释一样是站不住脚的：它与制定法所属的逻辑关联以及从中可推导出的立法意图思想无法相符。

有待解释者回答的问题可以下述方式来归纳：制定法语词如何通过其所属的关联，并根据制定法产生时的语境来被理解？这个问题是一个统一的问题，它没法被拆分为一个要被独立回答的语法问题和一个同样被如此回答的逻辑问题。——对它的回答可能会导致制定法的适用领域扩张至其词义之外(如，大多数刑法规定都以这样的措辞来装扮："谁/……者"[wer]"那些"[derjenige]"那个"[der]被控有罪者等，毫无疑问，它们同样应当扩展至女性*)。扩张解释与限缩解释相对立。

§354

制定法的语词通常只是对立法思想的一种不完美和不完整的体现。解释者的任务在于，使得这种语词以整体和尽可能确定的方式被意识到，并被表达出来。

人们有时只用特定名称来称呼法律事实构成，而不给后者下定义。如我们的《刑法典》规定了"侮辱罪"，但却没有说它应被如何理解。当然，通常事实构成会被定义。但如果制定法定

---

* 在德语中，"wer""derjenige""der"都是阳性代词，但当出现在刑法规定中时，其所指无疑也包括女性犯罪嫌疑人。——译者

义还想要如此谨慎地被编辑且追求完整性和精确性，那么它们就通常会将这样的表述包括进来：它们是多义的，其本身还需要再次被定义（这一任务落在了解释者的身上）。一个例子：《刑法典》规定了亵渎神明罪，并将它定义为：通过公开的辱骂性表述来中伤神明，从而引起不快的行为。这里的"引起不快"是什么意思？什么是"公开"？什么是"辱骂性的"？尤其是，这里的"神明"指的是？它涉及基督教的神的概念么？或是涉及哲学上的神的概念（如果在这里可以谈及某个概念的话）？

§355

然而解释者的任务不限于去重构制定法颁布时具有决定性要素的思想。他的任务毋宁在于，通过其他制定法来阐明前一制定法的后果及对其可能的修正，无论其他这部制定法是否已经意识到了那些要素。

如，1880 年帝国关于高利贷的制定法提出了这一问题：从私法的视角看，这部制定法是否以及在何种程度上具有溯及力？关于这一点——立法者在创设制定法时想的是什么——的研究没有导向任何目标，它并没有对此给出任何决定性的要素。但对大多数问题（它们应当通过解释获得回答）来说也是如此。因为尽管就这类问题通常可以来确认，新闻记者、演说者、政府官员、某个委员会多数人关于此的想法是什么，但所有这些人都不是立法者。（对于一套最近关于《民法典》的材料，就像关于即将颁布的新《刑法典》的材料那般，需要特别强调这一点。）但作为立法者思想的，是所有（也只有）作为逻辑包含在制定法规定(考虑到它们彼此间的关系)之中的内容，或(在§105—§111的意义上)能够被证明以此为前提的东西，即便它以前从未被某人真实地设想过。(因而退尔的观点[Thöl, l. c. S. 150]是对的："制定法可能比立法者更有洞见，它经由颁布就从后者那里挣脱了出来。"RGZ. 27, 411：立法者只能通过某种语言来言说，也即颁布制定法。无法从制定法中提取出来的东西，就不是制定的法。RGSt. 12, 372 a.)

§356

在进行一切广义的解释时，法院都仰赖于科学的帮助。

18. Schmidt, Das Reichsgericht u. die d. R. wissenschaft, Sächs. Arch. 04.

第二节　法律科学

§357

就法而言，科学的任务具有三重性。它要肩负起：

(1) 法的解释(在广义上理解这个词)，在此，它直接服务于法的适用(对此参见§348ff.)；

(2) 通过适合于它的精神形式来装扮其内容：体系的形式；

(3) 查明对其存在与功效的理解，以及塑造它在时空上被确定的差异性。

除了§102, 120, 348中所引的文献外，还可参见Jhering,

Geist II，309ff. u. in JherJ. I，1（auch „Ges. Aufsätze" II）。Bind-
ing in ZStW. I，4. Sohm，Institutionen　§ 8. Windscheid-Kipp，Pan-
dekten　§ 24. G. Rümelin，Juristische Begriffsbildung 78. M.
Rümelin，Windscheid u. f. Einfluß auf Privatr. u. -wissenschaft 07.
Insbes. aber Stintzing，Geschichte der d. R. -wissenschaft 80/84，
III. Abteig. von Landsberg 98/1910.

§ 358

关于任务（2）：对法律内容的体系性加工取向于，通过一种
逻辑关联的统一整体，根据其亲缘关系且依据其内容是更为一
般抑或更为特殊来对概念和规则进行排序，使得那种内容以更
广泛，同时可以想象得到的最简单的方式呈现出来。

§ 359

这一工作本身在其最重要的部分具有可被拆分为最简单之
要素的性质，这种拆分可以依据——

a）事实构成

b）法律后果

c）两者的联结

——来进行。

关于法律事实构成及其法律后果，参见§ 206ff. 。

§ 360

关于任务（3）：位于法律概念和规则之逻辑全体背后的是真

实的权力,那些概念和规则的内容、效力和价值最终依赖于它们。科学的任务就在于去查清这些权力的性质,每种权力参与法律生活的份额以及这些条件:它们一会儿让这些概念和规则发挥效力,一会儿又让那些概念和规则发挥效力。换言之,根据因果律发掘出法的全部现象及其特殊塑造所从属的心理和历史关联,并从这种关联出发来帮助对它的理解。

对这些不同任务的解决存在着一种相互依赖的关系。将法提升为体系的形式以澄清这一内容为前提,但在对其进行可靠的实施时同样依赖于对这一内容的理解(在此所确定的意义上)。相对地,获得这种理解要以关于全部法律内容的清晰洞见为前提,就像它不可能在不做体系性加工的前提下来获得那般。但解释从那些被用于其他任务的工作中获取了很大一部分的辅助手段。

Merkel, Über das Verhältnis der R. philosophie zur "positiven" R. wissenschaft (参见§20). Über den Begriff der Entwicklung in f. Anwendung auf R. u. Gesellschaft (§122);以及"Fragmente" S. 36ff. Rektoratsrede (§144).

"历史法学派"(萨维尼、普赫塔、艾希霍恩等)的成就,也即对法的历史-民族关联的强调,已证立了一种关于法和国家的"历史观点"。Savigny, Vom Beruf unserer Zeit für Gesetzgebung u. R. wissenschaft 14. Einleitung zu der von ihm ins Leben gerufen „Z. f. geschichtl. R. wissenschaft" 15. System des heut. Röm. R. 40ff. über diese histor. Rechtsschule Merkel, Die Vorgeschichte uns. nation. Einheit u. die wissenschaftl. Richtung Savignys a. („Fragmente" 102ff.); Über den Begriff der Entwicklung a. s. ob. ; in JherJ. 32,

18. Gierke, D. hist. R. schule u. die Germanisten 03. Löning, D. philosoph. Ausgangspunkte der h. Rsch., Intern. Wochschr. 1910 Nr. 3f. Rexius, Zur Staatslehre d. h. Rsch., HistorZ. 107. Brie, D. Volksgeist bei Hegel u. in der h. Rsch., ArchRPhil. 2. Kantorowicz, Volksgeist u. h. Rsch., HistZ. 108. Insbes. Landesberg, Gesch. d. d. R. wissensch. III, 2 S. 186ff. Spez. über Savigny: Stintzing, in Preuß. Jahrb. 1862. Jhering in f. Jahrb. 5. Enneccerus 79. Bechmann, S. u. Feuerbach 94. Gegen die„ einseitig rationalistisch-teleolog. "Kritik von Kantorowicz in „R. u. Wirtschaft" I: Landesberg im JLBl. 24; Manigk, R. u. Wirtsch. I.

Vgl. ferner Jhering, Geist a. Arnold, Kultur u. R. leben. Dilthey, Einleitg. in die Geisteswissenschaften 83. Brinz, R. wissenschaft u. R. gesetzgebung 77. Stinzing, Wendungen u. Wandlungen der d. R. wissenschaft 79. Windscheid, Aufgaben d. R. wissenschaft 84. Bekker, Streit d. histor. u. philosoph. R. schulen 86. Das röm. R. auf deutschem Boden im 19. Jahrh., in „Heidelberger Prozessoren" 03 I. Menger, Soziale Aufgaben d. R. wissensch. 2. A. 05.

§ 361

对于解决这一任务而言,法律史和比较法的工作具有首要意义。同时,法律科学在此也依赖于其他科学——国民经济学、伦理学、一般民俗学、普遍历史学等——的支持。

这里所谈及的科学任务的三分法与一般法学说和特殊法律科学的区分没有任何紧密关系。第一种任务既包含着与第二种任务相关工作的最为一般的成果，也包含着与第三种任务相关工作的最为一般的成果。同时，其领域具有内在关联，这种关联以最容易理解的方式呈现于这些工作之间(§360注释)。

§362

这一视角下的工作同时也对法的续造具有意义。

对这一问题——如何来对法进行革新，从而使它能相对于社会状态的变化不断去适应相同的任务——的决定依赖于，一方面，根据其因果关系来获得关于一般意义上法，尤其是有待革新之法的理解；另一方面，获得关于社会状态和其中发生之变迁的理解。前者应会使我们设法获得法律科学，而后者应会使我们设法获得以社会生活为对象之科学整体。

§363

在此被刻画的，致力于研究当下和过去之现实的法的法律科学，在历史上侧身于这样一门学科之旁，它不以那种现实的，而以一种理想的法为对象，并以法哲学之名自我主张。

理想法，即所谓的"自然法"(Naturrecht)，被证明是这类规范的全体，我们可以基于其与某些逻辑或伦理预设的相符而对其主张一种普遍的，与实在规定无关的有效性(然而，根据这一学科近来的代表，这一点与法院毫不相干)。

如果我们基于其现实内容来对很多属于此间的工作进行检验，那么它们都只是告诉我们，这些关系必须如何来安排，才能与终究只是特定时代的，或对于特定民族或社会群体而言的，甚或只是在作者自身那里占支配地位的伦理感和洞见相符：故而是一种具有主观色彩的公正学说。在此通常被误识了：

（1）被设定之价值标准的主观性及其意义对于历史上确定之关系的依赖；

（2）参与法律生活的伦理要素与其他的确定性要素之间的关系，以及与此相关的，公正学说与法的学说之间的关系；

（3）法的妥协性。

关于对国家和法律生活而言已具有极大响应力之自然法学说（胡果·格劳秀斯［Hugo Grotius］属于其创始人）的历史，参见§21 所引的 Stahl［施塔尔］、Trendelenburg［特伦德伦堡］、Ahrens［阿伦斯］、Geyer［盖尔］的文献。——Stintzing-Landesberg, Gesch. d. d. R. wissensch. III（§357）. Fichte, System d. Ethik 50. Bluntschli, Gesch. des allgem. Staatsr. 3. A. 81. Rehm, Gesch. der Staatsrechtswissensch. 96. Hildenbrand, Gesch. u. Syst. d. R. u. Staatsphil. I. Klaff, Altertum 60. Bergbohm, Das Naturr. der Gegenwart 92（dazu Merkel im ArchÖffR. 8 u. Samllg. 727. Auch Bernatzik in SchmollJ. 20）. Jodl, Bedeutung des R. in d. Gegenwart, Prager Jur. BJSchr. 93. Snell, Vorlesungen über R. 85（dazu M. Sammlg. 535）. Gierke, Genossenschaftsrecht III. Althusius u. die Entwicklung d. naturrechtl. Staatstheorien 2. A. 02. R. u. deutsches R. 83. Baumann, Staatslehre d. hl. Thomas v. Aquino 73, mit Nachtrag 09. Hoff, Staatslehre Spinozas 92. Liepmann, R. philosophie Rousseaus 98. Haymann, Sozialphil. Rousseaus 98. Über das R. der kathol. R.：v. Heriling, Zur Beantwortung der Göttinger Jubiläumsrede（Ritschl's）87；

Cathrein, R., R. und positives R. 2. A. 09. (Apologie des R.). S. auch Taine, Gesch. d. französ. Revolution I. v. Götvös, Einfluß d. herrschenden Ideen des 19. Jh. auf den Staat 54. Vorländer, Gesch. der philos. Moral-, R. -u. Staatslehre der Engländer u. Franzosen 55. v. Voltlini, Die Lehren d. N. u. d. Reformen des 18. Jh. , Histor. Z. 105. 关于自然法学说对于《奥地利民法典》的有力影响,参见 Wellspracher in der zu § 581 zit. Festschr. I。

§ 363a

在这本全科全书的"总论"部分所勾画的这种实证主义法哲学的原理,阿道夫·默克尔已经在《一般法学说的要素》以及所引用的其他文献中阐述过了。

这种实证主义法哲学被证明是关于法的基本思想及其历史进程之法则的科学。它想要对作为同质成员的特殊法律科学进行补充,并环绕它们,不是像一个从外部放入的括号,而是像环绕树干的树皮(它由树的汁液构成)那样(贝格鲍姆[Bergbohm]的评论,参见上文)。就像默克尔所理解和构造的那样,那种自然法的法哲学与这种一般法学说的关系,就如同是神话与历史的关系(舒佩的评论,Sammlung 666)。

S. auch seinen Aufsatz über„ Rechtsphilosophie" in dem (für die Weltausstellung in Chikago bestimmten) Werke „ Die deutschen Universitäten" 1893. Ferner seine Zusätze zu Geyers „ Gesch. Der Recht- und. Staatsphilosophie" in Holtzend. Enzyklop. 5. A. 1890, insb. Die von M. Herrührenden § 25－27 über Utilitarismus, Sozialismus,

Zukunft der R. Philosophie.

Vgl. Liepmann, Bedeutung Ad. Merkels für Strafrecht und R. Philosophie, in ZStW. 17, 638, und seine „Einleitung" zu „Verbrechen u. Strafe" 1912. Van Calker, „Merkel" in Allgem. D. Biographie Bd. 52,327f. und in JZ. 1896, 177. Teichmann in Schweizer. Z. F. Strafr. 1896, 177. Hagerup in Tidsskrift for Retsvidenskab 1896. „Hessische Biographien" I,69 (Günther) 1912. über M.'S Verdienst,speziell „dem Strafrecht einen neuen positivistisch-philosophischen Boden unterbreitet" zu haben, Landsberg, Gesch. Der d. R. Wissenschaft III, 2S. 709ff. über das „Lehrbuch des Strafr." Friedmann in GrünhZ. 21, 675.

图书在版编目（CIP）数据

一般法学说的要素 /（德）阿道夫·默克尔著；雷磊编译 . — 北京：商务印书馆，2022
（法律科学经典译丛）
ISBN 978-7-100-20889-5

Ⅰ .①— … Ⅱ .①阿… ②雷… Ⅲ .①法学—研究 Ⅳ .① D90

中国版本图书馆 CIP 数据核字（2022）第 045674 号

法律科学经典译丛
一般法学说的要素
〔德〕阿道夫·默克尔　著

雷　磊　编译

商 务 印 书 馆 出 版
（北京王府井大街 36 号　邮政编码 100710）
商 务 印 书 馆 发 行
南 京 鸿 图 印 务 有 限 公 司 印 刷
ISBN 978-7-100-20889-5

2022 年 9 月第 1 版　　　开本 889×1194 1/32
2022 年 9 月第 1 次印刷　　印张 10⅞

定价：68.00 元